狭山事件全図

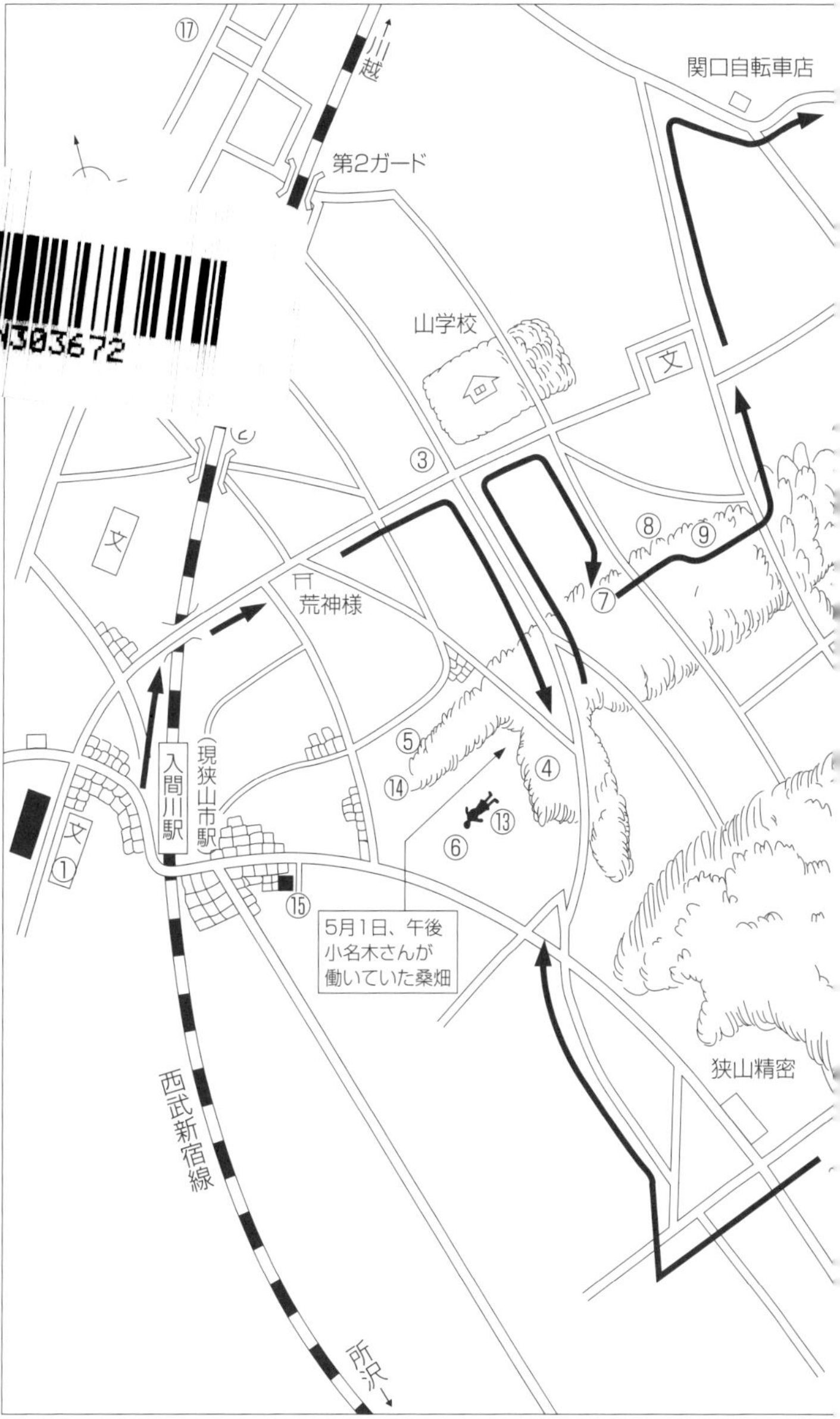

⑰
川越
関口自転車店
第2ガード
山学校
文
③
②
文
⑧
⑨
⑦
荒神様
入間川駅
（現狭山市駅）
⑤
⑭
④
⑬
⑥
文
①
⑮
5月1日、午後
小名木さんが
働いていた桑畑
狭山精密
西武新宿線
所沢

狭山事件 虚偽自白〔新版〕

浜田寿美男 著

北大路書房

新版のための序

本書は、日本評論社から一九八八年に刊行された『狭山事件 虚偽自白』に新稿を加え、北大路書房の「法と心理学会叢書」の一冊として再び刊行するものである。原版を上梓したのは、いまからもう二〇年以上も前のことである。そしてこの二〇年以上も前の本を、再度こうして出版しなければならない事情が、不幸にして続いている。

私は、本書のもとになった鑑定意見書で、狭山事件の最大の争点の一つである自白について、心理学的な視点からの供述分析を行った。その結果、この自白そのものが、当の自白者たる石川一雄さんの無実を示しているという、一見すると逆説的に見える結論を得た。それをこの事件の再審請求の証拠として東京高裁に提出したのだが、裁判所はその内容に踏み込むことなく、ほとんど門前払いのかたちで、これを排除してきた。正面から取り上げられて論破されたのならともかく、このようなかたちで排除されたのでは、とてもこれを承服することはできない。

そして狭山事件の再審請求は、いまだにデッドロックに乗り上げたまま、再審の扉が開く気配はない。本書を再び出版することを企画したのは、これまで裁判所が本件について繰り返してきた過ちを弾劾するだけの内容が本書にはまだ十分に保持されているものと信じるからである。

後を絶たない冤罪

雪冤を果たさぬまま、数十年にわたって冤罪の闘いを続けている事件は、この狭山事件に限らない。それも一つや二つではなく、数え上げれば、数十の単位で名前が上がってくる。古いところでは、横浜事件（一九四二年）のように、戦前の治安維持法事件がいまなお争われている事件もあれば、戦後の混乱期に起こった福岡事件（一九四七年）のように、再審請求・恩赦運動のさなか、すでに死刑が執行されてしまって、死刑執行後の再審請求が闘われているという究極の事件もある。あるいは戦後最大の毒殺事件といわれた帝銀事件（一九四八年）では、日本画家の平沢貞通氏が一九八七年に九五歳で亡くなるまで、四〇年近くも獄中から無実を訴え続けた。これらの事件は六〇年の歳月を超えて、いまもなお遺族たちが、怨念の晴れぬまま、再審請求を繰り返している。

一方で、一九五〇年前後に起こった免田事件（一九四八年）、財田川事件（一九五〇年）、松山事件（一九五四年）、島田事件（一九五四年）の四件は、最高裁まで争って死刑が確定していたが、幸い、いずれも一九八〇年代に連続して再審請求が認められ、無罪を勝ち取った。とはいえ、四人とも、そうして娑婆に生還するまでに三〇年前後の獄中生活を余儀なくされてきた。

その後に再審開始事例は続かず、一九九〇年代以降は、再審は再び開かずの門となった。おかげでいま、三〇年あるいは四〇年を超えて雪冤の運動を続けている事件は、有名なものだけでも、名張毒ぶどう酒事件（一九六一年）、袴田事件（一九六六年）、三崎事件（一九七一年）、富山事件（一九七四年）、布川事件（一九七八年）、野田事件（一九七九年）と並ぶ。さらに一九八〇年代、九〇年代と、後続の冤罪事件もまた、一向に後を絶つ気配がない。つい最近では、一九九〇年に起こった足利事件（幼女殺害事件）で、犯人として無期懲役判決を受けて受刑中の男性について、現場に残されていた精液と男性のＤＮＡが合致しないとして、再審開始が決定したとのニュースが流れたが、この男性も獄中から無実を訴えて、すでに一七年を超えている。

そしていまも冤罪は絶えず、誤判が疑われる事件が次々と死刑や無期懲役で確定していく。二〇〇二年に富山県氷見市で起こった強姦事件では、逮捕され、自白させられた男性が、あきらめて法廷でもこれを認め、懲役三年の刑を受け、出所した後に真犯人が現れた。たまたま真犯人が見つかったことで冤罪は晴れたものの、もしその偶然がなければ、この事件はそのまま闇に葬られた可能性が高い。こうして長い闘いを強いられることになる事件が、実は、たったいまも起こり続けている。

強いられた長い闘い

狭山事件は、長い闘いを強いられてきた一連の事件の一つである。事件発生の一九六三年以来、地裁、高裁、最高裁を経て無期懲役の刑が確定してから、再審請求を繰り返し、すでに第三次の再審請求段階に入っている。この捜査から裁判の過程を年表に記せば、膨大な表が出来上がってしまう。一部を簡略に示して、この時間の流れを確認しておこう。

一九六三年　五月　一日　事件発生

五月二三日　石川一雄さんを別件と本件恐喝未遂で逮捕
六月一七日　本件強盗・強姦・殺人・死体遺棄で再逮捕
六月二〇日　三人共犯を自白
六月二三日　単独犯行を自白
七月　九日　起訴
九月　四日　第一審第一回公判で石川さんは起訴事実を認める
一九六四年　三月一一日　第一審浦和地裁が石川さんに死刑判決
九月一〇日　第二審第一回公判で石川さんは自白を撤回、否認に転じる
一九七四年一〇月三一日　第二審東京高裁が石川さんに無期懲役の判決
一九七七年　八月　九日　最高裁が弁護側の上告を棄却
八月三〇日　弁護側が東京高裁に第一次再審請求
一九八〇年　二月　五日　東京高裁が第一次再審請求を棄却
一九八一年　三月二三日　東京高裁が弁護側の異議申立を棄却
一九八五年　五月二七日　最高裁が弁護側の特別抗告申立を棄却
一九八六年　八月二一日　弁護側が東京高裁に第二次再審請求
一九九四年一二月二一日　石川さんが仮出獄、三一年七カ月ぶりに故郷に帰る
一九九九年　七月　八日　東京高裁が第二次再審請求を棄却
二〇〇二年　一月二三日　東京高裁が弁護側の異議申立を棄却

二〇〇五年　三月一六日　最高裁が弁護側の特別抗告申立を棄却
二〇〇六年　五月二三日　弁護側が東京高裁に第三次再審請求

この年表に私のこれまでの人生を重ねていえば、事件のあったとき、私は一六歳、高校二年生だった。事件の被害者は高校一年生で、その事件の日にちょうど一六歳の誕生日だったという。当時大きく騒がれた事件で、私もぼんやりとだが、事件のニュースを新聞で見た憶えがある。そして逮捕された石川一雄さんは当時二四歳。私とほぼ同世代の若者が被害者となり加害者になった事件だった。被害者が生きていれば、いまの私と同じ六二歳、そして石川さんは現在七〇歳である。この間、ほとんど半世紀ほどの時間が流れている。

逮捕された石川さんは、長期に及ぶ取調べによって、最後には自白に落ちて、やがて起訴されたが、裁判では争わなかった。しかし、弁護人は、検察から提出された証拠が石川さんを犯人とする事件像と合致しないために、冤罪を疑い、そのことを弁論でも主張した。これに対して浦和地裁は、石川さんの自白を重く見て、死刑判決を下した。ところが控訴審になって、石川さんは法廷で突然、弁護人にも相談のないまま、「実は私はやっておりません」と言って自白を撤回し、否認に転じたのである。そこから裁判が本格的に争われることになった。

控訴審の判決が出たのは、一〇年後の一九七四年一〇月三一日。死刑判決を破棄して無期懲役とする判決だった。このときはマスコミも注目する事件で、新聞・テレビで大きく取り上げられた。大学闘争のほとぼりがさめ、私自身は大学院に入りなおして、博士課程にいたころのことである。

狭山事件との出会い

あらゆる争点をつくして闘ったはずの控訴審裁判で負けて後、当時の弁護団はそれぞれの争点の総点検を迫られていた。なかでも重要なのは石川さんの自白の問題であり、そして第一審でのその自白の維持の問題であった。弁護団事務局から私に「自白研究会」への参加要請があったのは、控訴審判決からしばらく後の一九七五年のことではなかったかと思う。当時は自白の心理学を研究している人など皆無で、どういう分野であれ、とにかく心理学をやっている研究者に協力してほしいということだったのだろう。私は、子どもの発達や障害の心理学を勉強しはじめたばかり、自白や目撃などはまったくの門外漢で、問題に興味はあっても、ほとんど素人に等しい状況だったし、それに将来研究職に就ける見込みもない不安定な立場にあった。それでも好奇心は人並みにあって、おまけに少々断り下手だったせいもあって、結局はこの自白研究会に参加するようになった。それが、私の狭山事件との出会いであり、同時に、私が刑事裁判の泥沼にはまり込んでしまう最初のきっかけとなった。まだ三〇歳になる前の話である。

自白研究会での議論は、当初、暗中模索のなか、どういう方向で考えればよいのかさえもよくわからないままに、一九七七年には最高裁から上告棄却の決定が出て、石川さんの無期懲役刑が確定、後はもう再審請求に訴えざるをえないという状況となって、研究会は頓挫することになった。ところが一九七八年、甲山事件（知的障害児入所施設で二人の障害児が浄化槽で溺死し、これが殺人だとされた事件）が刑事裁判に持ち込まれ、狭山事件自白研究会のメンバーがたまたまこの甲山裁判にもかかわったことで、私も弁護団の活動に参加することを求められ、その結果、本格的に刑事裁判の世界に入り込むことになった。この事件では知的障害児の目撃供述が問題となり、それは文字通り私の専門領域にかかわるものだったからである。

思えば、いくつもの偶然が重なってのことだが、偶然も起こってしまえば、もはや引き返せない必然となる。因果とはそういうものらしい。刑事裁判の泥沼に、以来三〇余年のお付き合いとなった。

甲山裁判は第一審で一九八五年に無罪判決を得て、私の仕事も一応区切りがついた。その後、甲山裁判が無罪確定までさらに一四年の歳月を経なければならないとは思いもせぬまま、あらためて狭山事件の石川さんの自白に向き合うことになった。そして鑑定意見書を提出したのが一九八六年、第二次再審請求においてのことである。それから数えて、すでに二〇年あまりが経つ。

自白が無実を証明する

二〇年前の自著を読み直して、冤罪事件においては「自白が無実を証明する」ものだと、あらためて確認している。こういう言い方をすると、いったいどういうことなのかと首をかしげる人も多いだろうが、言いたいことはその文字通りのことで、別に特別なことを言っているわけではない。それは単純な事実である。しかし同時に、一般の人があまり気づいていない重要な事実でもある。そう考えて、私は、袴田事件の自白鑑定をもとに、文字通りこのタイトルを冠した『自白が無実を証明する』（北大路書房、二〇〇六年）を、今回と同じ「法と心理学会叢書」の一冊として上梓した。

袴田事件は、一九六六年に静岡県清水市で味噌製造販売会社の専務宅一家四人が刺され、火をかけられて殺されたという事件である。この事件の犯人として逮捕・起訴された袴田巌さんは、その後死刑が確定して、事件発生から現在まで、すでに四三年間を獄中に囚われている。この事件で、私が弁護団からその自白の鑑定を依頼されて鑑定書を東京高裁に提出したのが、狭山事件の鑑定書を提出して六年後のことである。

袴田さんはその取調べ段階で四五通におよぶ自白調書をとられていた。その膨大な量の自白を外から眺めれば、これだけの自白をしているのなら真犯人に間違いないだろうと思ってしまうが、その内容を読み込んでみると、そこにはまったく異なる筋書の自白が日替わりでくるくる変わったり、証拠状況とおよそ合致しない矛盾した自白がいくつも混じっていたりで、およそ真犯人の自白とは見えない。いや、むしろこのような自白をしていること自体が、袴田さんが事件の真相を知らない証拠ではないかということが見えてくる。私はそこからさらに突っ込んで供述分析を行った結果、この自白自体が袴田さんの無実を証明しているとの結論に達したのである。そしてその結論を鑑定書にまとめて裁判所に提出した。しかし、この事件もまた、いまなお再審の門は閉ざされたまま、展望が見えない。

ともあれ、こうして「自白が無実を証明する」という結論を、この袴田事件の鑑定で得たことが、私にとっては大きな収穫だった。そして、それは狭山事件の石川さんの自白で得たことの再確認でもあった。狭山事件の石川さんの自白調書を分析し鑑定したとき、私はこの事実に気づいて、けっこう興奮したことを思い出す。

無実の人が「犯人を演じる」

虚偽自白というと、一般には、取調官のでっち上げだと考えられやすい。つまり取調官が被疑者を強引に落として、それから犯行筋書をすべて考え、それを被疑者に飲み込ませて、署名・指印をさせたものだというわけである。しかし、このような一方的なでっち上げで説明できるような事件は多くない。もしそんなふうに一方的にでっち上げたのだとすれば、取調官は、被疑者が事件のことを何も知らないこと、つまり被疑者が無実であることを知っていて、それを承知で自白を意図的に仕組んだということになる。しかし、いくら悪質な取調官でも、さすがに無実だとわかっている人を陥れるのは、心理的に難しい。人というのは、外からはとんでもない悪人に見えても、自分の内ではそれなりの理由があり、それなりに善人なのである。そのことを私は主観的性善説と呼んでいる。これは取調官にも当てはまる。

現実の虚偽自白は、多くの場合、一般に思われているのとはちょっと違った回路を通って生み出される。取調官は被疑者を真犯人だと思い込んでいて、あれこれの手練手管を使って連日厳しく追及する。無実の被疑者はもちろん否認し、弁解するのだが、取調官は聞く耳を持たず、追及をやめない。取調官からは、さらに否認を続けていれば、逆に不利な立場に追い込まれることになるし、家族や友人たちを巻き込むことになるなどとおどされる。そんななかで被疑者は無力感に襲われ、やがて追い込まれ、苦しくなって、「自分が犯人です」「自分がやりました」と認める。すると取調官は、被疑者がやっと正直に認めたと思って、次には「それじゃ、どのようにやったのか、その犯行の様子を話しなさい」と迫ってくる。ところが自白に落ちた被疑者が、ほんとうに無実ならば、もちろん犯行の様子はわからない。しかし「わからない」と言えば、取調官からまた否認に戻ったのかと言われて、それまでの苦しい取調べに舞い戻る。そうして行きつ戻りつしながら、結局は「自分がやった」と認めた以上、自分が犯人になったつもりで犯行筋書を語る以外にないことを思い知らされる。そこで自分が事件の周辺で見聞きした情報、新聞やテレビを通して手に入れた情報、さらには取調官の追及に含まれているヒントなどから、「自分がやったとすれば、どのようにやっただろうか」と考え、そこから虚偽の自白を組み立てていく。虚偽自白というのはそのようにして出来上がっていく。無実の被疑者は、苦しい状況のなかでいわば「犯人を演じる」のである。

石川さんの自白とその変遷過程

狭山事件の石川さんの自白も、取調官から単に押しつけられたものではない。石川さんは別件で逮捕され、二三日間の勾留期間をほぼまるまる取調べられた後に再逮捕され、兄さんが疑わしいようなことをあれこれ言われ、追い詰められて、結局は自分が「犯人になる」以外にない、そう思い切って自白したのである。そうして取調官からヒントを得ながら、いわば取調官との共同作業で、犯行筋書をあれこれと考えて、犯人を演じてきた。その結果が自白調書として記録されたのである。だからこそ、自白した供述調書をじっくり読み込んでみれば、「石川さんは事件のことを知らない」という事実があちこちに露呈していることに気づく。

石川さんは逮捕から約一カ月後に自白に落ちたのだが、最初は三人犯行自白、これが三日間続いて、それから単独犯行の全面自白に落ちる。ところがその単独犯行自白に落ちたその日に語った犯行筋書が、翌日にはまったく違った犯行筋書に変更されている。真犯人が全面自白に落ちたのなら、そのまま真実の犯行筋書を語ればよさそうなものなのに、どうして全面自白後もなお辻褄の合わない犯行筋書を供述してしまうのか。実は供述の変遷過程を分析すると、その理由が見えてくる。

石川さんはそもそも脅迫状の筆跡が似ているということで被疑者として逮捕され、取調べを受けていた。ただ、この事件の脅迫状は書きなれた続け字で、漢字もたくさん使っていて、そのなかには石川さんには書けない漢字もあった。そこで石川さんが三人犯行自白で落ちて、その犯行筋書を語ったところでは、友人二人が強姦・殺人を犯し、仕方がないので金を奪い取って逃げようということで、石川さんが友人の一人に教えてもらって脅迫状を書き、これを被害者宅に投げ込んだという話になっていた。そしてそこから単独犯行自白に落ちたときには、それまで三人の共犯として割りふられていた犯行を、強姦、殺人、脅迫状作成の順序で、そのまま自分一人でやったという筋書を語ったのである。

ところが、考えてみると、共犯者がいなくなったこの筋書では、石川さんは強姦・殺人を犯した後、脅迫状を一人で書かなければならない。しかし石川さんの読み書き能力では一人で本件の脅迫状を書けない。そのことは、警察も認めざるをえない事実だった。つまりこの最初の単独犯行自白の筋書は、石川さんには実行不能だった。そこで単独犯行自白の最初の犯行筋書が、さっそく翌日には、第二の犯行筋書に変遷しなければならなかったのである。しかも今度は妹が持っていた雑誌から漢字を拾って、事件以前にあらかじめ脅迫状を書いて持っていたという話になり、結果として犯行筋書がまったく異なるものとなってしまった。

こうして見ると、石川さんの供述変遷が、なぜこのような経過をたどらなければならなかったかが、よく理解できる。つまりこの自白の変遷過程そのもののなかに、石川さんが追い詰められて、取調官の想定に沿って「犯人になる」過程が如実に示されているのである。

虚偽自白のなかの「無知の暴露」

それればかりではない。石川さんの自白には、個々の細かい部分で、いかに石川さんがこの事件の実際を知らなかったのかが、あちこちに現れている。一例をあげれば、農道に埋められていた被害者の遺体には、両足首に細引紐が巻きつけられ、その先に長い荒縄がつなげられていた。しかし、この荒縄が何のために使われたのかがまったくわからなかった。その謎が、もし被疑者の口から明かされ、文字通りその事実が後の裏づけ捜査によって確認されたならば、それは「秘密の暴露」として真犯人の証明となるはずである。

この点について、石川さんは自白のなかで、被害者を殺した後、脅迫状を持っていく間、遺体を近くにあった畑の芋穴に隠していたのだと供述している。芋穴というのは、収穫した芋を保存するために畑の隅に掘り抜いた深い穴である。石川さんは遺体をこの穴に吊るし、足首につないだ荒縄を近くの桑の木に結びつけて、後で引き出せるようにしたのだという。これは非常に特異な供述で、もしこれが裏づけられれば、まさに「秘密の暴露」といわなければならない。この供述について石川さんは法廷で、取調官に言わされたのではなく、自分で考えて言ったのだと認めていて、確定判決はこの点を捉えて、自分から言い出した特異な供述で、だからこそ自白として信用できると認定した。

ところが、もし石川さんが言うように、遺体を芋穴に吊るしたのだとすれば、細引紐でくくった足首に五四キロもの遺体の重みがかかって、足首にそうとうの痕を残すことになるはずである。ところが足首にはそのような痕は残っていない。つまり遺体が芋穴に吊るされていたなど現実にはありえない。ということは、実は石川さんは、この遺体が農道に埋められる以前、どのような状態に置かれていたのか、荒縄が何のために使われたかをほんとうは知らなかったということにほかならない。自分が「犯人になって」考えて語った供述が、事件への無知を露呈させてしまったのである。自白のなかのこの「無知の暴露」は、まさにその人の無実を証明している。

無実の人が「犯人を演じる」などということが、はたしてあるのかと思われるかもしれない。しかし虚偽自白とは、まさにそのようなものなのである。狭山事件の石川さんの自白、袴田事件の袴田さんの自白に徹底して付き合い、そこから得たこの結論は、わが国の刑事冤罪事件における虚偽自白のもっとも基底的な事実である。本書に展開した供述分析は、そのことを明らかにした一つの範例となるはずである。

無実の人の自白には、それ自体のなかに無実の証拠が眠っている。その無実の証拠を暴く仕事が、これからもなお求められている。

そして、これから

逮捕されたとき二四歳だった石川一雄さんは、三一年あまりの獄中生活を経て、一九九四年一二月に仮出獄で娑婆に出て、いまは自ら狭山事件再審請求運動の先頭に立っている。鑑定書を提出し本書を上梓したとき、私は石川さんとお会いしたことも手紙を交換したこともなかった。そして仮出獄後に何度かお会いして、自白当時のことをお聞きする機会も得たが、そのことによって本書の内容を修正しなければならないというようなことはなかった。実際、原版「あとがき」にも書いたように「石川さんの自白調書には十二分に付き合った」。そして、おそらくいまの石川さんには、この自白はくやしくてたまらない記録かもしれないのだが、しかしこれはまさに、石川さんの無実をはっきりと示す貴重な証拠なのである。

このことをいかにして再審請求において、裁判所に理解させていくのか。いま一度、挑戦を試みなければならないと思っている。本書の再刊がそのきっかけとなることを、まずは願いたい。

二〇〇九年七月

浜田　寿美男

目次

●供述調書等の引用は、新字体、新かなづかいに改めたほか、一部匿名を用いた。

プロローグ

虚偽の証明のために

1 善枝さん事件と狭山事件

一九六三年（昭三八年）五月一日、埼玉県狭山市で、高校に入学したばかりの女子高生が行方不明となり、三日後惨殺死体となって発見された。被害者は、農業を営む中田栄作さんの四女、善枝さん。当時この事件は、被害者の名をとって「善枝さん事件」と呼ばれ、後に事件の地名から「狭山事件」と呼ばれるようになる。いずれも同一事件の別名にすぎないが、それぞれの名称が指し示す事件の局面は、おおきく異なる。「善枝さん事件」は、中田善枝さんを悲劇の主人公とする陰惨な殺人事件そのもの、それに対して「狭山事件」は、後に逮捕された被差別部落の青年を主人公として、冤罪や否やが争われた局面をさす。もちろん、もしこの青年が真犯人であれば、この両者を区別する必要はない。しかし、青年は、捜査段階で自白したのち、一年余後の控訴審第一回公判廷で突然、身の潔白を主張しはじめたのである。彼の主張するとおり、これが冤罪であるならば、「狭山事件」と「善枝さん事件」とは、同一の事件といえない。それは、「善枝さん事件」を発端としながら、この発端よりさらに陰惨なもう一つの事件だといわねばならない。

冤罪事件は、いつも、ひとつの事件の不幸を二重にする。狭山事件が、数ある冤罪の不幸のひ

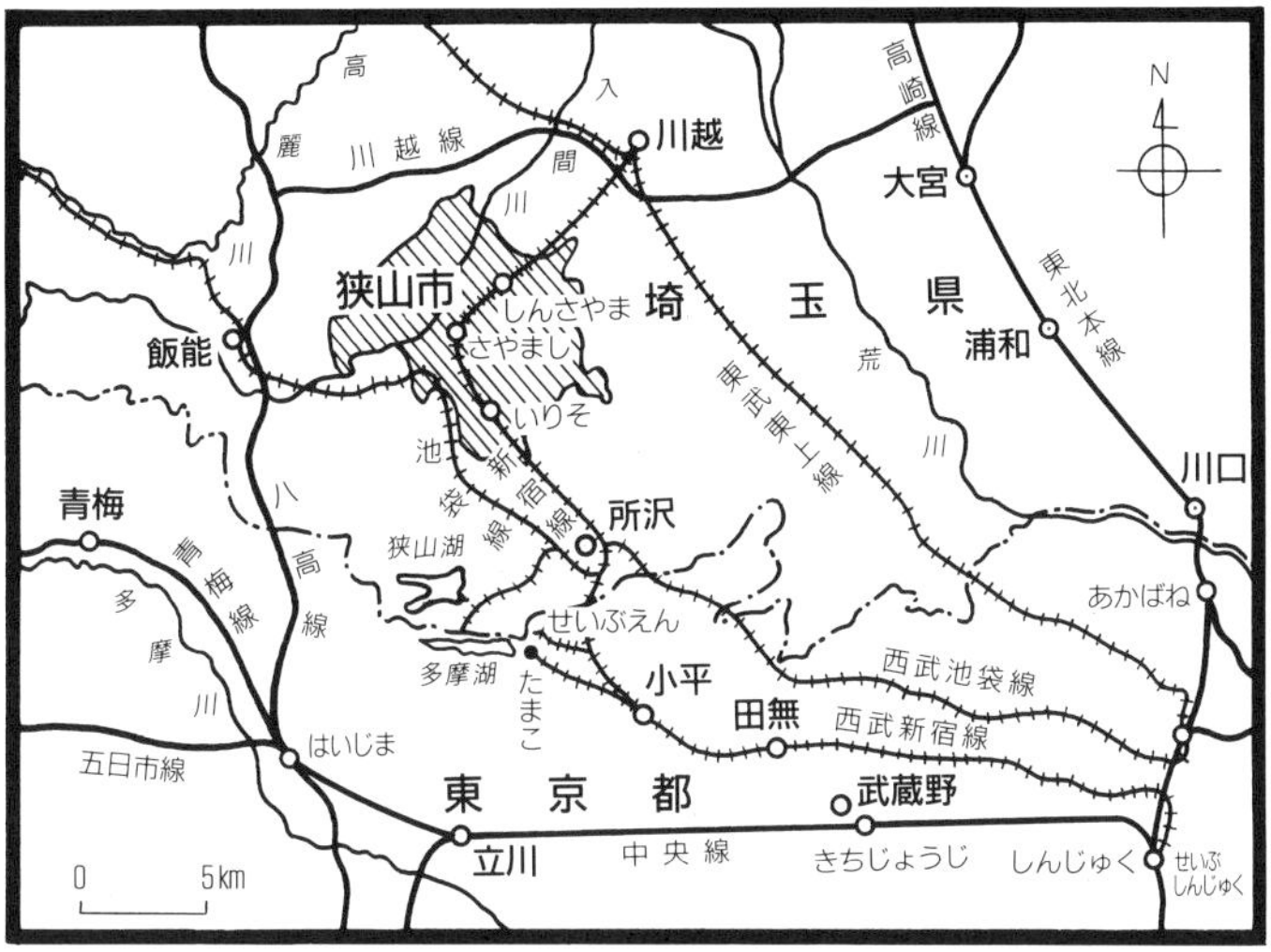

図１　現在の狭山市

とつであるならば、私たちは、なによりまず、二重にあざなわれたこの不幸を、一つに解きほぐさなければならない。

ともあれ、ことの発端となった「善枝さん事件」から話しはじめることにしよう。

善枝さん事件

この日は、善枝さんの一六歳の誕生日であった。中田家では、朝、赤飯を炊き、しるしばかりのお祝いをして、善枝さんを、四月に入学したばかりの川越高校入間川《いるまがわ》分校に送り出した。学校に行った彼女は、六時限の授業を終えると、いつもは放課後卓球をしたり生け花をならったりして、午後五時ごろ学校を出る。しかしこの日は、級友の話によると、いつもより早く三時半前に自転車に乗って学校を出たという。ところが、どういうわけか日が暮れても、彼女は帰宅しなかった。二時すぎからパラついていた雨は、どしゃぶりになっていた。学校で雨宿りしているのかもしれないと思った兄が小型トラックで迎えに行ってみたが、学校にはいない。しかたなく帰宅して、家中で夕食をすませたとき、ふと気づくと表の出入口のところに、白い封筒が差し込まれてあった。「中田江さく」と宛名の書かれたこの手紙は、「子供の命と引き換えに、五月二日夜一二時、二〇万円を持ってこい」という脅迫状であった。そこには警察に知らせるなとの警告があったが、家人はただちに通報し、警察が動き始める。

指定された二日の夜一二時、狭山署は、県警からの動員も得て、犯人が指定した場所付近に、大がかりな張り込み体制を敷いた。わずか一ヵ月まえ東京でおこった「吉展ちゃん誘拐事件」で警視庁が大失態を演じたあとということもあって、警察は過敏になっていた。ところが、本件でもまた、犯人が指定の場所に現われたにもかかわらず、警察は取り逃がしてしまうのである。やむなく翌三日から、地元の人たちの協力を得て、付近の山狩りが始められた。そして四日、善枝さんは、農道の土中から無残な姿で発見された。両手を手拭で後ろ手に縛られ、顔はタオルで目隠しされ、首には細引紐がまきつけられていた。またズロースが膝まで下ろされており、性交の痕跡が残されていた。

誘拐、脅迫、強姦、殺人、死体遺棄の大事件であった（弁護団は誘拐、強姦については断定していない）。

狭山事件二五年

この善枝さん事件から三週間過ぎた五月二三日、死体が発見された場所近くの被差別部落に住む青年、石川一雄さん（当時二四歳）が逮捕されることになる。ここから、彼を主人公とするもう一つの事件、「狭山事件」が始まる。

その日以来こんにちまで、じつに二五年間、四半世紀にもわたって、この青年は獄につながれ、いまでは五〇歳に間近な初老の人である。当初、ほぼ一ヵ月にもおよぶ警察・検察の取調べの末、これに屈して自白し、第一審（浦和地裁）でもこの自白を認めたものの、一九六四年に始まる第二審（東京高裁）以降は、自白を撤回し、その後一貫して無実を主張してきた。この二五年間に、彼が裁判所から受け取った判決・決定は六通におよぶ。

一九六四年（昭三九年）三月一一日　浦和地裁　死刑
一九七四年（昭四九年）一〇月三一日　東京高裁　一審判決破棄　無期懲役
一九七七年（昭五二年）八月九日　最高裁　上告棄却
一九八〇年（昭五五年）二月五日　東京高裁　第一次再審請求棄却
一九八一年（昭五六年）三月二三日　東京高裁　異議申立棄却
一九八五年（昭六〇年）五月二七日　最高裁　特別抗告申立棄却

裁判所の判決・決定はいずれも彼の有罪を認めるものであった。第一審から無罪を主張してきた弁護団の努力は一度も報いられることなく、一九八六年八月から、第二次再審請求の段階に入っている。六回にもわたって、計二二人におよぶ裁判官の眼を通して、石川さんが真犯人だと判定されてきたという事実からみると、これはもはや覆しようのない真実であるかのように見えるかもしれない。

しかし、一歩踏み込んで、事件の内部を見てみるとどうであろうか。石川さんが逮捕され、自白に追い込まれる過程を追い、彼を真犯人とする諸証拠が採取される経緯を精査してみると、そこに数多くの疑問が浮かび上がってくる。

犯人が書き残した脅迫状、身代金受渡し場所に残された足跡、死体から数百メートルのところで発見された被害者の鞄、教科書・ノート類、自転車のゴム紐、そして死体とともに出てきた手拭、タオル、細引紐、荒縄など、多数の物的証拠があがっている。しかし、そのどれひとつとして、石川さんが犯人であることを直接に示すものはない。

最大の証拠とされた脅迫状の筆跡についても、それを石川さんのものと同一だとする検察側の鑑定に対して、弁護側から無視できない反証がなされている。筆跡が同じだといえないばかりか、そもそも石川さんにこの脅迫状を書く能力があったかどうかに、おおきな疑問が提出されているのである。石川さんは被差別部落に生まれ、貧しい生活のなかで小学校にも十分行けず、平仮名すら完全にマスターしたとは言い難い状態だったという。そして小学校五年の中頃からはもはや学校にも行かず、奉公に出て、それ以来、文字とは縁遠い生活を送ってきた。ところが、問題の脅迫状は、上手な字とはいえないにしても、それなりに書きなれた者の字であることが、一見してあきらかであるし、当時の石川さんにはとうてい書けそうにない漢字が、多数含まれている。

また、自白によって被害者の万年筆が石川さんの自宅から発見されたことになっている。しかし、実のところは、自白以前に徹底した家宅捜索が二度も行なわれており、そのさいには万年筆が発見されていない。よほど巧妙な隠し方をしていたかというと、けっしてそうではない。自白後の捜索では、見逃しようがないほど低いかもいのうえから、簡単に発見されたという。それに最近、弁護団が、当時、家宅捜索に参加した警察官に事情聴取したところによると、一度目、二度目の捜索でも、のちに万年筆が発見されたとされる場所を捜索したことが明らかにされている。おまけに、自白によって発見されたとされるこの万年筆が被害者のものだという証拠も、実はない。発見された万年筆のなかのインクはブルー・ブラック、他方、被害者のノートや日記に書かれたインクはライト・ブルーであったことから考えれば、むしろ別物である可能性が高い。

さらに、石川さんが被害者から奪ってのちに捨てたとされる時計も、自白によって発見されたことになっている。しかし、この時計の品番号、型が、石川さんの逮捕以前に警察が発表した品触れとあわないという、なんともいかがわしい事実がある。

最後にもうひとつ。自白によって犯行現場とされた雑木林のすぐそばの桑畑には、事件当時、農薬散布をしていた人がいた。このような場所を犯行に選んだという自白はまず根本的に疑わしいが、さらに、この人は事件にいっさい気づいていない。自白による犯行現場が、本当に犯行現場であったという証拠も、実は、ないのである。

疑わしい点は、いくらでもあげることができる。ところが、さきの判決・決定はいずれも、これらの疑問に対して十分説得力ある解答を与えているようには見えない。他方、弁護団が長い年月にわたって克明に展開した膨大な反証は、そのひとつひとつが十分に石川さんの無実を証しているように、私には思える。にもかかわらず、裁判所の有罪判断は覆らない。それどころか、裁判所はこの膨大な反証に対して事実審理を開くことすら拒んでいる。

いったい、なぜなのであろうか。

2 自白の魔力

その最大のネックは、やはり自白にあると思われる。石川さんを犯人とする諸証拠に対して次々と反証があげられても、彼が捜査の段階で自白したという事実そのものは、変わらない。しかも、その自白は、わずか半年とはいえ第一審法廷(一九六三年九月から翌年三月まで)でも維持されたのである。

たしかに、自白した犯行筋書はきわめて不自然だし、物的証拠と決定的に合わないところさえ多数ある。しかし、それでもいったん「自分が誘拐し、強姦し、殺した」と自白してしまうと、そのこと自体が第三者に対して、強い影響力を与えずにはおかない。しかも、捜査官が拷問によって自白に追いこんだというような事実はなく、おまけに供述の任意性が原理的に保障されているはずの公判廷にまで自白が維持されたということになると、これはもう決定的であるとさえ思えてくる。少なくとも今日の日本の大半の裁判官の意識においては、この自白・自白維持の事実だけで、その心証がクロに大きく傾くに十分であろう。現に、第一審浦和地裁の内田裁判長は、判決文にこう書いている。

「死刑になるかもしれない重大犯罪であることを認識しながら自白していることが窺われ特段の事情なき限り措信しうる」

自白には魔力が潜んでいる。「死刑になるやもしれぬ事件で自白する以上、それはきっと真実であるにちがいない」、「人間は気が違いでもしないかぎり自分を死に陥れるような嘘をつくはずがない」。こうした根強い先入見のゆえに、人は安易に自白を信じ、また捜査官は被疑者から強引に自白を絞り取ろうとする。そして自白がとれれば、裁判官も「本人が認めているのだから」と安心して有罪判決が書ける。こうしてひとたび行なった自白は、なかなかくつがえせない。自白は魔力を帯びて、捜査官を縛り、被告本人をさえ自縄自縛の罠に陥れて、あいかわらず「証拠の王」の座にすわりつづけることになる。

しかしながら、いまやこの魔力は破れはじめている。免田事件、財田川事件、松山事件と呼ばれる死刑確定の事件が、この間相次いで再審で無罪を獲得してきた。これらの事件でも、元被告たちは自白をとられていた。そしてこの自白が死刑判決の最大の要因になり、被告たちを三〇余年にもわたって苦しめつづけたのである。しかし、再審での無罪判決によって、結局、彼らの自白が虚偽の自白であったことが証明された。死刑にも相当する重大事件について、彼らはそれと知って嘘の自白を行なっていたのである。

一部には、これらの事件はいずれも旧刑事訴訟法から新刑事訴訟法へ切りかわる混乱期にあって、無理な捜査の結果として生じたものであると説く人がいる。実際、これら三事件での自白の背後には、捜査官による厳しい拷問があったという。しかし、拷問があったかどうかは、虚偽自白にとって本質的な問題ではない。最近の無罪事件のなかには、拷問などの暴力的強圧なしに虚偽の自白がなされていたことが判明したものが数多くある。代用監獄とも呼ばれる警察の留置場に長期勾留されて、いつ出られるとも分からぬ不安のなかで、心理的・身体的苦痛に耐えきれず、結局、取調官に迎合して自白してしまう、そうした例が、あとをたたないのである。最近ようやく、このことが人々に気づかれるようになってきた。自白があるからといって安易にこれを信じてはいけないという認識が、法曹界にも少しずつ根づきはじめているように思われる。

なるほど、虚偽自白の心理メカニズムそのものは、いまだ十分には解明されていない。しかし、そのメカニズムはともあれ、残念ながら、すくなくとも日本の警察・検察の強圧的な取調べ状況下では、誰であれ虚偽の自白に陥れられる可能性があることだけは、すでに経験的に明らかだといわねばならない。

3 虚偽の証明

ただ、このように一般論として虚偽の可能性を云々しても、自白の虚偽を証明したことにはならない。つまり、可能性はあくまで可能性なのであって、具体的なケースについては、その自白が真であるか偽であるかを、個別に論じざるをえない。

狭山事件の石川自白も、逮捕から二八日という長期勾留下の自白であることからみて、そこには虚偽の可能性が十分にある。また石川さん自身、第二審以来、「自白すれば一〇年で出してやる」という捜査官との「男の約束」を信じて、嘘の自白をしたのだと主張している。しかし、かつての捜査官たちは、彼のこの主張を認めようとはしない。そして、彼にとっていかに歯ぎしりする思いであっても、捜査官がこれを認めないかぎり、この論争は水かけ論に終わるしかない。

これまで「狭山事件」弁護団は、石川さんが自白に陥れられたこの事情を強調しただけでなく、この自白自身の内容がきわめて重大な点において客観的証拠と一致せず、また自白そのものも矛盾だらけで、およそ現実の体験を語ったものとは考えられないとして、その点からも虚偽性を主張してきた。これらの論点はいずれも、私には、無視すべからざる説得力をもつように見える。ところが、これもまた、裁判官の有罪心証を痛打するにはいたらなかったのである。裁判官たちは、いまだに自白の魔力から逃れられないのだろうか。それとも、弁護団の方こそ誤った思い込みにとらえられているのだろうか。

弁護団が自白に対して積み上げてきた反証は膨大な量にのぼり、もはやほとんどすべての論点が尽くされているようにも見える。そのうえになお私の自白分析を加えるのは、屋上屋を重ねることになりかねない。しかし、これまでの弁護団の自白分析に目を通してみて、私自身は、いますこし不満を禁じえない。それは膨大であり、網羅的であるが、個々の論点がなお断片的であるという印象をぬぐえないのである。個々の部分的な不一致や矛盾を指摘するだけでも、たしかに自白の不自然性、虚偽性を示唆することはできる。しかし、変遷・変動・矛盾のきわまりないその自白を、もう少し全体的に捉えられないものであろうか。いかに変遷に満ち、矛盾に溢れていようとも、一人の人間が取調べの場のなかで紡ぎ出した言葉であることには違いがない。とすれば、嘘であれ、真実であれ、そこにはなんらかの全体的な意味のまとまりがあるはずである。その意味のまとまりを理解できれば、おのずとそこから、自白の真偽が明らかになってくるのではないだろうか。

私は、過去一〇余年にわたる弁護団との断続的な関わりのなかで、自分なりにこの問題意識を煮つめてきた。そうして今回、ようやくこれを一応の自白分析にまとめ、一九八六年末、第二次再審意見書として最高裁に提出することができた。

この意見書において私は、単に虚偽らしいという憶測のレベルにおいてでなく、論理のレベルにおいて石川自白が虚偽以外のなにものでもないことを、かなりの程度まで証明できたのではないかと自負している。ただ、論理のレベルでの証明というものは、ある部分で煩瑣にならざるをえない。その点は、私の意見書もそのままの形では、一般の読者の方々にどこまで納得してもらえるか、いささか不安である。もちろん、二〇数年間真実のものと判定されつづけてきた自白の虚偽を反証しつくそうとすれば、ある程度の煩瑣はやむをえない。しかし、それでもやはり、これをできるかぎり分かりやすく伝えることができなければ、それは結局、私の自己満足に終わってしまう。そうした思いで、私は本書において、裁判所に提出した意見書を書き直し、いますこし分かりやすくしようと努めたつもりである。その試みがどこまで成功したかはわからない。ともあれ、読者諸氏には根気よくつきあっていただくことを願うほかはない。

「善枝さん事件」と「狭山事件」、この絡まりあった二つの不幸を解きほぐすためには、この両者を紡ぎ合わせた自白の糸を抜き取らなければならない。といって、すでに事件から二五年を経たいま、その自白形成過程の全貌をつぶさに明らかにすることは、望むべくもない。ただ、もしこれが虚偽の自白であるのならば、私たちの手元にひとつの客観的証拠として残されている自白調書そのもののなかに、必ず虚偽の痕跡が刻まれてなければならない。私たちがその虚偽の痕跡を根気よく探りだし、これをひとつの流れとして跡づけることができれば、石川自白そのものの虚偽を証明することも不可能ではないはずである。

私たちが本書で目指すのは、この虚偽の証明である。

4 推理の作業

さて、こういうわけで、私が本書で取り組もうとしている課題はただひとつ、狭山事件の扇の要ともいうべき石川さんの全供述を分析して、その自白の真偽を判別することである。

事件の当事者でも、捜査の当事者でもない私たちにとって、これはおのずとひとつの推理の作業となる。石川さん本人にとっては、自白が本当であったか嘘であったかが、推理以前の問題として、記憶にはっきりと刻まれているはずだが、検察官、裁判官、弁護人、そして私たちなど、第三者が石川さんの自白の真偽を判別しようとすれば、残された資料、証拠をもとにしてこれを推理する以外にない。その推理の結果としてこれまで検察官と裁判官は、石川自白を真実とし、弁護団は、自白の虚偽を主張してきた。同じ資料、証拠に基づいて、両者の結論は真っ向から対立してきたのである。とすれば、当然、そのいずれかが間違っているのでなければならない。また結論が間違っているとすれば、それを導いた推理の過程にも間違いがあるはずである。

私はここで、検察官、裁判官と弁護人双方の主張を逐一検討するつもりはない。むしろ、この点はおいて、石川自白そのものを白紙から考えなおしたいと思っている。できるかぎり憶測を排し、論理的な筋立てをはっきりさせながら、一定の方法意識に基づいて自白を分析すること、それがここでの私の課題である。これは、たったいま述べたように、ひとつの「推理」の作業である。といっても、推理小説での推理を連想してもらっては困る。ここでの推理の作業と推理小説の推理とには決定的な違いがある。私としては、もちろん推理小説なみの明晰さをもたせることができればそれに越したことはないのだが、しかし、やはり推理小説での推理とはわけが違うということをまずはっきりさせておかねばなるまい。

第一に、私がここで行なう「推理」の作業は真犯人探しではない。一般に冤罪かどうかが争われている事件では、冤罪の主張に対して、「それじゃ、いったい誰が真犯人なのだ」といった反発が返ってくることが少なくない。残忍な犯罪事件に対して、どうしても真犯人を探し出して刑罰を与えねばならぬという憤りがあるのだろうか。あるいは知的な問題解決としても、「だれそれが真犯人ではない」というだけでは中途半端で、「こいつが犯人だ」というところまではっきりできなければ事件解決の満足感を味わえないということもあるのかもしれない。しかし、冤罪を晴らすということと、真犯人を探しあてるということとは、まったく別のことである。実際、真犯人が探しあてられなければ冤罪を晴らすことができないというのなら、捜査権をもたぬ私たちにとって冤罪の立証は不可能だということになってしまう。真犯人探しとは違ったかたちで、石川さんの自白の真偽を推理し、その虚偽性を証明すること、それがここでの私の推理作業の課題なのである。

また、真犯人探しではないというところから、おのずとその推理の具体的なすすめ方も異なってくる。多くの推理小説では、作者はまるで神様のようにすべてをお見通しで、主人公たる探偵に事件を解く鍵を少しずつ与えて、犯人を追いつめ、最後には犯人もこれを認めざるをえなくなって、一件落着、というふうになる。しかし現実は、そう甘くはない。すべてを見通した神様などどこにもいない。私たちに与えられた資料は、膨大な過去のほんの一部にすぎないし、事件解決のための要となる証拠が埋もれて見えなくなってしまっていることも、往々にしてある。私たちの推理の手がかりになる素材は、そのようなものでしかない。

それに、狭山事件のようにすでに事件から二十数年間も経過している場合になると、新たな調査にもおのずと限界がある。もちろん、事件からどれほどたっても、新たな証拠が出てくる可能性がなくはないし、場合によっては警察、検察が隠し持った未開示資料のなかに、決定的な鍵が含まれている可能性もある。現に狭山事件においても、弁護団の調査は時間の壁をはねかえして大きな成果をあげてきた。また検察の掌握している全証拠が開示されれば、さらに重要な鍵をそのなかに見出すことができるかもしれない。しかし、私がここで試みようとしている作業は、そのような新証拠の発見ではない。

私は、むしろ、すでに私たちの手元にあり、検察官・裁判官たちが積極的に有罪の根拠としてきた、石川さんの自白調書そのものを、分析の主眼におこうと考えている。そこでは新しい証拠や資料を求める必要はない。裁判官たちが持っているのとまったく同じ証拠・資料を用いて「推理」する。同じ土俵の上に立って、彼らの「推理」と闘いあわせる。そこでは証拠・資料の数や質が問われるのではなく、「推理」そのものが問われる。これほど「推理」らしい推理はないともいえる。ただ、それだけに本書が小説的な展開に乏しく、やたらと理屈っぽいものになる危険は避けられない。しかし、ことの性格上、そこのところは読者諸氏に我慢していただく以外にはない。

5 確定判決の誤り――ほんの小さな一例から

事件の諸証拠から真実を「推理」することが問題だということになれば、裁判官たちこそその領域で長く経験を積んできた専門家であって、素人が口出しすべきところではないと思われるかもしれない。現に狭山事件第二審判決で寺尾正二裁判長などは、裁判での事実認定は「裁判官の全人格的能力による合理的洞察の作用」であると豪語している。こういう言葉を聞くと、刑事裁判にはずぶの素人の私などの出る幕ではないように思わされてしまう。しかし、素人なりに事件の経緯を追い、証拠、資料を整理して、判決を読み返してみると、この裁判長のいう「全人格的能力による合理的洞察」がほんとうにどこまで合理的であるのかと、首をかしげたくなる部分にずいぶんでくわす。しかも単に直観的な印象としてそう感じるというだけでなく、論理的につめて考えれば、その誤りをはっきり証明できるものも少なくないのである。

ひとつ例をあげてみよう。といっても、ここではまだ事件についてその内部に踏み込んで説明していないので、あまり予備知識を必要としない外形的な部分の供述を例にとることにする。

「善枝さん事件」は冒頭に紹介したように、誘拐・強姦・殺人・脅迫・死体遺棄という大事件であったが、石川さんがこの件で最初に逮捕された時の容疑は、事件と無関係な軽微な別件と、本件については脅迫に絡んだ部分だけであった。五月二三日に逮捕されて石川さんが留置されたのは狭山署である。逮捕から二三日間の最大勾留期間のあいだ、石川さんは別件は簡単に認めたが、問題の本件についてはいっさい関与を認めず、否認を通した。これでは検察も本件で石川さんを起訴するわけにいかず、勾留期限ぎりぎりの六月一三日に別件のみを起訴して、そのうえで勾留を続けようとした。それに対して弁護人は保釈請求を行なって、これが認められ、石川さんに保釈命令が下された。ところが、検察の方では保釈前日の六月一六日、事件の中心部分である強姦・殺人等の容疑で別の裁判所に逮捕状を請求し、その許可を受けていた。そうして翌一七日、石川さんは保釈命令によっていったん保釈され留置場を出たものの、数歩も歩かないうちに再び逮捕されることになったのである。しかも、どういうわけかそのまま狭山署から川越署分室に移送され、その日からは川越署分室に留置されて、弁護人の接見も禁じられたなかで、きびしい取調べを受けることになった。

再逮捕後も石川さんは否認をつづける。しかし、三日後の六月二〇日、裁判官の勾留質問では、事件への関与を否認したものの、同じ日、地域での野球チームで世話になったことのある関源三巡査部長から取調べを受けて、石川さんはとうとう自白を始める。ただ、このときの自白は、共犯の自白であり、まだ単独犯行の全面自白ではない。単独犯行自白が出るのは、さらに三日後の、二三日からである（表1参照）。

詫び文句をめぐる嘘

さて、こうした捜査の経過を頭において、私たちが注目したいのは、この単独犯行自白を始めた六月二三日の司法警察員に対する二通目の供述調書（以下、これを略して六月二三日員②というように表記する）である。そこにはこう書いてある。

私は本当に善枝さんにも善枝さんの家の人にも謝りたい気持ちから正直に話すことにしたのです。私が今までも済まないという気持ちでいたということは狭山警察の今まで私が入っていた部屋を見て貰えばわかりますが、私は私がいた部屋の板の間に爪で、

「私が無事に出られたら一週間毎に御詣りに行きます」と書いてあります。これは私が善枝ちゃんを殺してしまって済まないから無事に出られたら一週間に一度づつ御詣りに行きますという自分の気持ちを書いたものです

「謝りたい気持ちから」全面自白した、その証拠に、詫び文句を以前いた狭山署の留置場に書きつけているから見てくれというのである。もし、このような詫び文句を自分から書きつけているのなら、彼の自白は本物だろうと思われるかもしれない。素朴にはたいていの人がそう思ってし

表1　自白に至るまでの捜査の過程と詫び文句

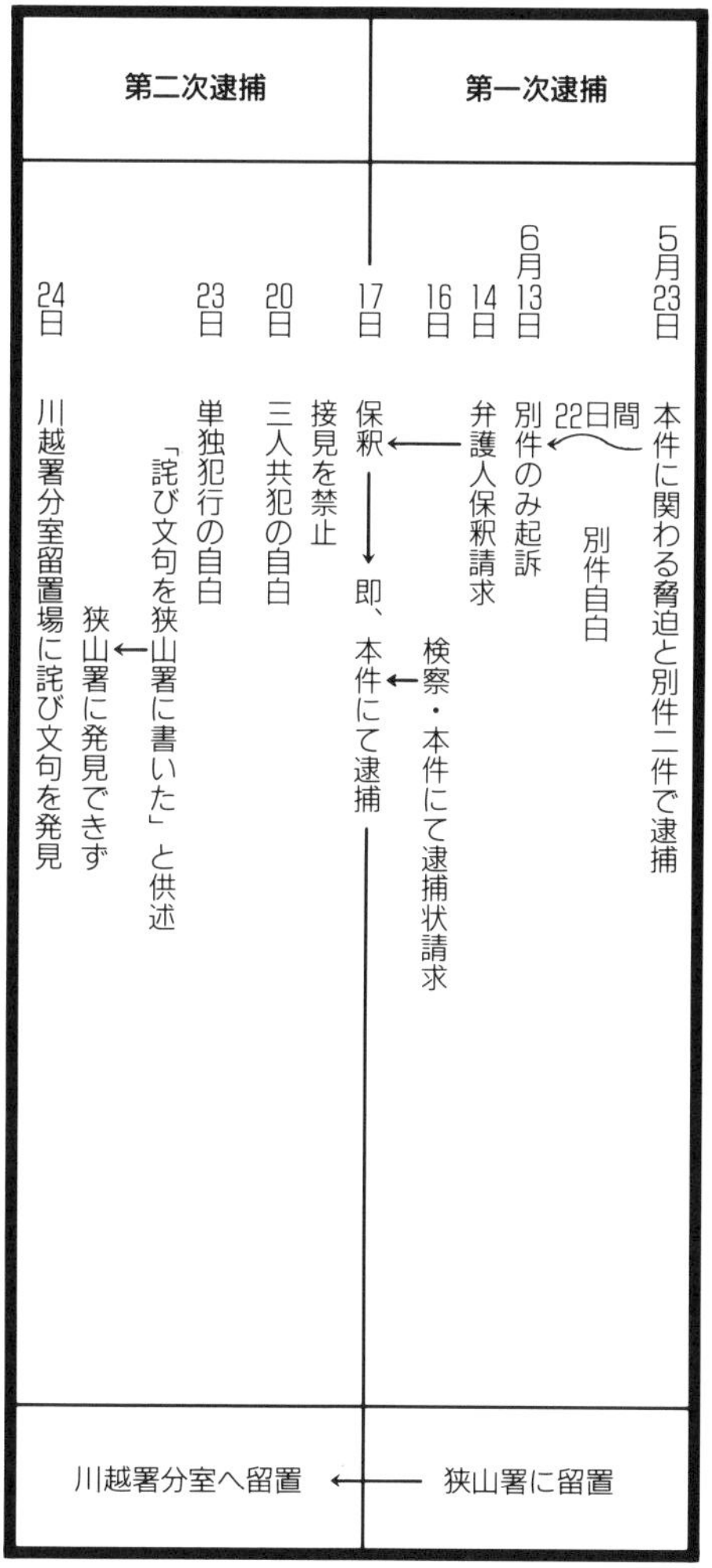

第一次逮捕
第二次逮捕
5月23日　本件に関わる脅迫と別件二件で逮捕
22日間
別件自白
6月13日　別件のみ起訴
14日　弁護人保釈請求
16日　検察・本件にて逮捕状請求
17日　保釈
即、本件にて逮捕
接見を禁止
20日　三人共犯の自白
23日　単独犯行の自白
「詫び文句を狭山署に書いた」と供述
狭山署に発見できず
24日　川越署分室留置場に詫び文句を発見
狭山署に留置
川越署分室へ留置

まうだろう。しかし過去の冤罪事件では、この種の詫び文句はけっして珍しくない。有名なところでは一九五四年、山口県仁保郷で起こった一家六人殺し、いわゆる仁保《にほ》事件の被告人が「御仏の袖にすがりて罪を悔い六つの影に手を合わす日々」という懺悔の歌を書いたという例がある(この被告人は一九七二年に無罪が確定した)。このほか、幸浦《さちうら》事件、二俣《ふたまた》事件、豊橋母子三人殺し事件などでも、同種の詫び文句が残されている。

私は、過去の冤罪事件にこのような例がこれまでいくつもあったというだけで、石川さんの詫び文句も同様であるといいたいわけではない。この詫び文句だけでは、石川さんが犯人だとも、逆に無実だとも決めるわけにいかない。これは当然のことである。ところが、石川さんの場合には、他の例と違って、この詫び文句をめぐって非常に奇妙な事情がある。実は、右に引用した六月二三日員②で石川さんが「狭山署に詫び文句を書いた」と供述したのを受けて、実際に捜査員が狭山署に行ってみたところ、そのようなものは見つからなかった。ところがその翌日二四日、狭山署ではなく石川さんがそのころ寝起きしていた川越署分室留置場の壁板の上に、「じょうぶでいたら一週間に一どッせんこあげさせてください　六・二十日石川一夫　入間川」と爪書きし、さらに同じ留置場のすみに、紙を裂いて文字を作り「中田よしエさんゆるして下さい」(図2)と書いているのが発見されたのである。つまり、六月二三日員②の供述で石川さんが「狭山署に詫び文句を書いた」といったのは嘘だったわけである。そこで問題は、石川さんがなぜこんな嘘をついたかというところにある。ここで、私たちは「推理」を働かさなければならない。

まず、寺尾裁判長が判決のなかでこの詫び文句をどう解釈したかをみてみよう。

図2　詫び文句――パン袋を破って留置場のすみに置いたもの

被告人は、捜査段階で、はじめ狭山署の留置場の便所に詫び文句を書いたと述べたので調べてみたが、そこには見当たらず、川越分室の留置場の自室の壁板に横書きで爪で書いたと認められる六月二〇日付の詫び文句「じょぶでいたら一週間に一どッせんこをあげさせてください六・二十日石川一夫入間川」が発見された（この詫び文句にある六月二〇日といえば、被告人が、「本件」につき裁判官の勾留質問に答えて「事実（善枝さんのこと）は知りません。事件をおこしてないと云うことをお話しするという意味のことを話しただけで裁判所へ行っても善枝さんのことについては知らないから知りません。」と陳述した当日であり、員関源三に三人犯行を自供した日でもあることを考え合わせると、裁判官には否定的な答えをし、員関源三には三人犯行を自供したものの、内心では良心の呵責に堪えかねて、反省悔悟の情を自室の壁板に爪書きしたものと考えられる)。[右の丸括弧内も判決文からの引用である――筆者]また、判決の別の箇所で、この六月二〇日付の詫び文句が、反省悔悟の気持ちだけではなく、さらに「死刑だけは免れたい」という功利的感情も加わっていたという。その部分を引用しておこう。

最初は頑強に犯行を否認していたところ、再逮捕後の六月二〇日には事態やむなしと観念して員関源三に嘘の三人犯行を自供するに至ったのであるが、これも何とかして死刑だけは免れたいと考えたからであるとみることができる。更に六月二三日に他の取調官に場を外してもらって関源三に単独犯行を告白し、死刑にだけはなりたくないと述べたうえ、死体の発掘当時の状態について同人に聞くなど一見不思議な行動に出たのも、関に依存してなんとか死刑だけは免れたいと考え、暗に答え方につき同人に相談をもちかけたと解する余地がある。このような功利的な心情も加わって六月二〇日房内の自室に前掲の詫び文句を爪書きするに至った。

寺尾裁判長は、石川さんが三人犯行自白を主張したものの、まだ全面自白にいたっていない六月二〇日「良心の苛責に堪えかねて」、また同時に「死刑にだけはなりたくないという功利的な心情も加わって」、留置場自室に詫び文句を書いたのだと解釈したのである。

ところでこの解釈は、はたして彼自身のいう「裁判官の全人格的能力による合理的洞察の作用」にもとづくものといえるだろうか。いやいや、そんな高度な合理的洞察作用の結果であるどころか、そこには明らさまな誤りが含まれている。それは、取調べの場のなかにおかれた被疑者石川さんの立場に身をおいてみれば、ただちに明らかになることである。

見落とされた嘘の理由

といっても前後の事情を知らず、この話をただ一読しただけの読者には、どこがおかしいのか即座には分からないかもしれない。そこで推理の素材となる証拠・情報を、もう一度、整理してみよう。

①六月二三日、石川さんは「詫び文句を狭山署に書いた」と供述した。
②狭山署には詫び文句は発見できなかった。
③六月二四日、川越署分室留置場石川自室に「六・二十日」と日付を記した詫び文句が発見された。

この三つの事実から寺尾裁判長は、「六月二〇日、自責の念と功利的心情でもって詫び文句を書いた」と結論した。

読者諸氏はこれをどう考えるだろうか。裁判長の解釈で、この①②③の事実はうまく説明できたと考えられるだろうか。何かしっくりこない感じがしないだろうか。実は、推理の素材となる①②③の事実と裁判長の解釈を突き合わせてよく考えてみると、裁判長の解釈は、結局のところ、③の事実だけをとりあげ、詫び文句に付された六月二〇日の日付を正しいものと根拠なく前提して、そのうえでもっともらしい心理的解釈を加えているにすぎないことが分かる。つまり、①②の事実からは、石川さんが嘘をついたことが明らかであり、また裁判長自身もこれを認めておきながら、彼がなぜここで嘘をついたのかという問題を、すっかり見落としてしまっているのである。

石川さんはなぜ嘘をついたのか、この理由を考えていけば、寺尾裁判長の解釈が成り立ちえないことが、誰の目にも明らかになってくる。実際、判決の解釈に従って石川さんの言動を日時の順に並べてみると、こうなる。

六月二〇日　三人共犯の一部自白をしたが、良心の苛責と功利的心情のために川越署分室留置場自室に詫び文句を書きつける

六月二三日　単独犯行を自白。謝罪の気持ちがあるかときかれて、狭山署に詫び文句を書いてきたと嘘の供述をする

こういう言動の流れを、人間の自然な心の流れとして納得できるであろうか。六月二三日、石川さんが単独犯行を全面自白し、反省悔悟を求められたときの彼の心理状態に焦点をあわせて考えてみよう。寺尾判決の解釈では、この時すでに詫び文句を当の川越署分室に書きつけていたが、石川さんはあえてこの事実を隠して、「狭山署に書いた」と嘘をついたことになる。しかし、この時それを隠さねばならぬ事情が石川さんにあったであろうか。まして裁判長のいうように、反省悔悟の気持ちがあり、しかも「死刑だけは免れたい」という功利的心情があったのならば、積極的に自分の方から「川越署分室の留置場に書いている」と告げてもよいくらいのものではないか。ところが判決では、ここで詫び文句を書いた場所をあえて偽ったということになるのである。どうしてそんな嘘をつく必要があっただろうか。寺尾裁判長はこの矛盾にまったく気づいていない。

寺尾裁判長は判決のなかで、石川さんが行なった「意識的な虚偽」(つまり嘘)を八つも列挙し、石川さんには意識的に嘘をつく傾向があると断定している。右の詫び文句に関わる嘘も、その八つのうちの一つとしてあげられたものである。しかし、この八つの嘘をつぶさに検討してみると、裁判長は、人間のつく嘘というものについて、合理的な洞察力をまったく欠いているのではないかと疑いたくなる。裁判長は「嘘には理由がある」という大原則を忘れて、まるで「嘘をつくのは嘘つきだからだ」とでもいいたげな口ぶりである。詫び文句を狭山署に書いたという嘘についても、裁判長の説でいくと、何の理由もない嘘だという以外にない。しかし、そんなことをいいだした段には、人間の言動はまったく理解することができなくなってしまう。嘘であれなんであれ、人間の言動には、理由がある。これは人間理解の大原則ではないか。ところが寺尾裁判長は、知ってか知らずか、この原則を無視してしまう。事実認定、つまり「推理」の専門家である裁判官が、こんな初歩的な間違いをおかしてしまう。まったく信じがたいことだが、これは事実である。

ちなみに、石川さん自身はこの詫び文句について、どう説明しているだろうか。自白撤回後の第二審第二七回公判尋問調書から引用しておこう。

石川：最初、三人から、一人と言ったのかな、とにかく殺したと言ってから、それじゃ善枝ちゃんに詫び状のしるしがあるかと言われたんです。

問：だれからそういうことを言われたのですか。

石川：長谷部さんから言われました。それから、あるとうっかり言ってしまいました。

問：長谷部にどう聞かれたのか。
石川：善枝ちゃんに詫び状が書いてあるかと、で、書いてあるって言ったんです。どこだと言ったので、狭山警察の留置場の便所の上へ書いて来たと嘘をついてしまいました。そしたら、関さんがそばにいたので多分見にいったんでしょう。それで夕方になって、私が帰された川越の留置場に入れられてしまったから、嘘をついてしまったから、あわてて、今度は、川越の自分のいたところへ書いたんです。……中略……
問：それまでそんなもの書いてなかったんでしょう。
石川：はい、そうです。
問：どうして書いたと言ったんですか。
石川：書いてあるかと言われて、うっかり書いてあるといったら、どこだと言われたから、狭山警察と言ったんです。そしたら関さんが見に行ったらしいです。で、なかったのを聞かれるといけないから、夕方になって帰されたから、川越の留置場の中へ書いたです。
問：川越へ書いたのは、狭山へ書いたとうそを言って、本当に書いていなければ叱られるから書いたということになるんですか。
石川：そうです。
石川さんのこの説明はごく自然である。いや単に自然であるというにとどまらない。六月二三日、全面自白に追い込まれた石川さんが、「狭山署に詫び文句を書いた」などという嘘をつく理由は、およそこれ以外に考えられないといっていい。

そもそも寺尾判決が、六月二四日川越分室留置場で発見された詫び文句に「六・二十日石川一夫入間川」と付されていたのを鵜呑みしたのは、いかにもお粗末であったといわねばならない。だいたい詫び文句に日付まで付けるというところに作為を感じとるべきではなかったか。右に見てきたような事情ならば、すでに詫び状を書いているという嘘を後からごまかそうとして、六月二三日当日より以前の日付をあえて付けたのだと、ごく自然に了解できる。

「狭山署に詫び文句を書いた」というのは明らかな嘘であった。しかし石川さんがなぜこんな嘘をついたのかと考えてみさえすれば、寺尾判決のような結論は出せなかったはずである。それに、第二審での石川さん自身の事情説明を虚心に聞けば、これで十分納得できたはずではないだろうか。

供述は、供述者のなかで必ず心的一貫性をもつ。その供述にどれほど嘘が含まれ、事実とどれほど食い違っていたとしても、供述者の心性のなかでは、必ず一定の心的意味が貫徹している。この認識こそが供述分析の大原則なのである。

刑事裁判の専門家も見抜けない嘘

このように、詫び文句に関わる石川さんの嘘に対して寺尾裁判長が下した解釈は、間違っている。しかも、それが間違っているというのは、間違っているかもしれないという可能性レベルの問題でも、間違っているだろうという蓋然性レベルの問題でもない。それは一〇〇パーセント間違っているといってさしつかえない。「石川さんは嘘つきで、嘘つきは何の理由もなく嘘をつく」

という馬鹿げた仮定をたてないかぎり、寺尾裁判長の解釈は成立しないのである。

考えてみれば、これはごく単純な「推理」にすぎない。刑事裁判の専門家ともあろうものが、何故、こんな単純な推理を間違えてしまうのか、この点は、のちにあらためて論じなければならない問題である。

いずれにせよ、刑事裁判の専門家であるという理由で、その事実認定をそのまま信用するわけにいかないことが、この一例でおわかりいただけたであろう。いや寺尾裁判長の第二審判決は、同種の間違いをそのなかにいくつも含んでいる。この誤りは、たまたまおかした過ちというより、むしろ彼の供述分析の姿勢そのものに関わる問題なのである。しかも、彼の下した第二審判決が、目下のところ狭山事件の確定判決であり、いまなお生きている。いいかえれば、右に証明した判決の解釈の誤りも、真実として生きているのである。

これは実におそろしいことである。もちろんこの時点で、右の一例の誤りだけでもって判決全体が間違っているとまでいえば、飛躍のしすぎになるだろう。しかし、裁判官に与えられ、私たちにもまた同等に与えられた事件資料・情報から、判決の間違いを指摘することができることを理解していただけたと思う。私が先に「推理」といったものは、こうした作業のことである。さて、この手の「推理」を地道に構築していくことで、石川自白を真実とする寺尾確定判決全体が瓦解することになるかどうか、じっくり試してみることにしよう。

第1部

証拠と供述

――分析のための素材

供述とはなにか

プロローグでみた「詫び文句の嘘」は、自白のなかでもごく外形的な部分に属する供述の問題であり、その分析には比較的わずかな資料だけで事足りた。しかし、私たちの本題となる自白の中心部分、つまり誘拐―強姦―殺人―脅迫―死体遺棄の犯行事実の有無ということになると、その供述分析のためには、膨大な資料、証拠を考慮に入れなければならない。

もちろん私たちの分析・推理の第一次資料は、自白を含む被疑者の全供述である。ただ「供述」といっても、被疑者が取調べの場のなかで行なった生《なま》の供述をありのままに知ることはできない。私たちに「供述」として残されているのは、取調官の手を経て記された供述調書だけである（以下これを単に「供述」と呼ぶ）。石川さんの供述は、後に詳しく見るように逮捕から二八日間は否認の供述であり、そののち三人共犯自白が出て、以降さまざまに変遷して最終的に検察官が真実と判断する単独犯行自白が完成する。問題は、この最終の自白の真偽を判定することなのだが、そこで資料となるのは、最終自白だけでなく、そこに至るまでの全供述である。

この石川全供述を正しく理解するためには、一般に供述というものが、どういう経過をたどって被疑者の口か

図3

図4

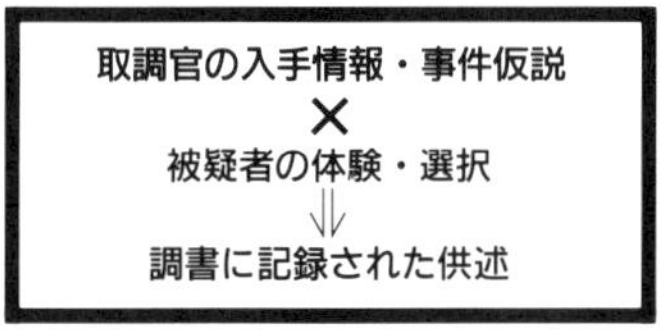

図5　供述の真偽判定とはどういう作業か

取調官の入手情報・事件仮説 × 被疑者の体験・選択（未知数） ＝ 調書に記録された供述

⇓

$$\text{（未知数）被疑者の体験・選択} = \frac{\text{調書に記録された供述}}{\text{取調官の入手情報・事件仮説}}$$

‖

（犯行体験の有無）

ら紡ぎ出されてくるのかということを、しっかりおさえておかねばならない。非常に素朴に考えれば、供述は供述者自身の口から発せられるものだから、供述者たる被疑者のファクターだけで決まるようにみえる。つまり、**図3**のように被疑者が事件をめぐってどういう体験をしたか、あるいはしなかったか、またそれを取調官に対して供述すべきか、あるいはすべきでないかについてどう選択したか、という被疑者の要因のみで、供述内容が決まるというわけである。

しかし、供述内容がそのように被疑者だけの単独要因で決まるかのように考えるのは、取調べという過程の事実に即さない考え方である。つまり、供述というものは、取調官がそれまで捜査で得た情報を念頭において被疑者に尋問し、被疑者がこれに答え、答えたものを取調官が聴取して、調書に記録するというふうにして作成される。この《尋問―応答―聴取―記録》の過程は、けっして被疑者単独の過程でなく、被疑者と取調官との間のやりとりの過程である。供述はこの二者の関係から織り成されてくるものなのである。これを図3に対比して図式化すれば**図4**のようになる。つまり、供述には、被疑者が事件をめぐってどういう体験をしていたのか、していなかったのかという被疑者側の要因だけでなく、取調官が被疑者を取り調べるにあたって、どういう情報をつかんでいたのか、いなかったのか、またその情報によってどういう事件仮説を描いていたかという取調官側の要因が大きく反映する。これは被疑者が真犯人であってもなくても等しくいえることである。

供述の過程をこのように考えれば、供述は、**図5**上段に示したように、取調官側要因×被疑者側要因の二要因からなる関数であるということができる。とすれば、自白の真偽判定という私たちの作業は、この関数のなかで未知数にあたる「被疑者の体験・選択」を、他の二要因から割り出す作業だということになる。すなわち、図5の下段に示したように、調書に記録された供述と取調官の入手情報・事件仮説という二要因から被疑者の体験・選択（犯行体験の有無）を割り出すわけである。

したがって、私たちが自白の真偽を判定するにあたって考慮しなければならない証拠・資料は、大きく二つに分けられる。ひとつは尋問のさいに取調官が入手していた事件情報とそれにもとづいて構想した事件仮説、もうひとつはこの取調官の尋問に対して被疑者が行なった供述である。以下、この順序で、私たちの推理の作業の対象となるデータを整理することにしよう。

第1章

証拠収集の流れ

——事件から起訴まで

まず警察・検察の入手した事件情報をその捜査の流れに沿ってまとめてみる。事件全体の流れを整理する意味もかねて、

1 善枝さん殺し事件の証拠
2 石川さんに容疑が絞られていく経緯
3 石川さん逮捕後に見出された証拠
4 石川さんの自白によって見出されたとされる証拠

の四つに分けて見ていくことにしよう。この順序で説明していけば、七月九日の起訴までに捜査陣が入手した証拠や情報を、おおよそ時間順に整理することができることになる。なお、起訴ののち今日に至るまでに明らかになった点については、括弧にくくってただし書きを加えておく。

1 善枝さん殺し事件の証拠

一九六三（昭三八）年五月一日——行方不明そして脅迫状

この日、被害者中田善枝さんは、いつものように川越高校入間川分校に登校、六時限の授業を

受けたあと、いつもより早く三時二〇分すぎ、小雨の中を自転車に乗って下校した。この時刻は、級友の証言による。級友は、三時二四分の電車で帰る予定であったところ、間に合わなかったので、善枝さんの下校時間が三時二三分だったことを正確に記憶していたという。この下校時刻は、のちの誘拐、殺害の犯行時間帯を割り出すうえで重要な手がかりとなる。

では、学校を出てから善枝さんはどこへどう行ったのだろうか。通常、彼女がとる下校路は、地図（見返しに掲載）に示しているように、学校を出て市役所前から入間川駅前をすぎて踏切りをわたり、雑木林に囲まれた薬研《やげん》坂を通りぬけていく、約五キロの道のりである。ところがこの日、善枝さんが学校を出てからの足どりは、第一ガード下で目撃されたあと分かっていない。ただ、のちの石川自白で、石川さんと善枝さんとが出会ったとされる地点が、善枝さんのふだんの下校路から大きくずれていることは、注目に値する（あらかじめ断っておくが、石川さんと善枝さんとは見ず知らずの関係である。したがって二人が出会ったとしても、偶然でしかありえない。とすれば彼女は、何らかの理由で自らふだんの下校路から大きくはずれたことになるのだが、この点、裁判所の判決では納得のいく理由を述べられていない）。

さて、中田家では、夕刻いつも五時半ごろには帰ってくる善枝さんが六時を過ぎても帰らないので、心配しはじめる。昼すぎからパラつきはじめていた雨が、この頃すでに本降りになっていた。学校で雨やどりしているかもしれないということで、兄が軽トラックに乗って学校まで見に行ったが、学校には誰一人いない。兄は、しかたなく、入曽《いりそ》の駅も見に回って、帰宅したのが七時半ごろという。夕食のうどんを食べて気がついてみると、玄関のガラス戸の隙間に白い封筒が

図６　脅迫状の封筒——宛名が訂正されていることに注意

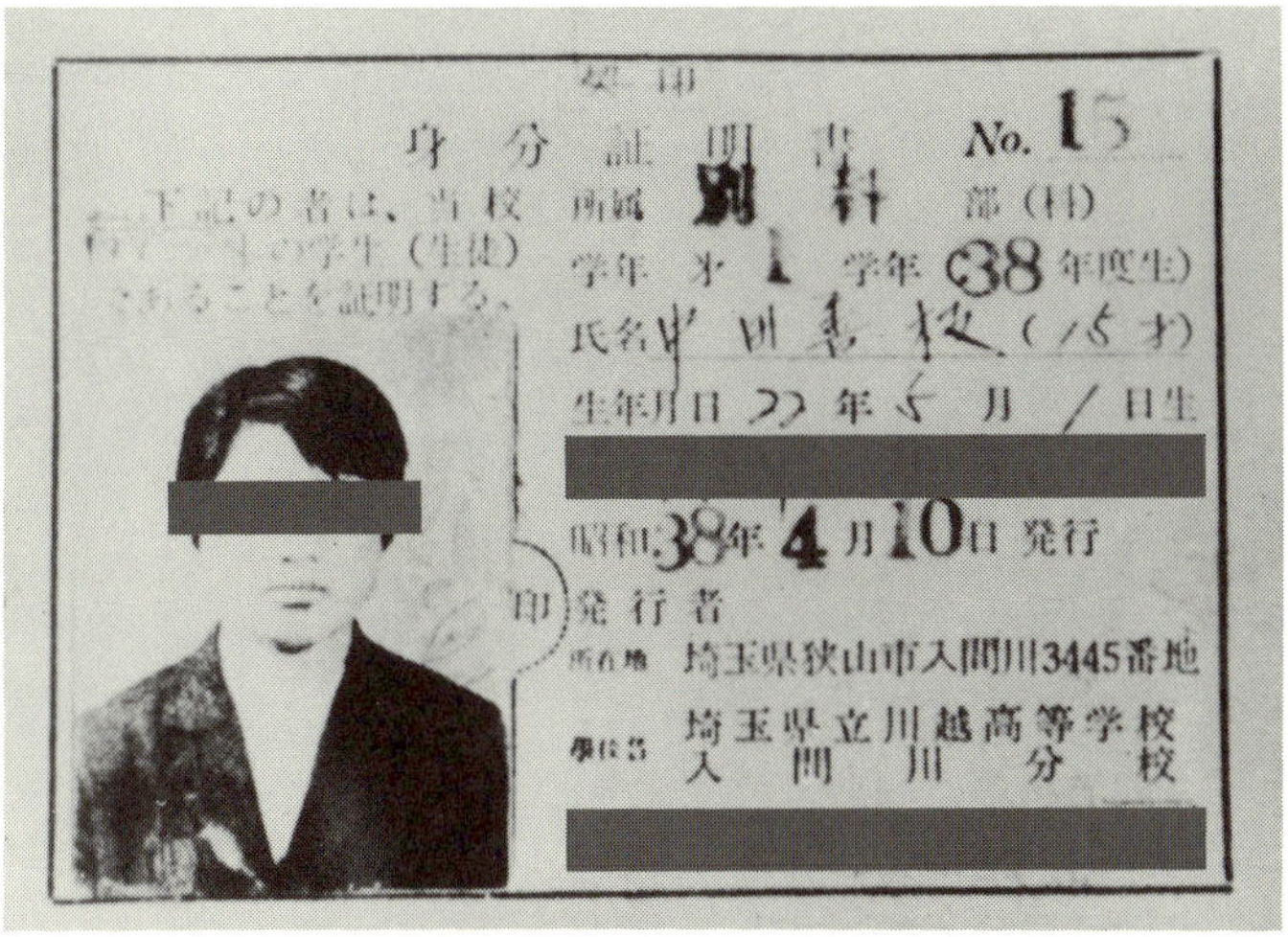

身分証明書　No. 15

下記の者は、当校　学年の学生（生徒）であることを証明する。

所属　別科　部（科）

学年　第1学年　38年度生

氏名　中田善枝（15才）

生年月日　22年5月1日生

[redacted]

昭和38年4月10日発行

印

発行者

所在地　埼玉県狭山市入間川3445番地

学校名　埼玉県立川越高等学校　入間川分校

[redacted]

図7　脅迫状と一緒に同封されていた善枝さん身分証明書

差し込まれてあった。それに気づいたのが七時四〇分ごろ。それが、善枝さんの命と引きかえに二〇万円をよこせという脅迫状だったのである。この脅迫状は、兄が帰宅した時にはなかったのだから、七時三〇分から四〇分の一〇分間に差し込まれたのでなければならない。この時刻も重要な鍵になる。

　この脅迫状こそは、犯人が残した物証のうちで最も重要なものである。そこで、少し詳しく説明しておくことにしよう。封筒は、白い普通の手紙用の封筒で、その宛名は奇妙にも、最初「少時様」とあったのを斜線で消して、その下のほうに「中田江さく」と記していた（写真―図6）。封筒には、脅迫状とともに善枝さんの生徒身分証明書（写真―図7）が同封されていた。彼女がルーズリーフ式の手帳に入れておいたものである。おかしなことに、兄が手にしたとき封筒はすでに封を切ってあったという。

当の脅迫状は、大学ノートを一頁分だけ糸目に沿って破りとったものである(写真―図8)。その文面を書き下せば、次のようになる。

このかみにツツんでこい
子供の命がほ知かたら五月2日の夜12時に。金二十万円女の人がもツてさのヤの門のところにいろ。友だちが車出いくからその人にわたせ―

時が一分出もをくれたら子供の命がないとおもい。――

刑札には名知たら小供は死。

もし車出いツた友だちが時かんどおりぶじにか江て気名かツたら。子供わ西武園の池の中に死出いるからそこ江いツてみろ。

もし車出いツた友だちが時かんどおりぶじにかえツて気たら子供わ1時かんごに車出ぶじにとどける。

くりか江す　刑札にはなすな。

気んじょの人にもはなすな
子供死出死まう。

もし金をとりにいツて。ちがう人がいたらそのままかえてきて。こどもわころしてヤる。

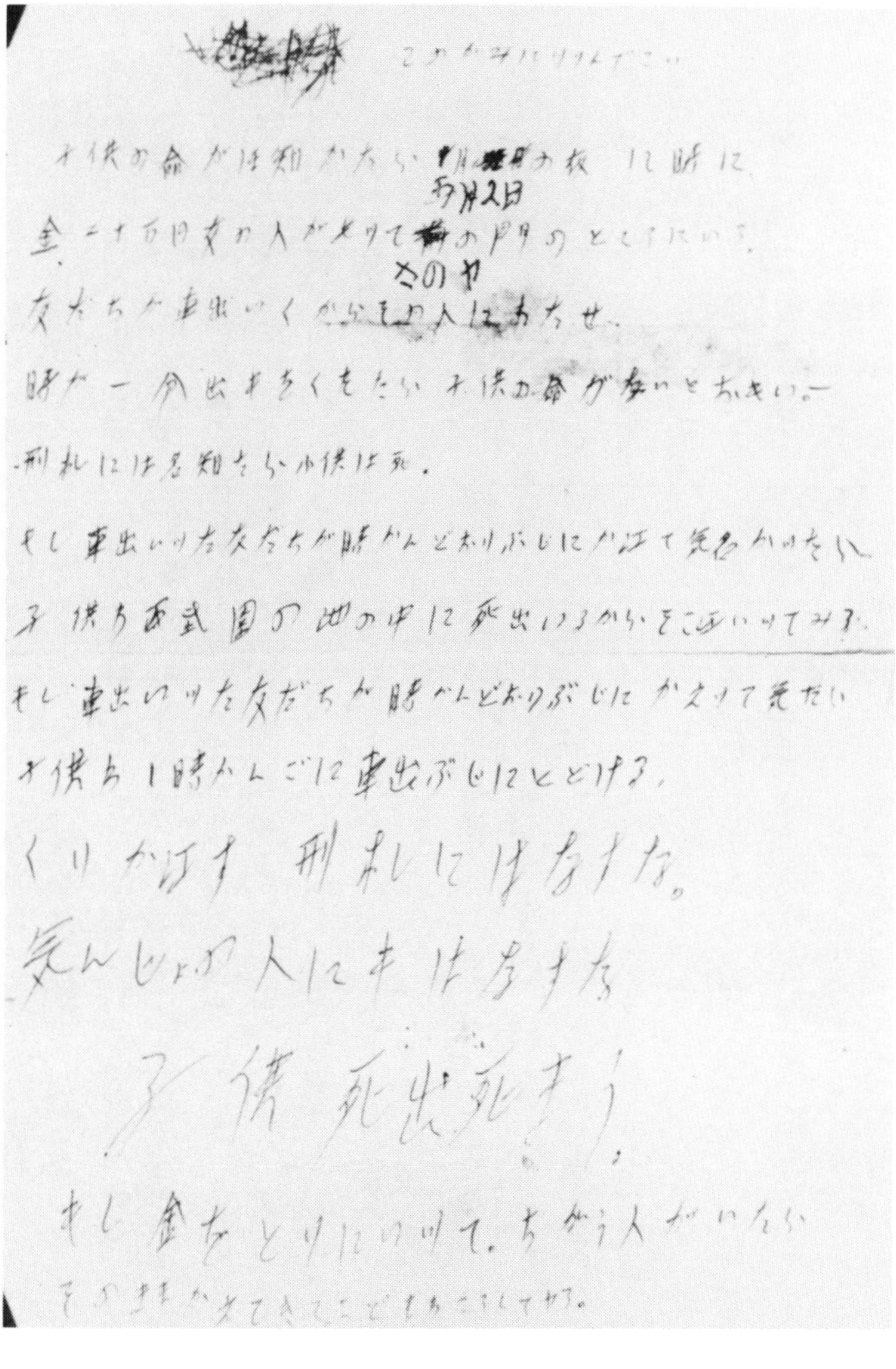

この紙にツツンデこい

子供の命がほしかったら五月2日の夜12時に、

金二十万円女の人がもってさのやの門のところにいろ。

友だちが車出いくからその人にわたせ。

時が一分出もおくれたら子供の命がないとおもい。—

刑札には名知たら小供は死。

もし車出いった友だちが時かんどおりぶじにかえって気なかったら

子供わ西武園の池の中に死出いるからそこえいってみろ。

もし車出いった友だちが時かんどおりぶじにかえって気たら

子供わ1時かんごに車出ぶじにとどける。

くりかえす 刑札にはなすな。

気んじょの人にもはなすな

子供死出死まう。

もし金をとりにいって。ちがう人がいたら

そのままかえてきてこどもわころしてやる。

図8　脅迫状——身代金受渡し時間と場所が訂正されていることに注目

写真でも分かるように、「このかみにツツんでこい」の前には、「少時」と書いたうえで、これまた、封筒の表書きと同じように消している。くわえて、文中にも訂正したところが二ヵ所ある。身代金受渡しの日時と場所である。日時の方は、訂正して「五月2日」となっているが、訂正前のものは判読しにくく、捜査陣はこれを最初「4月28日」と読み、これに基づいて供述を聴取していたらしい(ところがその後、最高裁の上告棄却決定の下されたあと再審段階に入ってから、実はこれが「4月29日」であることが、脅迫状のカラー写真撮影によって明らかになっている)。また、金の受け渡し場所は、もとが「前の門」とあるのを、「前」を消して「さのヤ」と直していた(なお、脅迫状を書いた筆記用具は青のボールペンであるが、封筒および脅迫状の訂正箇所は青のペンあるいは万年筆であることが、第二審段階で、鑑定の結果明らかになっている)。

さて、この脅迫状を受け取った中田家の人たちは、脅迫文に「刑札《けいさつ》には名知《なし》たら子供は死」とあったにもかかわらず、ほとんど迷うことなく警察に通報することに決め、父と兄とが車で駐在所に向かうことになる。それが七時五〇分ころ。家を出ようと車をとめていた納屋に行ってみると、車の横に善枝さんの通学用の自転車が、いつものように止めてあった。兄が学校まで探しに行って帰ったときにはこの自転車はなかったのだから、そののちおそらく犯人が脅迫状を中田家に持ってくるさいに乗ってきたものと思われる。ただ、乗り捨てた風ではなく、兄の話によれば、自転車はスタンドを立ててきちんととめてあり、車体は相当ぬれていたが、サドルはぬれたようには思えない状態だったという。そして、自転車の前かごにいつも敷いてあったビニール風呂敷、後ろの荷物台にかけてあった荷かけ用のゴム紐がなくなっていた。

善枝さんが行方不明になった五月一日の様子は、おおよそこのようなものであった。

五月二日およびその深夜——身代金をとりに現われた犯人

翌日、警察は指定の夜一二時に向けて張り込み体制を敷く。脅迫状には「さのヤの門のところに」「友だちが車出《で》いく」とあったので、酒類雑貨店の佐野屋前を中心に、道路の要所要所に刑事を張り込ませた。同時に、「車出《で》いツた友だちが時間どおりぶじにか江《え》て気《き》名《な》かツたら子供は西武園の池の中に死出《んで》いる」とあった西武園にも、刑事を配置した。そして、指定された一二時に五分ほど前、善枝さんの姉が、お金に見せかけた包みをもって佐野屋の前に立った。それから一五分くらいして佐野屋のすぐ東側の桑畑のなかから、「オイオイ」と呼ぶ男の声がしたが、姿は見えない。約一〇分間、姉との間で言葉を交すが、犯人は警戒して近づこうとせず、やがて「時間がきたから、オラ帰るぞ」というのを最後に、声がしなくなった。しかし、刑事たちはなお待機の姿勢のまま動かず、数分してやっと犯人の逃走に気づいて、一斉に走り出してあとを追ったものの、時すでに遅く、犯人の行方はまったくつかめなかった。

五月三日——足跡、ゴム紐

夜が明けてから、警察犬を使って犯人の臭跡をたどって追跡をはかるが、さしたる成果は得られなかった。ただ、佐野屋から百数十メートル離れた馬鈴著畑に犯人のものとおぼしき足跡を見つける。警察はとび職人たちがはく職人足袋のようなものだと判定する。

この日朝八時、警察は地元消防団の協力を得て、山狩りに乗り出す。午後、雑木林のなかで自転車のゴム紐を発見（見返しの地図参照）。のちに善枝さんの兄が、彼女の自転車についていたものだと確認する。

五月四日——死体、精液、手拭、タオル、細引紐、荒縄、ビニール風呂敷

前日、警察は特別捜査本部を設け、公開捜査に踏み切っていた。その結果、この日の朝刊ではじめて誘拐事件として大きく報道されることになる。一方、前日からはじまった山狩りもさらに範囲を拡大し、人数も増やして大規模に行なわれた。午前一〇時三〇分ごろ、農道に不審な亀裂が発見される。棒をさし込むとずぶずぶと入り込む。ここぞと思って掘ってみたところ、地下ほぼ九〇センチのところから善枝さんが無残な姿で発見されたのである。

死体は図9にみられるように、うつぶせの状態で埋められていた。顔はタオルで目隠しされ、首には細引紐が巻きつけられ、手は後ろ手に手拭で縛られ、両足を縛ってあった細引紐の先は荒縄につながれていた。細引紐の先端部分には、ビニール風呂敷の切れ端がついている。着衣は下校のときの制服姿のままであったが、ズロースが膝あたりまで下げられ、性器からはB型の精液が検出されたとされている。死亡の前に姦淫されたとみられる。抵抗傷はなかったが警察医は、強姦と断定した。また、死因については、首まわり傷痕から扼殺と判定された（ただし、第二審以降の弁護側鑑定では絞殺との結果が出され、論が分かれている）。死亡時刻は、食後最低三時間という（これについても、第二審以降の弁護側鑑定は、食後二時間位としている）。

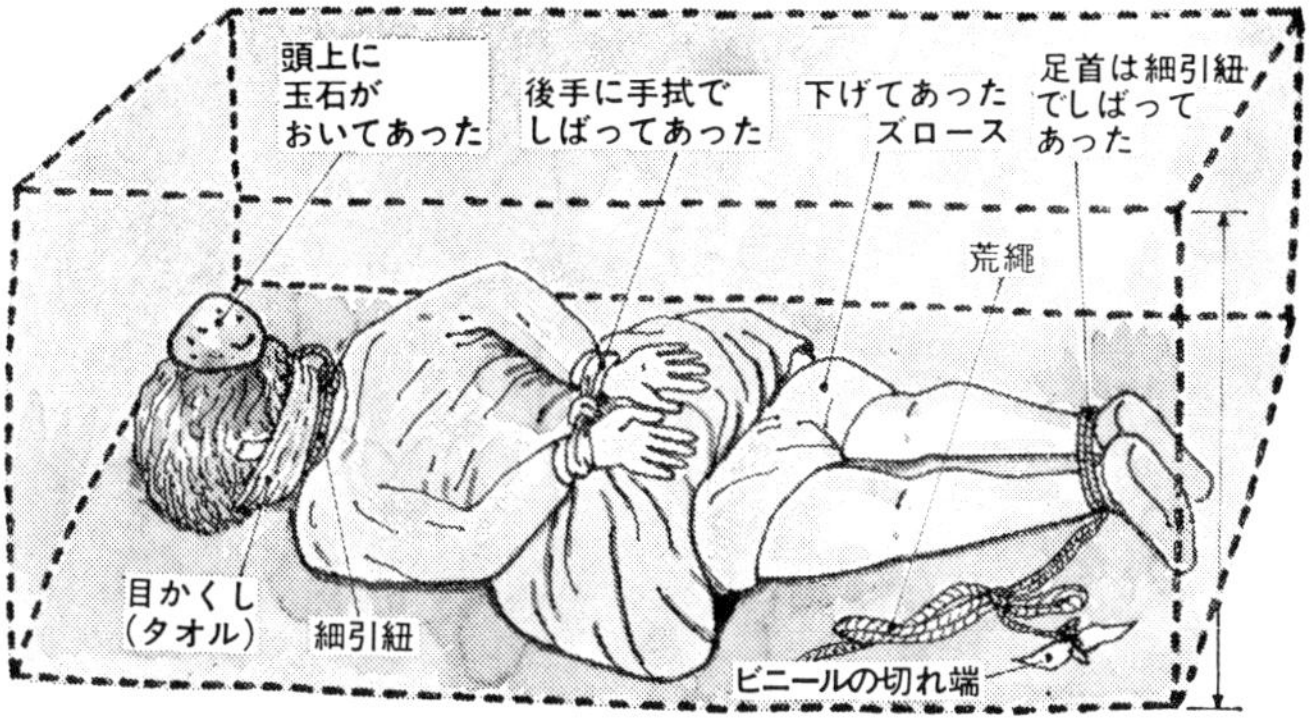

図9　死体の状況（狭山事件再審弁護団編『自白崩壊』281頁より）

なお、目隠しに用いられたタオルには、東京都江戸川区の月島食品工業の名が入っており、手を縛ってあった手拭には狭山市入間川の五十子《いそこ》米穀店の名が入っていた。この二つの証拠については、専従の捜査班が編成されて、大規模な調査が行なわれていくことになる。

死体発見後、周囲を捜索したところ、死体から二〇メートルほどの畑の芋穴から、端の切れたビニール風呂敷を発見。死体の足首を縛った細引紐先端についていたビニール片と合致した。

五月八日——所持品

善枝さんの所持品、犯人の残した痕跡を求めて、八日まで山狩りはつづけられた。その間、八日には善枝さんが行方不明になったときの所持品五点について〝品触れ〟としてチラシ五万枚が作成され、新聞・テレビでも報道された。カバン、婦人用腕時計、万年筆、筆入れ、サイフの五つである。

五月一一日——スコップ

死体発見現場から西方一二〇メートルの麦畑の畝の間にスコップが捨てられているのを、農婦が発見する。死体が埋められていたすぐ近くであるから、山狩りが繰り返し集中的に行なわれていたはずなのに、このスコップに気づいたものは誰もいなかった。しかも、スコップ発見と同時に、同じ場所に地下足袋の足跡二個が発見されている。警察は、このスコップを死体埋棄に使ったものと考えて、捜査を進めていくことになる。

五月一五日——地下足袋

スコップ発見現場から二五〇メートルの麦畑に九文七分の地下足袋一足がバラバラに捨てられているのが発見される。このスコップ、地下足袋足跡、および地下足袋は、事件から一〇日余りもたって、しかも大規模な山狩りののちに発見されたものだから、事件とのつながりは、はっきりしない（のちの取調べの過程ではスコップのみ重視され、麦畑の足跡は破棄されたとされている）。

評価の軽重はともあれ、事件に関連してこのように数多くの客観的証拠が取調官の下に収集された。取調官が被疑者を逮捕したときには、これらの諸証拠を頭にいれて尋問していくことになるはずである。

だが、事件の客観的な証拠というものは、一連の犯行の流れのなかに残された断片的な痕跡であって、この証拠だけからは犯行の全体像を浮かびあがらせることはむずかしい。だからこそ、取調官たちはこの断片を結んで流れにすべく捜査をすすめ、捜査線上にのぼった容疑者の身辺を洗い出し、逮捕したうえで尋問し自白を迫って、過去の点を線につなぎ、線を面におし拡げて、事件の全体を描こうとする。しかし、このように点から線、線から面へとつなげて全体を描くとき、そこにともすると虚偽が忍び込む。このことをチェックするためにも、私たちはまず面や線につなぐ以前の点、つまり事件の直接の痕跡を、しっかり頭に入れておかねばならない。

2 石川さんに容疑が絞られていく経緯

次に、事件の残した諸々の証拠や情報から出発して、石川さんに容疑が向けられていく経緯を追ってみておかねばならない。さきの比喩を使うならば、この初期捜査の過程こそ、点から線へと事件の流れを再構成していく第一歩だということになる。この時点で被差別部落への集中的な捜査がなされたのではないかとの批判が、当初から語られ、今日まで引きつがれている。実際、当時の新聞、雑誌等、マスコミの報道からは、そうした批判を肯わせるに足るいくつかの事実をうかがうことができる。しかし、この点は私自身のここでの作業目標からはずれるので、あえてふれず、捜査記録上に残っている捜査の流れを整理するにとどめておく。

また、初期捜査の過程で捜査線上に浮かびあがったのは石川さんだけではない。事件を石川さんに結びつける一本の線だけがあったのではなく、最初からいろいろな人へと結びつけるたくさんの線があり、最後に石川さんの一本に絞られていくことになるにすぎない。ともあれ、本格捜査のはじまった五月三日から石川さんへと容疑が絞られていく過程を見よう。

五月三日——臭跡

二日深夜、犯人を取り逃がした警察は、三日朝早くから警察犬を使って臭跡を追わせた。これといって成果を得ることはできなかったが、警察犬の一頭が佐野屋裏から東へ五〇〇メートルほどのI養豚場に向かったことから、養豚場に捜査の目が向けられることになったという。

五月四日から——スコップ、手拭、タオル、血液型

死体発見後、I養豚場の経営者のところに刑事が聞き込みにやってきて、養豚場で餌入れに使うスコップが一丁なくなっていることを聞き出し、六日には被害届を提出させている。

捜査本部では、紛失したこのスコップが死体埋棄に使われたのではないかとの疑いをもって、調べを絞り込んでいく。この養豚場では、番犬を飼っていて、非常によく吠える犬だったという。ところがスコップの紛失した五月一日夜は、犬が吠えた様子はないときめつけ（最高裁の段階になって夜一〇時頃に犬が吠えたという隣人の調書が開示されている）、そこで犯人はこの養豚場の関係

者とにらんで、ふだん出入りしている業者、従業員、元従業員二八名をリストアップする。そのなかに、石川さんも入っていた。彼は事件の年の二月末まで数ヵ月間、この養豚場に住み込みで働いていたし、その後も一度出入りしていた。こうして石川さんは捜査線上に浮かびあがることになった。

そしてその後、一一日に麦畑で発見された前述のスコップが、養豚場から紛失したスコップだと断定されて、いよいよ事件との結びつきを濃くしていく(しかし当時、狭山市全体で豚を飼っている農家は千ヵ所近くもあって、発見されたスコップを当の養豚場のものだとする確たる根拠はない。そのうえ、最高裁段階で、スコップに付着した土質を鑑定した弁護側鑑定人は、その土質が死体発見現場の土壌とは異なると結論した)。

こうして、石川さんの身辺捜査がすすめられることになる。

犯人の遺留品とみられる「五十子米穀店」の名入り手拭は、その年の正月にお得意先に配られたもので、石川さんの家にも配られていた(ただし、石川家では配られた手拭の回収の要請に応じて、これを提出している)。また「月島食品工業」の名入りタオルの方は市内のパン屋などに配られていたが、石川さんがかつて勤めていた東鳩保谷工場にも配られ、工場の野球大会に賞品として出され、石川さんの手に入った可能性があると指摘された(これも可能性のレベルの問題であって、事実の上での確証はいっさいない)。

また、善枝さんの死体に残された精液がB型であることから、この点の調査もなされている。石川さんはかつて血液を売りに行ったこともあり、自分がB型であることを知っていた。警察は、

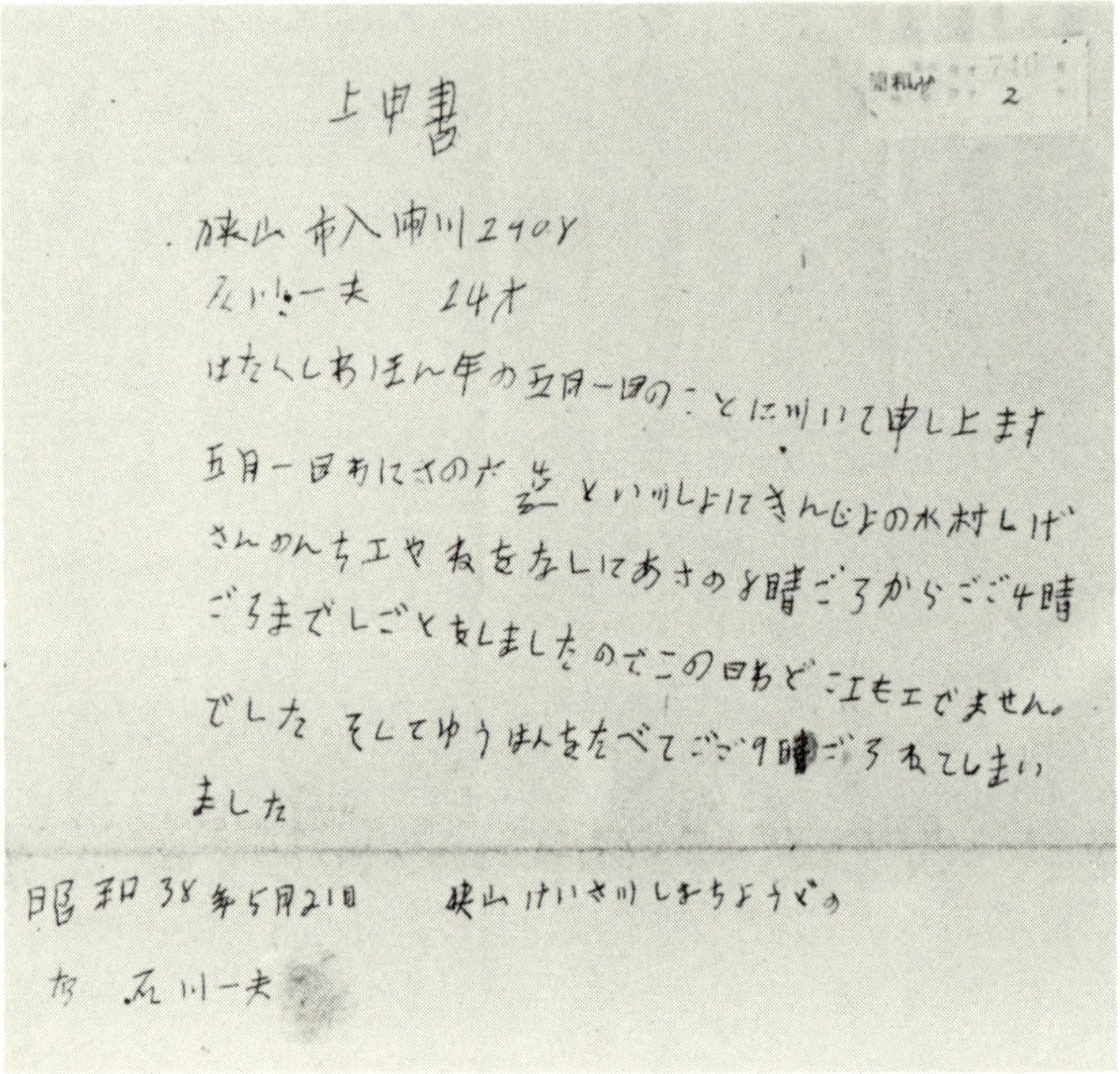
上申書

狭山市入間川2908
石川一夫　24才
はたくしわほん年の五月一日のことについて申し上ます
五月一日あにさの六造といっしょにきんじょの水村しげ
さんかんちエやねをなしにあさの8時ごろからごご4時
ごろまでしごとをしましたのでこの日あどこエもエでません。
でした　そしてゆうはんをたべてごご9時ごろねてしまい
ました

昭和38年5月21日　狭山けいさつしょちょうどの
右　石川一夫

図10　アリバイについての上申書

このことを友人等を通じて聞き知っていたと考えられるが、石川さんの逮捕後ただちに唾液で確認している。

しかし、以上の諸証拠はあくまでも状況証拠であって、石川さんを直接事件と結びつけるものではない。最も重要な直接証拠となるのは、脅迫状の筆跡である。石川さんが犯人であるとすれば、脅迫状と筆跡が一致せねばならない。

五月二一日――筆跡

石川さんは捜査員の要求に従って、アリバイについての「上申書」を書かされている。これは明らかに彼の筆跡を入手するためであった。石川さんは、写真（図10）のように、きわめてつたない筆跡で、五月一日当日のアリバイを申し立てている。横書きにしているのは、捜査員の指示による（脅迫状との照合のためであろう）。文面は次の通り。

上　申　書

狭山市入間川２９０８
石川　一夫　24歳

はたくしわほん年の五月一日のことにツいて申し上げます
五月一日わにさの六造といツしよにきんじよのMさんのんちエやねをなしにあさの8時ごろからごご4時ごろまでしごとをしましたのでこの日わどこエもエでません。でした
そしてゆうはんをたべてごご9時ごろねてしまいました
狭山けいさツしよちようどの
昭和38年5月21日
右　石川一夫　㊞（指印）

このアリバイは、実は嘘で、逮捕後すぐにばれてしまう。その点については後述することにして、とりあえずここで問題となるのは筆跡である。警察では、この上申書とともに、石川さんがかつて勤めていた東鳩保谷工場の早退届四通を入手しており、これらの筆跡と脅迫状の筆跡とを鑑識にまわした。鑑識課で鑑定に着手したのが、上申書を入手した翌日の五月二二日、鑑定結果は六

月一日（埼玉県警鑑識の関根・吉田鑑定）六月一〇日（科学警察研究所の長野鑑定）に出され、いずれも同一人の筆跡と判定した（しかし、この鑑定結果が出るのをまたず、警察はすでに筆跡が同じという理由をつけて石川さんに逮捕状を請求している。なんと鑑定人たちが鑑定着手したその日、つまり五月二二日に逮捕状請求、翌二三日これを執行しているのである。しかも、警察側のこの筆跡鑑定については、その後、弁護側から反証鑑定がいくつも提出されている）。

このように、記録からみるかぎりでは、《佐野屋の近くにある養豚場でのスコップ紛失》という曖昧な情報からはじまって、このスコップが死体の埋棄に使われたのではないかとの想定の下に捜査が進められ、これが《麦畑で発見されたスコップ》に結びつけられる、そうして犬に吠えられずにスコップを盗める者というところから、I養豚関係者に捜査が集中され、そこからアリバイ、血液型、タオル・手拭の入手可能性、筆跡などによって、該当者を絞り込んで行った結果として、石川さんが被疑者となったのである。この絞り込みの経緯については、いろいろ問題があり、差別捜査を疑わせる形跡もそこここに疑われるのだが、私の課題である自白分析の作業からはみ出すことになるので、ここでは右の経緯の大筋のみを確認しておくにとどめよう。

3 逮捕後に見出された証拠・情報

こうして石川さんは、脅迫状の筆跡が同一であるという点を直接的な証拠として、五月二三日、逮捕されることになる。この時すでに新聞では、善枝さん殺しの容疑者として逮捕されたかのように報道されているが、実際の容疑事実は、暴行、窃盗、恐喝未遂の三件のみであった。暴行というのは、バイクとトラックの接触事故でバイクに乗っていた青年の顔をなぐったというもの、また窃盗というのは、友人のトラックから作業用ジャンパーを無断借用したというもので、いずれも単独では逮捕に至るほどのものではなく、典型的な別件であり、明らかに善枝さん殺し追及を念頭においた逮捕であった。警察がそれまで入手した証拠で石川さんを追及できるのは、せいぜい脅迫状作成に関わる恐喝未遂のみ。これさえも前述のように、筆跡鑑定結果を待たずに見込みで踏み切ったものであることは歴然としている。

このように石川さんの逮捕は、容疑が確実になったうえでの逮捕ではない。今日の刑事訴訟法の理念によれば、逮捕は捜査の到達点でなければならない。ところが現実の日本の警察捜査においては、なおも逮捕が安易になされすぎている。逮捕によって身柄を拘束したうえで本人に自白

表2　取調官が入手した証拠・情報

	1　善枝さん殺し事件の証拠	2　石川さんに容疑が絞られていく経緯
5月1日	午後2時23分頃、被害者下校 午後7時30分～40分脅迫状が投げ込まれる いくつかの訂正あり 本文はボールペン (訂正箇所はインク)	
5月2日	被害者の自転車が戻っていた 深夜、指定場所に犯人現われる 言葉を交す	
5月3日	足跡を発見 ゴム紐を発見	足跡、I養豚へ(?)
5月4日	死体を発見 首をしめられた痕 性交の痕―B型精液 後ろ手に縛った手拭 目隠しのタオル 首と足に細引紐、荒縄 足の細引紐についたビニール風呂敷破片 近くの芋穴に残りのビニール風呂敷発見	―I養豚からスコップの紛失届 養豚場関係者のなかに石川さんの名前が上る
5月8日	被害者所持品(鞄、腕時計、万年筆、筆入れ、サイフ)の品触れ	
5月11日	死体発見現場近くの麦畑にスコップと足跡発見(このスコップが犯行に用いられたかどうかについては疑問)	同一物と判断
5月15日	近くから地下足袋発見(11日発見の足跡とこの地下足袋はのちに無視されていく)	入手可能と判断
5月21日		一致を確認
5月22日		アリバイ上申書提出 筆跡鑑定着手

を迫り、自白を得てはじめて事件が解決するかのごとき風潮が、いまだに残っている。別件逮捕というのは、まさにその典型である。そこでは、逮捕は捜査の到達点であるどころか、逆に出発点になっているとさえいえる。石川さんの逮捕も、容疑事実の曖昧な恐喝未遂を二つの軽微な別件にからめて強行したものであり、事件解決をひたすら石川さんの自白に求めたものといわざるをえない。

しかし、石川さんから自白をとるのは容易ではなかった。先の別件二件と、これ以外に軽微な事件を数件、簡単に認めたが、善枝さん事件についてはーヵ月近くもの間いっさい否認しつづけた。長期勾留下で連日長時間にわたって捜査官から責めたてられて、なお否認しつづけることができたということは、実は大変なことである。もちろん長期間否認しつづけられたからといって、この否認が真実だ

3 逮捕後に見出された証拠・情報

5月23日	⇦ 逮捕 第一回家宅捜索
5月25日	鞄の中身（教科書・ノート類）を発見—ゴム紐から二〇〇メートル
6月3日・4日	共犯容疑者3名を逮捕
6月4日	目撃証人（U）出現
6月13日	別件9件で起訴
6月17日	保釈と同時に本件で再逮捕
6月18日	第二回家宅捜索

4 自白によって見出されたとされる証拠

6月20日	三人犯行の自白	
6月21日	鞄を捨てた場所の供述	→ 二回目の供述、地図で発見されたとされる
6月23日	単独犯行の自白	
6月26日	万年筆を自宅の鴨居の上においたと供述	→ 自宅鴨居の上に万年筆を発見（被害者の万年筆かどうか疑問）
6月29日	路上に時計を捨てたと供述	
7月2日		→ 道路脇で発見（被害者のものかどうか疑問）

と断定できるわけではないのだが、この長期の否認の意味は小さくない。

ともあれ、この否認の期間にも、あらたにいくつかの証拠・情報が積み上げられている。

五月二三日——逮捕、家宅捜索

石川さんが逮捕され、狭山署に留置されると同時に、石川さん宅の家宅捜索が行なわれている。小さな家を、一二人の捜査員が二時間にわたって、天井裏から床下まで調べ、ノート、ボールペン、封筒、地下足袋などを押収。ノート、ボールペン、封筒は脅迫状作成との関連を疑っての押収だったが、その関連性はいずれも確認できなかった。

一方、地下足袋は兄のもので、文数は九文七分。石川一雄さんの足は十文三分なのでかなりきつい。しかし、石川家にあるのは兄のものだけで、一雄さん本人は地下足袋をもっていなかった。ところが、その後なされた警察による鑑定では地下足袋が、五月三日佐野屋の裏方面で発見された足跡と一致するという(この点について最高裁以降、弁護側は統計学的手法を用いて強力な反証をあげている)。

五月二五日――教科書、ノート

先のゴム紐発見現場から西へ二〇〇メートルたらずの所に、善枝さんが事件当日鞄の中に入れていた教科書、ノート類一三点を農作業者が発見。山と畑の間の狭くなったところに、横に一メートル二〇センチにわたり、厚い本は一冊、薄いノートは二、三冊重ねて並べて平らにして埋めてあった。ゴム紐発見現場から近いこともあって、このあたりも、山狩りがしっかりされたところであった。それゆえ山狩りの後に捨てられた可能性もあるのだが、私たちに与えられた捜査資料を見るかぎりでは、この可能性はまったく顧りみられていない。

六月三日・四日――共犯容疑者

この両日にわたって、警察は、I養豚場関係者をさらに三名逮捕している。三名は、いずれも石川さんの知り合いで、そのうちの一名については、五月一日事件当日、のちに石川さんと善枝さんとが出会ったとされる付近で、石川さんと一緒にいたとの通報が警察になされており、この点について数通の供述調書が作成されていた(ただ、石川さんの単独犯行自自後は、この供述調書は無視されることになる)。そして実際、この人物は合計五七日間ものあいだ勾留され、石川さんとの共犯を追及されている（途中でアリバイが証明された）。つまり、この時期、警察はこの事件を複数の犯人の共犯ではないかと考えていたのである。警察が一時期、共犯説を考えていたという事実は、のちの石川さんの三人共犯自白との関連で見逃すことができない。

六月四日——目撃証人

この日、中田栄作宅の近所のUから、五月一日夜七時半ごろ、雨のなか自転車をおして、中田家の所在をききにきた人物がいたとの通報があり、その旨の供述調書が聴取されている。その後、この人物が石川さんではないかとの追及がなされていくことになる（事件から一ヵ月あまりもたってからの通報であり、しかもこの通報どおりであれば、人目をはばかって脅迫状を投げ込まねばならぬはずの犯人が、わざわざ自らの姿を人前にさらしたことになって、犯行の筋書としてまったく奇妙なのだが、この目撃供述の真偽、またその評価は別として、この通報自身はのちの石川さんへの追及にとって大きな意味をもったことは確かである）。

さて、石川さんはその後も否認を守り、捜査陣は見るべき証拠を得られぬまま、勾留期限のきれる直前の六月一三日、別件九件のみを起訴。その中に本件にからむ恐喝未遂を含めることはできなかった（脅迫状作成についてすでに、石川さんの筆跡であるとの鑑定を得ていたにもかかわらず、検察は、自白なしにはこれを起訴するに十分でないと判断していたことになる）。別件九件の起訴後、弁護人からの保釈請求が入れられて一七日保釈。ところが前述のとおり、石川さんは荷物をまとめて狭山署留置場を出たところで再逮捕された。強盗、強姦、殺人、死体遺棄による逮捕状請求が前日、裁判所に認められていたのである。こうして保釈はまったく形だけのものとなり、石川さんは再逮捕とともに、狭山署から川越署分室に移送されて、これ以降、そこで取調べを受けることになる。

六月一八日——二回目の家宅捜索

第二次逮捕の翌日、石川宅の二回目の家宅捜索が行なわれた。この日の捜索は、善枝さんが五月一日もっていた鞄、万年筆、時計、財布などの発見を主な目的にしていたという。ところが、前の捜索にもます一四名の捜査員をもって狭い家屋を内外にわたってくまなく捜索したにもかかわらず、押収物は、青色ボールペンと大学ノートなど三点のみ。ボールペンとノートは脅迫状作成との関連で押収されたものだが、第一回目と同様、脅迫状との関連性を確認できるものではなかった。

4 自白によって見出されたとされる証拠

川越署分室に移送されてからは、弁護人との接見も禁止されたなかで取調べが強化され、ついに六月二〇日に、三人でやったとの共犯犯行を自白。六月二三日には、これを大きく変更して単独犯行を自白、それ以降も、犯行筋書にいくつも修正が加えられ、最終的な自白を得て、検察は七月九日ようやく本件で起訴することになる。この間、石川さんの自白にもとづいて三点の物証が得られたとされている。

六月二一日——鞄

この日は、三人犯行を自白した翌日である。共犯の一人が善枝さんを強姦して殺したあと、自分が脅迫状を書き、中田宅にもっていく途中、善枝さんの鞄、教科書、ノート類、自転車のゴム紐を捨てたと供述する。ゴム紐、教科書、ノート類はすでに発見されていたから、問題となるのは鞄である。その鞄の処分場所を追及されて、石川さんは図面をかく。最初にかいた図面では見つからず、二回目にかいた図面によって鞄が発見されたとされている。発見された場所は、ゴム紐から北西五六メートル、教科書、ノート類から東方一三五メートルの溝の底であった。また鞄の下からは牛乳びん一本、三角布などが出てきた（これについては、石川さんの供述はまったく触れていない。また鞄が本当に石川さんの書いた略図と自白によって発見されたかどうかには疑問があり、のちに大きな争点となる）。

六月二六日——万年筆

単独犯行の自白に移ってからも善枝さんの所持品についての追及はつづき、石川さんは善枝さんの鞄を処分するさい出てきた筆入れから万年筆をとって、最初は風呂場入口の鴨居、続いて自宅勝手場出入口の鴨居の上においたと供述。すでに二回の大規模な家宅捜索が行なわれており、天井裏、床下、便所にいたるまで徹底して捜索されていた。ちょっと背伸びすれば目に入る程度の高さの鴨居は、すでに何人もの捜査員が何度も目を配ったはずのところであったし、家の人にとってはふだんに目に触れるところだったはずである。にもかかわらず、万年筆は二六日(つまり自白によれば石川さんがそこにおいてから二ヵ月近くもたって)、その鴨居から発見されたのである(おまけに善枝さんの所持していた万年筆であるかどうかについても、中のインクが善枝さんのノート、日記のインクの色と異なるところから、疑問視されている)。

七月二日——腕時計

善枝さんの所持品であった婦人用腕時計についても、すでに五月八日、その色や型のみでなく見本の写真までつけて品触れが出されテレビや新聞でも報道されて、その行方が注目されていた。石川さんは取調べのなかで、善枝さんを誘拐して松の木に後ろ手に縛ったとき、その時計を奪ったと自白していた。その処分について尋問されて、五月一一日の夕方、路上に捨てたと供述。警察は、供述で指示された道路を、六月二九・三〇日の二日にわたって捜索したが、時計は発見できなかった。その翌々日、散歩中の老人が、警察が捜索した付近の道路脇茶株の根元に時計を発見し、警察に届け出た。中田家ではこれを、ただちに善枝さんが身につけていたものと確認した(しかし、この時計は品触れに発表されたものとは型も異なり、品番号もまったく違っていた。しかも、五月一一日に捨てたのだとすれば七月二日まで一ヵ月半ものあいだ野ざらしになっていたはずなのだが、発見された時計はまだそのまま使えるほどの状態だったという。この点、弁護側からは強い反論がなされている)。

さて、五月一日の事件にはじまって七月九日の石川さん起訴にいたるまでの間、取調官が入手してきた証拠・情報を、ほぼその時期に従って一覧してきた。それぞれの時期、取調官はそのときの入手情報をもとに捜査をすすめ、また取調べをすすめてきたはずである。石川さんの自白も、その真偽は別として、そうした捜査、取調べの結果なのである。

一読しただけでは、なかなか頭に入りきらないので、表2にまとめておいた(五四―五五頁)。私たちは、ここにまとめられた物的証拠、人的証拠(目撃など他者の供述)の一つひとつについて、その真偽や事件との関連の有無などを検討するつもりはない。むしろひとまずこれを取調官が念頭に入れていた情報として確認し、そのうえで、これと石川自白との連関性を問題にするのである。読者諸氏にも、そういう意味でこれを頭に入れて、以下の分析につきあってもらうことになる。

第2章 供述変遷の流れ

——否認から自白まで

前章にまとめた捜査側入手情報を念頭において、今度は、五月二三日の逮捕から七月九日の起訴まで石川さんがどういう供述をしてきたかをみておかねばならない。しかし、この四七日間に聴取された供述は大変な量になる。それを一つひとつ細かくここに紹介するわけにはいかない。そこで、細部にこだわらず、むしろ全体的な流れを明らかにするよう努めることにしよう。

表3は、石川さんの全供述調書の一覧表である。逮捕から起訴までの四七日間にとられた調書は、七五通に達する。そのうち「善枝さん殺し」の本件に関わるものが六一通。さらにその内訳をみると、逮捕から二八日間の否認期に一九通、二九日目（六月二〇日）に一部自白（三人共犯自白）を始めて、この三人共犯自白が六通、さらに三一日目（六月二三日）からの単独犯行全面自白期には、起訴までの一六日間に三六通の調書がある。ひとことで「石川自白」といい、その真偽を判定するといっても、共犯自白を含めていわゆる自白調書が四二通にも及ぶ。しかも、この多数の自白調書が内部に数多くの矛盾をはらみ、また様々の変遷を繰り返している。

そうだとすれば、自白の真偽判定という作業も、単一の自白調書の分析だけではすまない。むしろそれは、否認から自白にいたるまでの供述全体の流れの分析でなければならない。つまり問題は、ある特定の自白調書が真実か嘘かを判定することではなく、否認から自白に至る過程全体について、

・犯人が最初、犯行を否定し、虚偽を言い張りつづけていたのが、結局、その嘘がばれて、真実を洩らすようになったということなのか

・無実の人間が、真実を守って、犯行を否認していたのが、取調べの圧力に屈して、真実を

守り通せず、嘘の自白に追い込まれてしまったということなのかこのいずれであるかを判別することが問題になる。だからこそ私たちは、個別の自白調書ではなく、供述の流れにこそ注目せねばならないのである。

さて、そこでまず私たちは、石川さんの七五通の供述調書のうち、本件関係の六一通をとりあげて、その全体としての流れを整理せねばならない。ただ、その前に、別件関係の供述についても、いちおうごく簡単に触れておこう。

前にも述べたように、五月二二日、石川さんに対して逮捕状が請求されたとき、その被疑事実として、本件にからむ「五月一日の中田栄作に対する金二〇万円の身代金恐喝未遂」以外に、二つの軽微な事件が加えられていた。ひとつは車の接触事故で相手方をなぐったという暴行、もうひとつは友人の作業衣を無断借用したのを窃盗したとされた件の二件である。この二件について石川さんは、否認することなく最初から自白しているのみならず、この二つ以外に軽微な余罪七件を自ら供述して、あわせて九件の別件が、六月一三日に起訴されている。

この九件の別件について石川さんは、ほとんど抵抗することなく素直にその事情を供述し、しかも、供述内容に変動がみられない。事件としての重みが本件にくらべれば圧倒的に小さいところから、取調官の側にもさして深く追及している様子は認められないのだが、それでもこの件について、石川さんの供述態度に不真面目なところはなく、むしろ取調べに対して誠実に対応していることが、その供述からうかがわれる。この点、本件に関する供述が非常に大きな変遷・変動をみせていることとは対照的である。この別件での態度をそのまま本件での供述態度の参考にす

表3　石川さんの供述調書

調書日付	通し番号	別件関係番号	別件関係作成者	本件関係番号	本件関係作成者	時期区分
5・23 員	1	1	山下			（I）否認期
24 員①	2	2	山下			
24 員②	3			1	清水	
25 員	4			2	清水	
26 員	5			3	清水	
27 員	6			4	清水	
28 員	7			5	清水	
（29）						
（30）						
31 員①	8	3	諏訪部			
31 員②	9	4	諏訪部			
6・1 検	10			※6	原	
1 員①	11	5	諏訪部			
1 員②	12	6	諏訪部			
2 検	13			※7	原	
2 員①	14			8	清水	
2 員②	15	7	清水			
3 員①	16	8	山下			
3 員②	17	9	山下			
（4）						
（5）						
（6）						
7 員①	18			9	清水・遠藤	
7 員②	19	10	清水・遠藤			
7 員③	20	11	清水・遠藤			
8 検①	21			※10	原	
8 検②	22	※12	原・滝沢			
9 検①	23			※11	原	
9 員①	24			12	清水・遠藤	
9 員②	25			13	清水・遠藤	
9 検②	26	※13	滝沢			
10 員	27			14	清水・遠藤	
10 検	28	※14	滝沢			
11 検	29			※15	河本	
12 員	30			16	清水・遠藤	
（13）		（別件9件の起訴）				
（14・15・16）		（保釈・再逮捕）				
（17）						
18 員①	31			17	清水・遠藤	
18 員②	32			18	清水・遠藤	
18 員③	33			19	山下	
（19）						

るわけにはいかないにしても、そこに対照的な相違があることは十分注目してよいことである。

本題となる本件関係の供述に話を移そう。本件の供述は、大きく三つの時期に分けることができる。

（I）五月二三日から六月一八日までの否認期　この時期の三三通の供述調書のうち、一九通が本件関係であった。この時期、石川さんは否認を通しているが、六月一一日付の河本検察官に対する供述調書だけは、文面上、「三人犯行」を認めたものとなっている。しかし、この調書には署名・押印がなく、また前後の供述調書と比べてみても、内容的にかけ離れていて、これを「自白」のはじまりと認定することはできない（現に検察官もこれを自白とは認めていない）。

時期	月日	調書	番号
(II)三人犯行自白期	6・20	員	34
	21	員①	35
		員②	36
		員③	37
	22	員①	38
		員②	39
(III) 単独犯行自白期	23	員①	40
		員②	41
	24	員①	42
		員②	43
		員③	44
	25	員	45
		検①	46
		検②	47
	26	員①	48
		員②	49
	27	員①	50
		員②	51
		検	52
	28	員	53
	29	員	54
	(30)		
	7・1	検①	55
		検②	56
		検③	57
	2	員	58
		検①	59
		検②	60
	3	員	61
		検①	62
		検②	63
	4	検①	64
		検②	65
	5	検	66
	6	員	67
		検	68
	7	員	69
		検①	70
		検②	71
	8	検①	72
		検②	73
		検③	74
		検④	75
	(9)		

（起訴）

時期	番号	※	
(II)三人犯行自白期	20		関・清水
	21		関
	22		青木・遠藤
	23		
	24		
	25		
(III) 単独犯行自白期	26		青木・遠藤
	27		
	28		
	29		
	30		
	31		
	32	※	原
	33	※	
	34		青木・遠藤
	35		
	36		
	37		
	38	※	原
	39		青木・遠藤
	40		
	41	※	原
	42	※	
	43	※	
	44		青木・遠藤
	45	※	原
	46	※	
	47		青木
	48	※	原・滝沢
	49	※	
	50	※	
	51	※	
	52	※	
	53		青木・長谷部
	54	※	河本
	55		青木・長谷部
	56	※	原
	57	※	河本
	58	※	
	59	※	
	60	※	原
	61	※	河本

※は検面調書、日付の(　)は調書のない日を示している。

（II）六月二〇日から二二日までの三人共犯自白期　これについては員面調書が六通ある（このうち最初の二通の取調官が関であることに注目されたい。彼は石川さんをよく知っているということで、言わば飛び入りで取調べに加わったのである）。ここでは脅迫状を書いて中田家に持って行ったことのみを認めていて、事件の中心の強盗、強姦、殺人、死体遺棄は共犯者によるものとして、これを否認している。

（III）六月二三日から七月八日までの単独犯行自白期　この時期、三六通の供述が残されている。ここで石川さんは取調官の追及した全容疑を認めることになるのだが、その三六通のなかでなお犯行の筋書が大きく変遷するところがあり、この点の解釈が問題になる。

要するに、誘拐―強姦―殺人―脅迫―死体

遺棄の事件の本筋について、「やっていない」（Ⅰ）からはじまり、「三人でやった」（Ⅱ）を経て、「一人でやった」（Ⅲ）へと、三つの段階を踏んで供述が変遷する。しかも、六月二〇日に自白をはじめて以降も、三人共犯が単独犯行に変わったというだけでなく、個々の供述のポイントで実に数多くの変遷・変動を繰り返すことになる。ここでⅠ→Ⅱ→Ⅲという、否認から全面自白までの大きな変遷を「大変遷」と呼び、これに対して自白後のⅡ、Ⅲ段階における個々の細部にわたる複雑多岐な変遷・変動を「小変遷」と呼ぶことにしよう。そうすれば、私たちの課題は、ひとつの大変遷と、多数の小変遷を含む六一通の供述調書の分析から、ひとりの人間が四七日間にわたり取調官に問い詰められてたどった心の軌跡を読みとることだということになる。そのようにして全体の流れを把握できたところではじめて、石川さんを有罪とする最終自白の筋書が真実であるのか虚偽であるのかを正しく推理できるはずである。

まずⅠ→Ⅱ→Ⅲの大変遷について、その流れをもう少し内容に立ち入ってみておくことにしよう。

1　否認期(Ⅰ)――五月二三日～六月二〇日

二八日間に及ぶこの時期、前述の謎めいた六月一一日付調書を除けば、石川さんは本件に関して終始否認しており、供述内容に大きな変遷はない。ただ、五月一日事件当日の石川さん自身のいわゆるアリバイついてだけは、供述が大きく変化している。まずこの点からみてみよう。

事件当日の行動について

逮捕された五月二三日は、本人の経歴、家族関係などについての調書が残されているのみで、事件の内容に触れた供述はない。翌二四日、二つの別件についてその事実関係を簡単に認めた一方で、本件の事件当日については、

兄の六造と二人で午前八時頃に近所のMさん宅に出かけ、トタンの張替などの仕事をして、午後四時頃仕事を終え、兄は歯医者に出かけ、自分は一人で家に帰り、それからは家に居た（五月二四日員①）

と、前述の五月二一日付の上申書と同じアリバイを申し立て、事件への関与を否定している。

ところが、このアリバイ申立ては、その日のうちにばれて、同日の二通目の調書では「それは皆うそです」と認めている。そしてあらたに供述したアリバイは、次のとおりである。

朝食を食べて七時一〇分入間川駅を出発して西武園で降り、西武園の山中で煙草を吸ったりして約二時間時間をつぶしてから、電車で所沢まで行き、東莫というパチンコ屋に入って、五時すぎまでパチンコをやり、午後七時半ごろ入間川駅に着いて、雨にぬれて帰宅した。その後はずっと家にいた。(五月二四日員②)

のち、六月一日、六月二日、六月九日、六月一八日にも、事件当日五月一日の行動について供述がなされているが、入間川駅出発の時刻、パチンコをやりおえた時刻、帰宅の時刻に多少のずれはあるものの、行動のおおまかな流れはほとんど変わっていない。いずれにせよ石川さんが当初、嘘のアリバイを申し立てたことは確かである。これは彼の容疑を深めるもののようにみえるし、捜査官たちもやはりそう考えたようである。しかしはたしてそうなのか。その点、のちの分析のポイントのひとつとなる。

脅迫状について

石川さんが五月二三日に逮捕されたとき、本件については「恐喝未遂」と罪名が付されており、その最大の裏づけとされたのが脅迫状の筆跡であったことは、一件資料から明らかである。それゆえ、本件関係の取調べがこの脅迫状に集中したことは容易に予想できることである。実際、調書中にはこの点についての供述が繰り返し登場する。否認期において石川さんは、もちろん、脅迫状を書いたことを一貫して否認しているのだが、一応関連部分を調書日付順に抜き書きしてみよう。

五月二四日員①　脅迫状を持って行ったのではないかということですが私はそんなことは知りません。

五月二五日員　中田さんの家へ手紙を書いて持って行ったのは私では有りません。私は字はよく書けないいし読めませんからそんな事はできません。

五月二七日員　五月一日の晩中田栄作さんの家へおどかし手紙を持って行って翌晩さのやの前で金二〇万円届けろ、届ければ子供は無事帰す等を書いた覚えは有りません。私は書かないものは何処迄行っても書かないという丈です。

六月二日員①　私は幾度聞かれても中田さんの家へ脅し手紙等を書いた覚えもないしそれを持って行ったことも有りません。

六月九日員①　本年五月一日夜堀兼の中田栄作さん方へ私が脅迫状を持って行きその翌晩さのやの店の前へ子供の命がほしかったら金二〇万円夜の一二時迄に持って来いと言って其の金を取りそこねた事についてお尋ねですが、幾度も申し上げた通り自分で手紙を書いた事ないしその手紙を持って行ったこともないし、五月二日の晩さの屋の前迄現金を受け取りに行った事は有りません。幾度聞かれてもやらない事はやらないという言うより外致し方有りません。次に、中田さんの家へ犯人が持って行った手紙の字と私が今迄書いた字がよく似ていてそっくりだと字の先生が言っていると言う話を聞きましたが私も先生の言っていることは信用致します。然し私はその手紙を自分で書いた覚えは有りません。……次に、五月一日の手紙の事について又お尋ねですが私は手紙を書いたり、持って行ったりした事もなく……。

六月九日検②　(問：君は、子供、命、東、西武園、池、刑事、知る、友の漢字を書けるのか)。

私はそんな漢字は書けません。然し、誰かが書いていて見せてくれれば真似て書く事位出来るかも知れません。

(問：住所、氏名は漢字で書けるのか)。

それは書けます。……私は、中田善枝さん方に投げ込まれたという脅迫状の写真にしたものを警察の人が見せてくれましたが私の字に似ているなと思う字もありました。似ている字が何んという字であったか忘れました。然し、いくら似ていても私が書いたものではありません。

六月一二日員　私は今迄何回も聞かれております五月一日の夜堀兼の中田栄作さんの家へ届けられた手紙の字と私が東鳩で書いたもの又警察で書いたもの警察へ出した私の書いたもの等が同じだと字の先生が言って居るそうですが私も字の先生の言う事は信用します。私は裁判所へ行って全部言います。警察に居るうちはどしても言えません。

六月一八日員②　善枝さんの家へ届けた手紙のことは裁判所へ行って話します。

終始、否認しながらも、それは単に「書いていない」というにとどまらず、脅迫状の具体的な中味にまでかなり突っ込んで尋問されている様子がよく分かる。とくに六月九日には脅迫状の写真を示されて追及されていることが文面にあらわれている。警察にとっても、何よりこの脅迫状作成の部分しか突破口はなく、それだけこれに力を入れていたのであろう。

その他の証拠について

脅迫状以外の物証関係についても、否認期にどういう証拠が追及されているかを整理しておこう。

地下足袋——五月二日佐野屋の前に現われた犯人が残したと思われる足跡について、警察は石川さん宅から押収した兄の六造さんの地下足袋の足跡と一致するのではないかと考えており、そのため取調べでも、ふだん兄の地下足袋をはいていたかどうかの追及が繰り返されている。これに対して石川さんは、兄の地下足袋は小さくてはくと痛いので長い時間はいておれない。それでいつもゴム長靴をはいていた(五月二七日員)。五月六日から二二日ころまで近所の家の鳶仕事を頼まれて行ったとき、六造の足袋を二回位はいた。しかし夕方まではくと足が痛くなってしまう(六月二日員①、検①)。仕事で六造の地下足袋を借りてはくときは、兄さんの言うやつ(一番悪いやつ)をはいた(六月七日員③)というふうに答えている。

手拭——被害者の死体を後ろ手に縛っていた手拭についても追及がなされている。これに対し石川さんは、警察が五十子米屋から手拭をもらっていた家を調べているということで、その手拭をさがすと二本出てきたこと(五月二八日員)、家にはもらった新品の手拭やタオルがいっぱいしまってあって、その中に五十子米屋からもらったものもあったこと(六月九日検

②)、働きに行くときはタオルか手拭をもっていくが、両方をもっていくことはないこと(六月九日検②)を供述している。

タオル――死体の顔に目隠ししてあったタオルについて石川さんは、東鳩製菓に勤めていたころ野球の試合に出てタオルをもらったことがあるが、そのタオルは東鳩の会社のタオルだと思うこと(六月八日検②)、東鳩製菓でもらったタオルには月島食品工業株式会社と書いたものがあったかどうかは、字が読めないから知らないこと(六月九日検②)、また東鳩製菓でもらったタオルも家にしまっていたこと(六月九日検②)を供述している。

スコップ――死体を農道に埋めるために用いたスコップとして、警察は、前述のように、I養豚場から紛失されたとされるスコップに注目していた。石川さんへの取調べにも、これに関連した供述が何回かあらわれる。まず、I養豚には昨年(事件の前年)秋頃から本年二月末まで働いていたが、やめてしばらくしてこっそり番小屋にとめてもらったとき、近所の人にはひどく吠える豚小屋の犬が、自分には全然吠えなかったこと(六月二日員①)、豚にえさをやるスコップがT(豚小屋の隣の家)の脇に二本、番小屋に二本、外に一本おいてあったこと(六月二日検)、Tの方の豚小屋の物置には電灯が引いてあるが夜は消してあり、その物置の方へ行く入り口には犬がつないであって、知らない者がいくと吠えるが、自分には吠えないこと(六月八日検②)、事件の日に、Tの東側の豚小屋からスコップが盗まれたことを知っていること、そのスコップは小屋の中に入れてあるときもあるが外の川のへりに置きっぱなしのこともあること、また豚小屋につないでいた犬は自分によくなついていたから、いま自分が夜行ったとしても平気であること（六月二八日員②）が供述されている。

死体発見現場——死体の発見された五月四日、石川さんはその現場に見に出かけている。このことについて、五月四日魚つりに行っての帰り、友達から「此の前、倉さんが首っこ(首吊)したところ」で死体が見つかったと聞いて、行ってみると巡査や消防団や野次馬で一杯だったが、自分は友達と一緒に、死体の埋められていたすぐ手前のジャガイモ畑から、死体が掘り出されるところをよく見ていたと供述している（五月二六日員）。

中田家の所在——被害者やその父については、一回も会ったことがないから知らないこと、ただ堀兼部落にある中田家は、以前I養豚で働いていたころ、その近所を何回か回ったことがあるから知っていること（六月二日員②）、ただ事件の前からその家を知っていたのではなく事件後テレビで家の前に花輪の並べてある場面を見て、その附近を何回か通ったことがあったので「ああ、あの家か」と判ったこと（六月九日検②）が供述されている。

この他、脅迫状の筆記用具を念頭において、ボールペンや万年筆について供述を求めたと思われる部分など（六月九日検②）がある。

三人犯行自白の前ぶれ

逮捕の日から二八日間一貫して否認しているなかで、一通だけ、きわめて特異な供述調書がある。六月一一日付河本検察官に対する調書である。その内容はおおよそこうである。

善枝さんを殺したり、関係したり、死体を埋めたり、脅迫状を書いたり、二十万円取りに行ったりしたのは、三人でやったことだ。そういうことをやった場所は自分の家の近所ではないが、それ以上のことは言えない。一緒にやった二人の名は言えない。善枝と関係したのは自分ではない。死体を埋めた場所までは、自動車でなければ運べない。また死体が縛られていたはずはない。自分がどういう事をやったのか、相棒がどういう役目をしたかは、裁判所で言うつもりだ。（六月一一日検）。

この調書の内容は、すでに自白の発端ともとれるが、この調書に対して石川さんは署名・押印を拒否している。また、この調書の内容を受けて作成したものと思われる翌日の六月一二日付員面調書にも、

脅迫状の字と自分の字が似ていると字の先生が言っていることは信用するが、警察にいるうちはどうしても言えない。人数が増えて警察では大変だろう。

という奇妙な記載がある。この調書に対しても石川さんは署名・押印を拒否している。この意味深長な二通の調書がいったい何を意味するものであるか、その解釈は、のちの供述分析にゆずることにするが、一点だけ指摘しておきたいことは、この六月一一日、一二日付の調書が二三日間の勾留期限ぎりぎりに聴取されたものだということである。翌一三日には、本件関係を除いた別件のみ九件が起訴され、その後弁護側が保釈請求し、保釈決定がなされたのに並行して、検察から今度は本件について強盗、強姦、殺人、死体遺棄の容疑での逮捕状が請求され、六月一七日保釈と同時にこれが執行されたのである。

この第二次逮捕後の六月一八日には、先と同じアリバイを申し立てて、事件への関与を明確に

否認している。さらに六月二〇日裁判所による勾留質問でも明確な否認調書が残されている。ところがその同じ日、石川さんは、地域での野球を通じて親しい関源三巡査部長に対して、三人犯行の自白を行なうことになる。

以上、否認期の供述内容を項目別に列挙してきた。石川さんが真犯人ならば、ここで問い質されている諸証拠・諸情報を自らの体験記憶として知っており、そのうえで否認していることになる。のちの分析においては、この否認供述が、体験者としてすべてを知った者の嘘の否認供述であるのか、それとも無実の人間の真の否認供述であるかを推理することになる。

ここでもう一点指摘しておかなければならぬことは、石川さんが真犯人でないとしても、彼自身は逮捕前から事件について種々の情報を得ていたし、また、この否認期の取調べにおいて取調官の尋問などからさらに詳細な情報を得たはずだという点である。たとえば、五月一日事件当日のアリバイをしつこく尋問されたなかで、問題の犯行時間帯についてのおおよその情報を得たであろうし（少なくとも推測しえたであろうし）、死体埋没場所については自ら見に行ったと供述している。また犯人が直接残した証拠として、脅迫状（あるいは写真コピー）を実際に見せられたことがうかがわれるし(六月九日検②)、その内容についても供述のなかで自ら述べているところからみて、十分知りえていたといわねばならない。さらに地下足袋、手拭、タオル、スコップあるいはボールペンや万年筆などの尋問から、これらが事件に関わる証拠として問題となっていたことも知ったはずである。さらに、中田家の所在についても、テレビ報道によって、あそこだと認知できたことになっている。つまり、かりに石川さんが無実であっても、自ら真犯人に扮して事件の筋書きを語るに足るだけの舞台袋置は、この否認期においてほとんど整っていたといえるのである。

2 三人犯行自白期(II)――六月二〇日～二三日

六月二〇日、石川さんは川越署分室を訪れた裁判官に対して犯行を全面否認しながら、その同じ日に関源三巡査部長の取調べに対して、急転、三人犯行を供述することになる。このとき石川さんがなぜ自白に転じたのか、その理由や経緯について彼自身、第二審以降、詳細に述べることになるが、この点についてはあえて立ち入らない。供述内容の流れを分析の対象にする私たちにとって必要なのは、調書上に残された供述記録のみに従って、この三人犯行自白の内容およびその変遷をあとづけることである。以下、自白の細部にわたる供述変遷の考察は、第三部でとりあげることにして、ここでは主として事件筋書の大きな変遷を要約することにする。

六月二〇日員供述の筋書

朝家を出て昼すぎまで――五月一日は朝七時頃電車に乗って西武園へ行き一〇時頃まで遊ん

で、所沢の東莫というパチンコ屋に行った（ここまでは否認期五月二四日②のアリバイ供述と同じである。なおこれは自白期、さらに第二審まで一貫する）。

被害者との出会いまで――パチンコ屋で入間川の友達と入曽の友達に出会った（ここからが先のアリバイ供述と異なってくる）。入間川の友達が堀兼の善枝ちゃんの知り合いで、この日誕生日だからやらせてくれると言うので、午後二時頃、入間川へ電車で帰って来た。駅前のすず屋という菓子屋でアンパン五個を買って、三人で食べながら荒神様の方へ行った。荒神様はお祭りで五〇人位人が出ていた。入間川の友達は、善枝ちゃんと通る道を打ち合わせていたらしく、荒神様から新しい中学校の方へ三人で歩いて行って、入間川の友達は山学校の十字路の所で待ち、自分と入曽の友達は、そこから少し山の方へ行った所で待っていた。そうしたら入間川の友達が、善枝ちゃんを連れて来た。これが三時半頃である。

出会いから殺害現場までの連行――入間川の友達と入曽の友達と善枝ちゃんが一緒に歩いて、自分は善枝ちゃんの自転車をもって後からついて行った。まず庄重さんの所まで行って引き返し、それから山の中のお寺の裏の所（のちの二九四頁図23のA地点）へ行って、そこで皆で話をした。

強姦・殺害――一番にやらせろと言えないので、自分は善枝ちゃんの自転車で新しい中学校の方まで行って一時間ぐらいして帰ってみると、善枝ちゃんが死んでいた。入間川の友達がおまんこしてから入曽の友達がしようとしたらさわいだので、殺してしまったということだった。

脅迫状の作成——それで逃げようということになって、逃げる金をとるために手紙を書こうということで、一人五万円で一五万円にしようと思ったけれど、多い方がよいからということで二〇万にすることにして、入曽の友達に字を教えてもらって、自分が手紙を書いた。善枝ちゃんの鞄から帳面を出して一枚を破りとって、入曽の友達のボールペンで書いた。「庄治この紙につつんでこう」と書いたのはいいかげんに書いた。その時はまだ明るくて、お寺のおばさんが洗濯物を取り込んでいた。

脅迫状をもっていく過程——死体を片付けるのは恐いので自分が手紙をもっていくといって、善枝ちゃんの自転車で善枝ちゃんの家に行った。鞄は自分が捨てた(どの時点で捨てたかは明記されていない)。どこに捨てたかは今度、関さんが来たときに教える。

死体の運搬・埋棄——善枝ちゃんの家へ手紙を届ける前に、倉さんが首つりした所に埋めようと相談していたので、手紙を届けたあとシャベルを盗んでそこへ行くと、二人が死体をかついできていたので、入曽の友達にシャベルを渡して、自分は帰った。

六月二一日、二二日の五通の供述

三人犯行自白の基本的な筋書は、この六月二〇日から次の二一日、二二日にかけて変わらず、二一日、二二日の二日間、計五通の員面調書は、この基本的な筋書の肉づけを行なうべく、いくつかの細部にわたって供述がなされているのみである。そこでこの五通の供述をまとめて、項目別に整理してみる。

殺害後の脅迫状作成――脅迫状の内容については「五月二日の午後一二時に佐野屋の前へ二〇万円持って来い」と書いた。その前に「中田さんの門の前」というように書いたが、それを「佐野屋」と書きかえたと思う（六月二一日員③）と供述し、その後さらに詳しく、入曽の友達から教えてもらった状況を供述している（六月二二日員②）。「庄治この紙につつんでこう」と書いたのは、良いかげんに書いた（六月二〇日員）。封筒を書きなおした記憶はない（六月二二日員②）。また、お金を受け取る日時の訂正についても否認している（六月二二日員②）。手紙を書いた時期については、善枝ちゃんを殺害してからのことであって、「その前に書いておいたものでは」ないし、「書いたところは家の中ではない」ことを強調している。さらに、入曽の友達が善枝の財布から写真のついた紙（身分証明書のこと）を抜いて、脅迫状のなかに入れたとの供述も、この時点で聴取されている（六月二二日員②）。

鞄の投棄――六月二〇日には「鞄を自分が捨てた」ことを認めたのみで、いつどこに捨てたかまったく明示していなかったが、これが六月二一日、供述されることになる。まず、いつ捨てたかについては、善枝ちゃんの家へ脅迫状を届けに行くとき、入間川の友達が「お前通る道だからあすこいらへすっぽうっておけ」といったので、鞄を自転車の後にゴム紐でくくって出かけ、途中で捨てたことになる（六月二一日員①②）。脅迫状を届けに行く途中で捨てたというのは、その後、単独犯行自白においても一貫することになる。他方、捨てた場所についての供述は、調書によってずいぶん異なる。前にも述べたように警察は六月二一日①の供述と添付地図では発見できず、その日の二通目の供述と添付地図で発見されたことになっている。それまで発見されていなかった鞄が石川の自白で発見されたとなると、石川が事件に関与したことが明らかに証明されることになるのだが、この点には重大な疑問がある。しかも、この供述ののち単独犯行自白の段階になってもなお、鞄を捨てた場所、捨て方に納得しがたい変遷がみられるのである。

脅迫状を届けに行くときの行動――自転車に乗って、途中鞄を捨て、堀兼部落に向かって行っているとき、川越道路に出る手前で三輪車に追い越された。中田家の近くまで来てから、この辺と思われる家で五七―八歳の小父さん（前述のU氏のこと）に「中田栄作さんて家は何処ですか」と尋ねたところ、「四軒目だ」と教えてくれた。これが午後七時頃だった。それから中田家へ行き、自転車を物置の自動車の横に入れてから、庭を通って玄関のガラス戸の間に脅迫状をさし込んだ。その時すき間から、小母さんのような人がいたのが見えた（六月二一日員③）。

スコップ――脅迫状を中田家に届けたあと、かつて働いていたI養豚の豚小屋に忍び込んでスコップ一本を盗った様子が、細かく供述されている（六月二二日員①）。このとき、小屋の入口から入ると犬がいるので、南側から囲いを乗り越えて入ってとった。というのも、前に働いていたときの犬ならよいが、そうであるかどうか分からなかったから、という。

以上、六月二〇日に出た三人犯行自白が、こうして二一日、二二日の五通の員面調書によって肉付けされたのである。

3 単独犯行自白期（III）——六月二三日〜七月八日

三人犯行自白の基本的筋書が六月二〇日に出、その後二一日、二二日の五通の供述においてその細部が埋められて行った。ところが、翌二三日には、単独犯行自白へと急転回する。つまりここで、石川さんは犯行をすべて「自分一人でやった」と認め、前日までの一部自白から全面自白に追い込まれたのである。そして、その後「一人でやった」という点に関しては変わらない。しかし、その犯行の筋書を見てみると、細部の肉付け部分のみならず、基本的な筋の流れにおいてもなお大きく変転している。とくに注目すべきは、六月二三日の二通の員面調書である。この二通と、翌二四日以降の調書とでは、同じく「自分一人でやった」といっても、その筋書がまったく異なっているのである。この六月二三日付の二通の調書の筋書をIIIaとして、それ以後の供述の筋書（これをIIIbとする）と区別しておこう。

六月二三日の二通の供述の筋書（IIIa）

さて単独犯行自白をはじめた六月二三日員①は、ごく短いものだが、供述の大変遷を分析するうえで極めて重要なものとなるので、全文そのまま引用しよう。

　私は今まで善枝ちゃんを殺したりおまんこをしたり埋《い》けたりしたのは、私と入間川の男と入曽の男と三人でやったと言って居りましたが、それは嘘で、実は私が一人でやったのです。詳しいことは後で話しますが、大ざっぱに云うとこうです。

　私は五月一日の午後四時頃かと思いますが入間川の山学校のところで善枝ちゃんに話しかけて山の中につれこみました。つれ込んだ場所や、どんな風にしてつれこんだかは後で話しますが、場所は倉さんが首っつりをした山です。それから無理に両手を後ろ手にしばっておまんこをしました。その時さわいだので善枝ちゃんの首をしめ殺してしまいました。それから手紙を書いて五月一日の夜善枝ちゃんの家へ自転車といっしょに届けました。その帰りにI豚屋の豚小舎からシャベルを盗んで来て、穴を掘って善枝ちゃんの死体を埋めました。今まで私は本当のことを言えなかったのは、おとっつあんや家の者に心配をかけるから言えなかったのです。細かいことは後で話します。（傍点は筆者）

　この筋書は、先の三人犯行自白と読みくらべてみるとすぐ分かるように、前日までの三人犯行自白をそのまま単独犯行に置きかえたものである。ここでとくに注意してほしいのは、脅迫状の作成時期が善枝さんを殺したあととなっていて、三人犯行の筋書と同じである点である。唯一違っているのは、連行し殺害した犯行場所が、前には「お寺の裏」となっていたのが、ここで死体発見現場近くの「倉さんが首っつりした山」となっている点のみである（二九四頁図23参照）。同日の二通目でもこの筋書のうえに、そのまま肉付けがなされている（六月二三日員②）。

それによると、この日午前七時頃、弁当をもって家を出て、入間川から西武園へ行き、そこで休み、弁当を食って、一〇時半頃所沢の東莫へ行ってパチンコをやった（ここまでは、これまでの供述と同じ）。

被害者との出会いまで――午後一時か二時まで遊んで、一時半か二時半に入間川駅に帰ってきた。駅前のすず屋で牛乳二本とアイスクリーム一コを買い、食べたり飲んだりしながら荒神様までぶらぶら行った。荒神様はお祭りで五〇人くらい人が出ていた。そこから山学校の方へ行った（このあたり、三人犯行自白とほぼ同じ）。山学校の前の道を歩いていたとき――三時頃であったかもしれないし、もっと遅く四時頃だったかもしれない――荒神様の方から（つまり後ろから）女学生が自転車でやってきた。

出会いから殺害現場までの連行――急に若い女が来たのでむうっとなって（おまんこしたくなって）自転車の荷台をおさえて、「用がある」と言い、倉さんが首を吊った山の中へ連れて行った。女学生が自転車を押していく後についていて行き、山に入るちょっと手前で自転車を自分がもって転がしていき、山の入口で自転車を止めてスタンドを立てた。それから女学生の左手を右手でつかみ、山の中に連れ込んだが嫌がらなかった。その時、中田栄作の娘だということを聞いたと思う。

強姦―殺害――山の中に入って娘に「やらせろ」と言うと「嫌だ」と言って逃げようとしたので手拭かタオルで娘の手を後ろ手にしばった。それから娘を押し倒すと「キャー」と大きな声を出したので「騒ぐんじゃない」と言ったが、なおキャーキャー騒ぎ「助けて」と言うので「騒ぐと殺すぞ」と言って、夢中で自分の首にまいていたタオルで首をしめた。はじめ両手で、ついでタオルの両端を右手でおさえ、左手でズロースを膝のあたりまでおろし、おまんこをした。気がつくと善枝ちゃんは死んでいた。

この日の調書は、被害者を殺害したこの点までで供述が中断している。この日の一通目で述べられた概略によれば、こののち、脅迫状を書き、これを中田家に届け、それからI養豚でスコップを盗って、死体を埋めなければならない。しかし、この部分の肉付けは、翌日以降にもちこされ、そこのところで、犯行の筋書が再び大きく転回することになる。ここから、右のIIIaとはまったく異なる、もうひとつの犯行筋書IIIbがはじまる。

六月二四日から七月八日までの供述の筋書（IIIb）

前日、途中で終わった供述は、形のうえでは六月二四日員①の供述に引きつがれていく。その冒頭を引用する。

私は善枝ちゃんを殺してしまってから、善枝ちゃんが生きていて私が捕まえているから、金を二〇万円持って来い持ってくれれば無事に返してやるというおどかしの手紙を善枝ちゃんの家へ届けましたがそれを届けた時のことはこの前（三人犯行自白のときのこと―筆者）話したとおりです。手紙を書いた時のことはこの後で話しますが私がこの手紙によって善枝ちゃんの家の人が金を持って来たら受け取ろうと思い、五月二日夜一二時頃私が佐野屋のところへ行った時のことをこれから話します。（傍点は筆者）

そして、五月二日九時頃、兄の九文七分の地下足袋を勝手にはいて出かけ、途中山中で待ったりしながら、佐野屋に指定の一二時と思われるころに行った。三〇分から一時間まっていると、佐野屋のところに小母さんのような人がやってきた。その人と五分くらいやりとりしたが、横に男が立っているようにみえたので「誰かいそうだから帰る」と言って帰った。家につくと午前一時か一時半だった。こういう内容の供述がつづいている。

本書では、五月二日の行動については供述分析のメイン資料としないので、立ち入っては論じないが、その後、この五月二日の行動については供述に大きな変転はない。

さて、右の六月二四日員①に「手紙を書いた時のことはこの後で話します」と予告していたとおり、この日の二通目、つまり六月二四日②には、脅迫状を書いたときのことが供述される。ところが、これによって前日二三日の筋書が、大幅に書きかえられることになる。つまり前日の供述では、三人犯行自白と同様に、被害者を殺した後、脅迫状を書いたとしていたのに、この日の供述では、その三日も前の四月二八日にすでに書いていて、これを持ち歩いていたことになり、その結果、犯行の筋書全体が大幅に変わっていく。こうなると、同じく単独犯行自白とはいっても、先の二三日の自白と、この二四日以降の自白を同一のものとはいえない。

その後もなお細部について種々変動するが、基本的な筋書に変化はみられない。そこでこの二四日から七月八日までの最終段階で出来あがった供述を通して、犯行のストーリーを粗述しよう。

脅迫状作成——吉展ちゃん事件にヒントを得て、脅迫状を書くことを思いつく。そこで四月二七日に『りぼん』という雑誌から漢字を抜き出して、手紙を書く練習をし、四月二八日午後、家でテレビを見ながら脅迫状を書く。手紙は妹の帳面を三〜四枚破って、ボールペンは兄のものを使った。宛名はただ何となく「少時様」と書いた。金をもってくる日時は四月二八日午後一二時にしてあったと思う。家にあった白い封筒に入れ、これにも「少時様」と書いたように思う。しかし、特にしょうじという家の子を狙ったわけではない。どこかの子どもを誘拐してやろうと思って、手紙をジーパンの尻のポケットに入れて持ち歩いていた。五月一日にもやはりその手紙を持っていた。(以上六月二四日員②)

朝家を出て昼すぎまで――朝七時半ごろ西武園へ行き、持って行った弁当をそこで食べて、一〇時ごろ所沢の東莫パチンコ店に行き、午後一時から二時頃までやって、店を出た。(六月二五日検①など。時間については供述によって少しずつ異なるが、筋書は否認期から一貫している)

被害者との出会いまで――入間川に戻ってきて、駅前のすず屋で牛乳二本、アイスクリーム一本を買い、これらを食べたり、飲んだりしながら荒神様の所を通って、目的なくぶらぶら山学校の方へ行く。「山学校の四辻の一つ手前の四辻の所で」(六月二五検①)、入間川の方から自転車でやってくる女学生に出会う。時刻は「三時過頃」(六月二五日検①)と言う。

出会いから殺害現場までの連行――自転車の荷台にくくりつけていた鞄を押さえて「用があるから降りろ」と言う。なぜそうしたかについては、六月二三日の供述を引きついで「おまんこしたくて」という調書も残っているが、主たる力点は「親父さんに脅迫状を出して金を取る計画だった」というところに移り、最後にはこれで統一されることになる。こうして自転車を止めてから、倉さんが首吊りした山の方へ連れ込む。そのときの様子は、多少のずれはあるものの、六月二三日員②調書とほぼ同内容で、女学生は騒ぐことなく素直について来たことになっている。

強姦・殺害――六月二三日調書から大きく変わってくるのは、この場面である。この場面については、供述に変遷が多く、とくに行為一つひとつの内容自体は同じでも、その順序関係が調書ごとに大きく変動する。個々の変遷については後に再度とりあげることにして、行動内容のみ整理してみよう。連れ込んだ女学生を松の木に手拭で後ろ手に縛りつけ、目隠しをする。そしてこの前後に、時計や財布をとる(この財布は、供述では三つ折財布ということになっているが、実際には被害者の持物のなかに三つ折財布はない。しかし、そこから身分証明書を取り出したことになっているので、被害者の持っていたルーズリーフ式手帳がこれにあたるとされている)。またこの前後に、被害者が堀兼の落合ガーデン手前の煙草屋の近くの中田栄作の家の娘、善枝であることを聞き出したことになっている。松の木に縛り、目隠しをしたあとしばらくして、おまんこをしたくなって、縛った女学生をいったんほどいて松の木からはなし、再び後ろ手に縛ったうえで、少し離れた杉の木の所へつれて行き、足をかけて仰向けに押したおして、両手でズロースを膝までおろしたところ、「助けて」と騒ぎはじめたので、右手を善枝ちゃんの首に押しつけて、左手でズボンのチャックをおろし、おまんこをした。しばらくして良い気持ちになった。気がついてみると、善枝ちゃんは死んでいた。

殺害後、死体を芋穴に吊すまで――それから檜の木の下でしばらく考えたあと、いったん芋穴にかくしておいて、あとで埋めようと思い、死体を芋穴のところまでかかえて運び、これから杉の木まで戻って、脅迫状を訂正した（訂正の時点は調書によって食い違う）。訂正したのはボールペンで、お金を受け取る日を「五月2日」に、受け取り場所を「さのヤ」に、宛名を「中田江さく」に訂正した。また封筒に善枝ちゃんの身分証明書を入れた。それから近くの新築中の家で縄を取ってきて、両足を縛って芋穴に吊し縄の端を桑の木に結びつけた。

脅迫状をもっていく過程——脅迫状をもって中田家へ行く経路はそれまでの調書と同じで、その途中、鞄、教科書・ノート、自転車のゴム紐を捨てたこと、川越道路に出る手前で、三輪車に追い越されたこと、中田家の近くで家の所在を聞いたことは、先に三人犯行自白のさいの供述とほぼ同内容である。ただし、細かい部分ではやはり食い違いがみられる。

死体の埋没——脅迫状をもって行ったあと、I養豚でスコップを盗ったことは、三人犯行自白時に供述したのと同内容である。それから死体を吊していた芋穴のところまで行き、農道に三〇分ほどかけて穴を掘り、芋穴から死体を引き上げて、掘った穴までかかえて運び、投げ込んだ。後ろ手に縛った手拭、目かくしをしたタオル、足首を縛って吊した縄はそのままで、縄は死体の上にかけた。そうして死体を埋め終わり、帰りにスコップを畑の中に投げ捨てた。家に帰って間もなくして、九時四五分からのテレビ「笑えば天国」がはじまった。

以上は、六月二四日から七月八日までの数多くの供述から、大筋のみをとらえてまとめたものである。その内部での変遷・変動については触れていない。この点は、第三部で供述の小変遷として詳しくとりあげることになる。

図11　供述変遷の見取り図

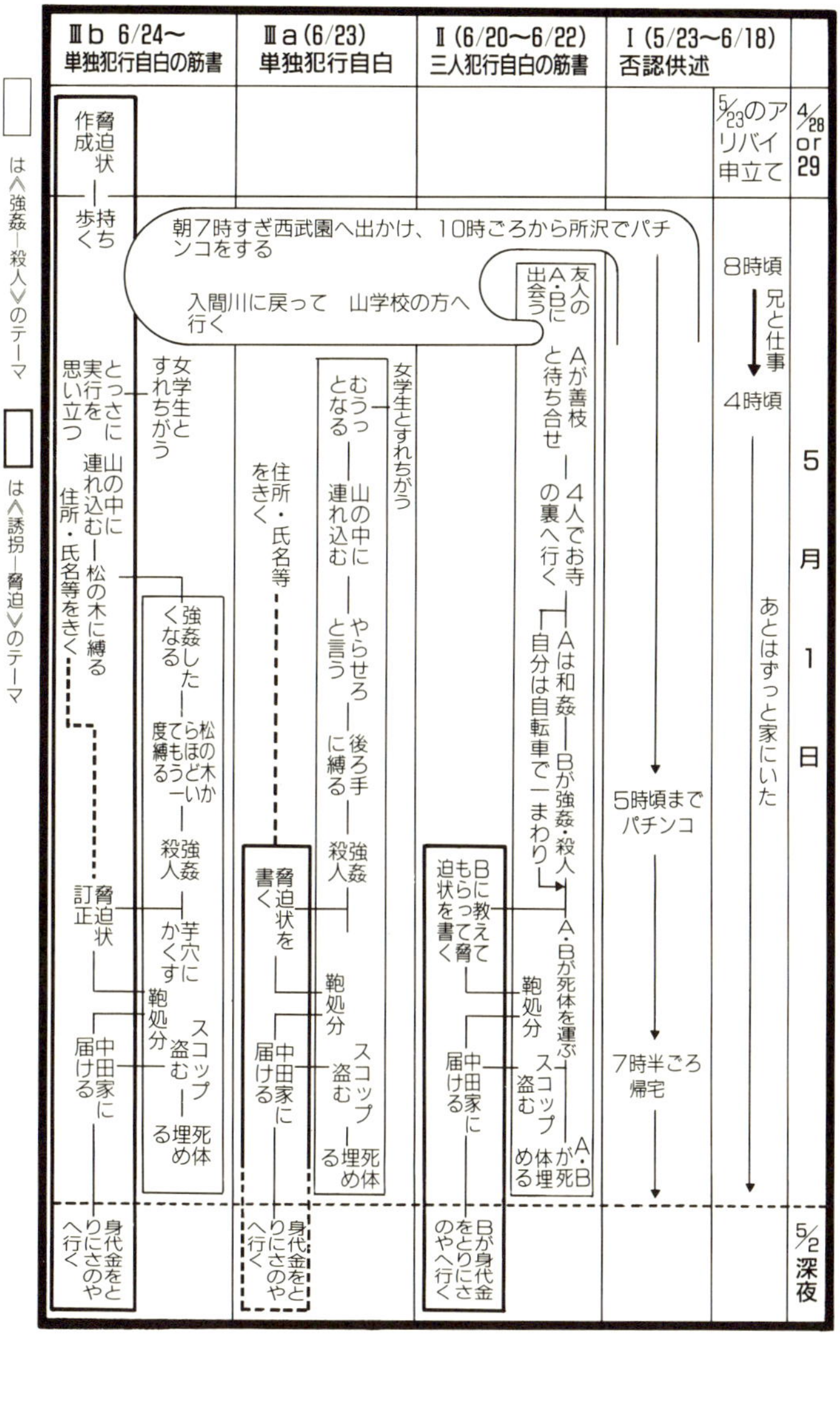
ⅢB 6/24〜 単独犯行自白の筋書
Ⅲa (6/23) 単独犯行自白
Ⅱ (6/20〜6/22) 三人犯行自白の筋書
Ⅰ (5/23〜6/18) 否認供述
5/23のアリバイ申立て
4/28 or 29
5月1日
5/2 深夜
は〈強姦―殺人〉のテーマ
は〈誘拐―脅迫〉のテーマ
脅迫状作成
持ち歩く
朝7時すぎ西武園へ出かけ、10時ごろから所沢でパチンコをする
入間川に戻って 山学校の方へ行く
友人のA・Bに出会う
Aが善枝と待ち合せ
4人でお寺の裏へ行く
Aは和姦
自分は自転車で一まわり
Bが強姦・殺人
A・Bが死体を運ぶ
Bに教えてもらって脅迫状を書く
A・Bが死体埋める
Bが身代金をとりにさのやへ行く
女学生とすれちがう
むうっとなる
山の中に連れ込む
やらせろと言う
後ろ手に縛る
強姦殺人
住所・氏名等をきく
脅迫状を書く
女学生とすれちがう
とっさに実行を思い立つ
山の中に連れ込む
松の木に縛る
住所・氏名等をきく
強姦したくなる
松の木からほどいてもう一度縛る
強姦殺人
芋穴にかくす
脅迫状訂正
鞄処分
スコップ盗む
中田家に届ける
死体埋める
身代金をとりにさのやへ行く
8時頃
兄と仕事
4時頃
あとはずっと家にいた
5時頃までパチンコ
7時半ごろ帰宅

さて、（Ⅰ）否認期、（Ⅱ）三人犯行自白期、（Ⅲ）単独犯行自白期の三つの時期にわけて、供述の流れをおおまかに整理し、特にⅡⅢの時期については、その間で自白の筋書がどう変遷しているかをみた。これを要約し、対照させたのが**図11**である。この図を用いてごくおおまかにまとめれば、

（Ⅰ）否認期には、最初「八時頃から兄と一緒に近所の家に仕事に出かけて四時頃帰った」とアリバイ主張していたが、これが嘘だとばれて「朝弁当をもって仕事に行くふりをして出かけたが、実際には西武園で時間をつぶしてから所沢でパチンコをやって、夜七時半頃に帰った」と供述していた。

（Ⅱ）三人犯行自白では、「パチンコ店で二人の友人と出会い、その一人が善枝ちゃんを知っていて、その日誕生日でやらせるということで二時前後に入間川に戻って、山学校の付近で善枝ちゃんと落ち合い、それからお寺の裏へ行った。自分一人自転車でブラブラしている間に、友人の一人が善枝ちゃんを強姦しようとして殺してしまった。それで三人で逃げようということになって、友人に教えてもらって脅迫状を書き、中田家へ投入し、帰りにスコップをとってきて、先の二人に渡して埋めてもらった」となる。

（Ⅲa）単独犯行自白の最初は、三人犯行自白をそのまま一人でやったという筋書で、「パチンコをやめて入間川に戻って、ブラブラ山学校の方へ行っていたとき、女学生に出会って、突然むうっとなって、山の中に連れ込んで、強姦しようとしたが、嫌がったので首をタオルでしめながらやったら、死んでしまった。それで脅迫状を書いて、中田家に届

けてから、スコップをとってきて埋めた」となる。

（IIIb）しかし、その翌日から筋書がすっかりかわり、「四月二八日に脅迫状を書いて持ちあるいていた。五月一日もポケットに入れたまま、朝からパチンコに出かけ二時前後に入間川に戻って、山学校の方へ行き、そこで知らない女学生が自転車でやって来たのをみつけ、とっさに計画を実行に移すことにして、女学生を山の中に連れ込んで、松の木に縛り、住所、氏名、親の名を聞き出し、そうこうしているうちに強姦したくなって松の木からはなして、やろうとしたが騒がれたので右手で首を押さえてやってしまった。気がついたら死んでいた。そこで脅迫状を手直しして、いったん死体を芋穴にかくしてから、中田家へ行き、脅迫状を投入し、帰りにスコップをとり、再び現場に戻って、農道を掘って、埋めて、帰ったら九時半ごろだった」ということになる。

否認から自白にまでいたるこの供述の大変遷を、私たちはどのように理解すべきであろうか。これまで多くの裁判官が考えてきたように、取調官が犯人を追いつめて自白を克ちとった真実の過程なのだろうか。それとも逆に、無実の人が嘘の自白に陥っていく悲しい虚偽の過程なのだろうか。

第2部

供述分析その一「大変遷分析」

——真実の暴露か、虚偽への転落か

第1章 供述変遷分析の方法

石川さんの自白の真偽を推定するための素材は、以上でおおよそ与えられたことになる。そこでいよいよ分析に入るわけだが、そのためにもまず、その分析の方法を明らかにしておかねばならない。

これまでの冤罪事件を振り返ってみて思うに、誤判の原因の多くは、嘘の自白を見抜けず、それを安易に信じてしまった供述分析の過ちにある。事実認定において供述分析の果たす役割はきわめて大きい。それゆえ現に、裁判の実務にたずさわる人たちのなかには、自白の信用性判断の問題に深い関心を寄せ、持続的に研究をすすめている人たちがいる（たとえば、私の目に触れたところでは渡部保夫氏や守屋克彦氏）。そして過去の事例に経験的に学びながら、いくつかの判断基準や注意則がまとめられてきてもいる。ただ残念ながら、まだ組織的、体系的なかたちで供述分析や自白分析の方法が確立されるにはいたっていないように、私には思われる。

欧米諸国のように、被疑者の勾留に対する制限がきびしく、自白の任意性判断が厳格であるならば、供述分析（とくに自白分析）の必要も少ないかもしれないが、わが国のようにいまだに自白偏重の傾向を払拭しきれていないところでは、供述分析法の未成熟が決定的な誤謬をもたらすことになりかねない。

そこで迂遠なようだが、私がここで「供述分析」と呼んでいるものが何であるかを、はっきりさせておくことからはじめよう。

1 あらたな供述分析法を求めて

供述分析の方法がこれまで組織的に検討されることが少なかったとはいえ、もちろん何らかの形で供述分析自体は行なわれてきた。従来の供述分析の方法を整理すれば、次の三つに分けることができる。

①ひとつは、被疑者が自白した状況から真偽を考える方法である。刑事訴訟法三一九条には、周知のように「強制、拷問又は脅迫による自白、不当に長く抑留又は拘禁された後の自白その他任意にされたものでない疑のある自白は、これを証拠とすることができない」と明記されている。これに触れる条件下での自白は、証拠とされない。それは、自白の強要が人権の保障のうえから許されないからであると同時に、この種の自白は、それだけ虚偽の可能性が高いからでもある。しかし現実には、この条項に触れるような「任意性を欠く」取調べ状況があったとしても、その立証は、きわめて難しい。密室のなかでの取調べでは、たとえひどい拷問があっても、捜査官自身の内部告発や、歴然たる後遺症でもないかぎり、拷問の事実を法廷で証明することは至難である。いや、拷問の事実が立証されてさえ、たとえば

(イ)　拷問の疑いはある。それは認めるが、本当に被告が一家四人を殺したのであるならば、調書の不備を理由に被告を放免することもできないではないか。

(ロ)　警察官も職務執行のためにやったのだ。多少の行き過ぎはあったろうが、正義感と職務に熱心のためである。これをとがめては、今後警察官は仕事をしなくなる。

（青木英五郎『市民のための刑事訴訟法』二二八頁、合同出版）

などとして、拷問下での自白を真実と認める裁判官がいる。

それに、一般に任意性を認められているような取調べ状況下でも、虚偽の自白がなされることがある。第三者が、この程度の取調べなら虚偽自白するほどの圧力とはならないと判断しても、実際にそれがどれほどの圧力として受けとめられるかは、当事者本人の問題であって、かならずしも第三者の尺度があてはまらない。

任意性を欠く自白を証拠から除くこと、また任意性の基準を厳格にすることは、虚偽自白の発生そのものを抑えるうえで非常に大事なことである。しかし、取調べ状況そのものを自白の真偽判定の手がかりにすることは難しい、といわねばならない。狭山事件のばあい、別件逮捕を用いた長期勾留下の自白であり、また「自白すれば十年で出してやる」との偽計があったとの主張がなされているが、裁判所は、この「違法な取調べ」という主張を、いずれも排斥している。

②もう一つは、当該自白と客観的証拠との一致・不一致に着目して、自白の真偽を判断するものである。自白と客観的証拠とが完全に一致するならば、その自白はまず真実であるとされるし、反対に決定的なところで客観的証拠と一致しない場合は、その自白の虚偽性が強く疑われること

になる。この方法は、自白の真偽を判断するうえで最も一般的なものであるし、また最も分かりやすいものである。狭山事件でも石川自白の真偽が、ほとんどこの点で争われてきた。

ところが、この客観的証拠との一致・不一致だけでは、必ずしも自白の真偽を判断しきれない不幸な事情がある。たとえば一見、客観的証拠と一致しているようにみえても、それは、強い取調べ圧力のもとで、被疑者が取調官の尋問に迎合した結果であることも少なくない。過去の冤罪事件の虚偽自白をみても、それがそのおおまかなところでは、捜査官の入手した客観的証拠と一致している。虚偽自白といっても、被疑者がまったくでたらめに嘘の自白をするわけではない。無実の主張をまったく受けつけてもらえず、取調べの強圧的な状況のなかでひとり孤立する。その苦悶から一時でも逃れようとして、取調官に迎合する。そうして無実の被疑者が取調官に屈服して虚偽の自白をするとき、彼は、取調官が証拠を突きつけて追及するのに合わせ、自分自身の体験を適宜おりあわせて供述することになる。とすれば、当然、供述はそのとき取調官が入手していた諸証拠と一致する。こうした事情を考えれば、自白が客観的証拠と一致するからといって、ただちにこれを真実性の証とするわけにはいかないことになる。

他方、自白が他の証拠と一部一致しないからといって、ただちにそれが虚偽であると断定することもできない。真犯人の自白であっても、記憶の間違いや混乱は十分にありえるし、また場合によっては、犯行自体は認めても、末梢的な部分であえて嘘をつくこともありうるからである。

それゆえ、客観的証拠との一致・不一致だけから真偽判断することができないことも多いのである。だからこそ、自白と他の証拠とを照合しようとするとき、私たちは、部分的な一致・不一致だけでなく、取調べ時に取調官の入手していた事件情報、取調べの具体的状況を含めて、供述を全体的に分析することがどうしても必要になる。

ただ、自白と客観的証拠の一致に関して、単に両者が一致するというだけでなく、それまで発見されていなかった客観的証拠が被疑者本人の自白によって発見されたというような場合（いわゆる「秘密の暴露」）について一言付言しておかねばならない。たとえば、狭山事件のばあい、被害者の所持品（鞄、万年筆、腕時計）が自白によって発見されたとされている。犯人しか知りえない事実が本当に被疑者の口から明かされたとすれば、被疑者は直ちに真犯人だと判定してよい。しかし、ここで問題なのは、それが本当に犯人しか知りえない事実であったのかどうか、また本当にその事実が、被疑者自身の自白によって発見されたのかどうかという点である。「秘密の暴露」は自白の信用性を著しく高めるために、取調官の側でも意識してこれを得ようと熱意を注ぐ。そのこと自身は捜査方針として大事なことであろう。ところが残念なことに、過去の冤罪事件を振り返ってみると、犯人以外の人間にも（とくに取調官自身に）知りえたことを、あたかも犯人以外の人間には知りえなかったかの如くにみせかけたり、取調官がすでに発見していた事実を、あたかも被疑者の自白ののちに、それによってはじめて発見できたかのようにみせかけたりする例に、いくつも出会う。取調官が、犯人と信じる被疑者をしっかり真犯人として証明しようとするあまり、誤った熱意に溢れて、こうしたアン・フェアな取調べを生み出してしまうことがあるのである。それゆえ私たちは、「秘密の暴露」が真の意味での「秘密の暴露」であるかどうかの検討をおろそかにはできない。その意味でも、捜査の流れ、取調官―被疑者の関係、その供述の場の力動を含めて、供述を全体的に分析せねばならない。

③三つめは、自白に現われた表現の形式的特徴から、その真偽を判断する方法である。これは、第一の方法のように犯行についての供述内容にではなく、むしろそれを語るときの語り口に着目する。たとえば、たんに犯行のあらすじが淡々と述べられているのではなく、自ら体験した者でなければ語りえないような生き生きとした描写がなされているか、また犯行の骨組みだけではなく、むしろ付随的な細部を交えて語られているか、あるいは個々の場面に応じて本人の情緒が表現されているか、そういった観点から真偽を判別する。この方法については、多分に分析者自身の主観性がつきまとうという批判があって、これでもって決定的な判断を下すのは、やはり難しい。もっとも、スウェーデンの証言心理学者A・トランケルは最近、できるだけ主観性を排して、客観的な判別基準を設定すべく努力を重ね、一定の成果を得ている。ただ、彼の証言分析においては、真偽の入り混った供述や証言からいかにして真実を見出すかに主眼がおかれていて、逆にそこから虚偽の痕を検出していく方法については、ほとんど関心が払われていない（A・トランケル『証言のなかの真実』金剛出版）。そのため、虚偽供述の最大要因たる「嘘」の問題が看過されているところに難点がある。

さて、以上の①②③の方法は相互にまったく異なる方法だが、そこにはひとつの共通点がある。つまり、この三方法はいずれも原則的にはある特定の自白調書をとりあげて、それがいかなる状況で聴取されたか（①）、それが客観的証拠とどこまで一致するか（②）、その中に体験者でなければ語りえないような形式的特徴が含まれているかどうか（③）という視点で見ていくものであって、複数の調書について、その供述内容がどう変遷しているかは、分析の射程外におかれている。

ところが、日本の刑事捜査においては、被疑者の供述調書が一通きりしかないというのはむしろまれであって、たいていが、何日も、何十日にもわたって数通、あるいは時には数十通もの調書が聴取されていることさえある。特に、冤罪を疑われる事件では、被疑者本人の供述調書が大変な量にのぼり、しかもそこには、否認から自白にまでいたる大きな供述変遷が認められる。先にみたように、石川供述などもその典型例といってよい。とすれば、捜査官が最終的に認定した自白調書の真偽を判断するためには、当然、この自白にいたるまでの変遷、形成過程をも問題にしなければならないはずである。しかし実のところ、従来の自白の真偽判定においては、この方法が組織だてて論じられることが少なかった。もちろん、内容の異なる供述が複数ある場合、どれが真実であるのかが当然問題になるわけで、その意味での供述判別法は、従来から求められてきた。ただ残念なことに、その場合でも個々の供述についてその真偽を個々に論じるのが一般で、供述の全体を流れとして理解するという方法が意識的にとられることは少なかった。誤起訴、誤判などいわゆる冤罪事件で虚偽自白がなされた例が、過去において無視しえないほどの数にのぼっているにもかかわらず、供述全体の流れのなかで組織的に虚偽自白を判別する方法が、まだ十分には確立されてはいないのである。「自分がやった」との自白が出さえすれば、それまでの経緯をぬきにして「特段の事情なきかぎり措信しうる」といった判断を安易に下してしまう傾向が、いまだに解決されていないのも、ひとつにはそのためかもしれない。

もちろん、供述変遷の問題がこれまでまったく無視されていたわけではない。とくに、記憶の変容の問題は、従来から供述心理学の主要テーマであった。供述分析法の体系化をはかった先のトランケルなども、複数の供述証拠があるとき、その供述内容の変遷が心理学的な記憶法則に従っているかどうかという視点から、供述の「継起基準」を設定して、これを真偽判別の一つの方法にしている。たしかに「記憶」は供述変遷の大きな要因であって、そこに着目した判別法も無視することはできない。しかし、「記憶変遷」は供述変遷の要因のひとつにすぎない。

特に、被疑者の供述が否認から自白へと大きく変遷するような場合、これが「記憶」の問題ではないのは明らかである。そこでは、無意識的な記憶変遷ではなく、むしろ意識的な「嘘」が問題になるのである。真犯人であれば、否認が嘘、自白が真実ということになるし、冤罪の被疑者であれば、反対に、否認こそ真実、自白は嘘だということになる。つまり、供述が〈否認から自白〉へ展開しているとき、これをとらえて、虚偽を言い張り続けられなくて真実を洩らしてしまったとみるか、真実を守り通せず圧力に屈して虚偽についてしまったとみるか、ここのところをどう判別するかが問題となるのである。ここにはトランケルのいうような記憶の「継起基準」は、およそ適用できない。それゆえ、特に冤罪を疑われている事件の供述分析には、記憶法則とは別に、供述変遷に関わる独自の供述分析が要求されることになる。

私が以下に試みる「供述分析」は、まさにこの第四の方法である。この方法は、一言で言えば、時間的経過に従って変遷していく供述を一つの全体として捉え、その供述変遷を心理学的に了解しようとするものである。そこでは客観的証拠との一致・不一致、あるいは客観的証拠自体の真偽についての判断をひとまず保留し、客観的証拠を離れて供述自体の了解的全体性を追求していくことになる。

刑事裁判では、一般に「自白を離れて客観的証拠のみで判断すべきだ」と説かれる。たしかに、そのとおりである。しかし、現実の裁判事例においては、単なるスローガンにとどまり、客観的証拠だけで判断したはずのところに真偽の定かならぬ自白内容の影響が入り込むことが少なくない。それにまた、本事件のように、客観的証拠自体に数々の疑問が提出されているケースもある。こうしたなかでは、とくに供述およびその変遷そのものについての分析が、おおいに意味をもつことになる。

2 嘘の理論——変遷分析の前提として

さきにも述べたように、否認から自白に至る供述変遷について、その変遷過程の分析から真偽を判別する方法は、残念ながらいままでのところあまり組織的なかたちでは論じられていない。そこで、私たちはまず分析に必要な前提的な理論から組み立てることにしよう。

供述変遷のうち細かい部分のいわば「小変遷」については、意識的な虚偽以外に、記憶の混乱や錯誤による可能性があるとしても、被疑事実を自分がやったかやらないかという大きな部分については、その変遷に記憶の混乱や錯誤の要因が関与することは、まずありえない。殺人や強姦など罪体の明確な事件については、とくにそうであろう。ただ長期勾留下で拘禁心理に陥って記憶混乱を引き起こすケースがないとはいえないが、これはごく例外的なものと考えてよい。つまり、否認から自白へというような大変遷では、否認供述、自白供述のいずれかが意識的な虚偽、つまり嘘だということになる。そこで私たちが考えねばならぬのは、供述にかかわる「嘘の理論」である。

嘘は、一般に自分自身の利益を図り、損失を防ぐためにつくものだと考えられている。とすれば、実際に罪を犯したのにもかかわらず、これを逃れようとして偽りを言う嘘は考えやすいが、逆に身に覚えのない被疑事実を自白してしまう嘘は、理解しにくい。特に、殺人などの重罪事件で自白してしまえば、重い刑を覚悟した上での自白であろうからこれは嘘ではあるまいと、たいていの人が信じてしまう。しかし現実には、重罪事件で嘘の自白に追い込まれたケースは、けっして少なくない。なぜ死刑にも相当するような事件で嘘の自白をしたりするのか。その心理メカニズムは別稿を立てて論じなければならない大問題である。ただ、ここでとりあえず確認しておきたいことは、過去の誤起訴事件・誤判事件のなかに「虚偽自白」が現に数多くあったという事実である。第三者的に外からみれば、あえて自分を不利な立場に追い込むような嘘など考えられないように思えるかもしれないが、私たち自身、現実に身柄を拘束され、捜査官の厳しい取調べを受けたとき、「虚偽自白」に陥らない保証はない。

それゆえ、否認から自白への変遷には、前述のように二つの可能性がある。一つは、真犯人が捕まって最初は嘘をついて否認していたが、捜査官の追及によって結局嘘がばれて、本当のことを言わざるをえなくなった場合、もう一つは、反対に無実の人間が囚われて、事実やっていないと否認していたのに、取調べの圧力に耐えきれず、結局「自分がやった」と嘘をついてしまう場合である。このふたつの供述変遷過程は、心理学的にいってまったく異なる過程である。つまり、一方は「嘘がばれていく過程」、他方は「嘘に陥っていく過程」である。これほど異なる過程であれば、当然、この両者を判別する指標が、供述調書のなかに刻まれているはずである。この判別指標を見出すためには、まず「嘘とは何であるか」を考えることが鍵となる。

そこで「嘘」とは何であるかを、一般論として考えておくことにしよう。

ⓐ 嘘は間違いではない。

「嘘」とは虚偽である。しかし、それは意図せざる虚偽、つまりいわゆる間違いとは区別せねばならない。供述者の記憶間違い、表現の間違い、あるいは知覚上の間違いなどは、「嘘」には入らない。嘘とは、虚偽であることを「意図した虚偽」である。虚偽が「意図した虚偽」であるか、「意図せざる虚偽」であるかは、必ずしも判然としないことも多く、供述分析においてこの区別が問題となることも多々ある。ただ、先にも述べたように「否認→自白」の供述の変遷において問題になるのは、明らかに意識的な虚偽だといって間違いない。

ⓑ 嘘には理由がある。

嘘が「意図した虚偽」であるということは、換言すれば、嘘には必ず意識的な理由があるということである。たとえば、罪を逃れようとしてつく嘘、相手の追及をかわそうとしてつく嘘、あるいは自分の恥を曝したくないための嘘、自分を誇示し目立たせるための嘘、身内をかばうための嘘……。

「虚言癖」があるといわれる人の嘘にさえ、まったく理由のない嘘は原則的にないというべきである。人は「嘘つき」だから嘘をつくのではない。むしろ種々の理由があってしばしば嘘をつくから、「嘘つき」と呼ばれるにすぎない。それに、当然のことながら、「嘘つき」だからといって、いつも嘘をつくわけではない。あらゆることに嘘をついていたのでは、生きていくことさえ不可能になる。

また逆に、「正直」な人がいつも本当のことを言うとはかぎらない。この世に生きているかぎり、一度も嘘をついたことがないという人はいないはずである。とすれば、供述分析において大事なことは、供述者が「嘘つき」であるか「正直」であるかではなく、いついかなる時にいかなる理由で嘘をついたのかという点である。

嘘には理由があるというこの単純な命題が、供述分析のうえではきわめて重要な原理となる。つまり、嘘の理由を見ることによってはじめて、供述の変遷を一貫したものとして理解できるようになるからである。

ⓒ　嘘は空想的な作り話ではない。

このように理由をもってつく「嘘」は、単なる「作り話」ではない。現実とまったく掛け離れたところで、想像力の赴くままに作り上げた「作話」や「ほら」とは違って、いわゆる嘘は、自分の現実体験を偽り、相手に嘘を真実と思い込ませ、相手を納得させなければならない。したがって、その嘘のなかには、相手の知っている情報をうまく整合的に組み込んでいなければならない。嘘は、架空の物語とは違って、まさに現実を説明するものでなくてはならないのである。その意味で、嘘はある種の現実性をもたなければならない。

ⓓ 嘘は単発では終わらない。

嘘は現実を説明する、ただし現実を偽って説明する。しかも相手を納得させようとするかぎり、相手の追及に応じて、嘘は次々と展開していかなければならない。実際にやったことを「やらない」と言っただけで、あるいは実際にやらないことを「やった」と言っただけで、相手が納得してくれるならばともかく、刑事捜査などにおいては、厳しい究明が行なわれる以上、そんな単発的な嘘でことが終わることはありえない。やったことを「やらない」と言い通そうとするならば、「とにかくやらない」と言い張るだけでなく、「どういうふうにやっていないのか」(たとえば、問題の犯行時間帯にはまったく別のところでまったく別のことをしていたことを説明するとか)を語らなければならないし、やらないことを「やった」と言い通そうとするならば当然「どういうふうにやったのか」を具体的に説明せねばならない。つまり、嘘をつき通そうとするならば、「どういうふうに」というところまで虚偽を構築せねばならない。

ⓔ 嘘は階層的な構成をなす。

このように、嘘は一つの嘘で終わらない。必ず、嘘はその上にさらに嘘を重ねなければ、つき通せない。一つの嘘を本当らしくみせるために、第二の嘘、第三の嘘、第四の嘘が必要となる。逆にいえば、第四の嘘は第三の嘘を正当化するため、第三の嘘は第二の嘘を正当化するため、そして第二の嘘は最初の嘘を正当化するためのものである。つまり、これらの嘘の連鎖は、ただ並列されたものではなく、一種の階層性を帯びるのである。したがって、第一の嘘がばれれば、もはや第二、第三、第四の嘘は維持される必要性を失う。また、第二の嘘がばれれば、第三、第四の嘘は崩れるが、第一の嘘まで直接これによって崩れることなく、この第一の嘘をなお守ろうとするならば、崩れた第二の嘘に代わる嘘が言い立てられることになる。

ここで一つ単純な例をあげることにしよう。子どもが母親のいないすきに、冷蔵庫のなかにあったショートケーキを食べてしまったとしよう。冷蔵庫にしまっていたはずのケーキがないことに気づいた母親は、子どもに「知らないか」と問う。子どもは「知らない」と答える。もちろん、子どもは自分が隠れて食べたことを忘れたわけではない。ちゃんと分かった上で、意識的に嘘をついているのである(ⓐ)。子どもがこういう嘘をついたのは、おそらく、母親に叱られたくないという理由のためである(ⓑ)。しかし、ほかにケーキをとって食べたりする人がいないことを知っている母親は、この嘘に納得することができず、「あなたが食べたんでしょう。正直に言いなさい」と詰問する。ここで子どもが自分の嘘をつき通そうとするならば、自分の潔白を示すべく、第二の嘘をつかなければならない(ⓓ)。たとえば、「自分も外へ出て行って帰ってみたら、なくなっていた」とか、「近所の〇〇君がさっき来たときに、こっそり食べたかもしれない」とか、ともかく自分の嘘が嘘でないかのように、なんらかのストーリーを組み立てなければならない。しかも、「犬のジョンが食べていた」などという、ありそうにない荒唐無稽な作り話では駄目で、相手を納得させるだけの現実味をもっていなければいけない(ⓒ)。しかし、これでもなお母親が納得せず、「外へ行ってたと言うけど、どこへ行っていたの」とさらに詰問を続ければ、子どものほうでは、「××君のところ」というように、また第三の嘘をかさねなければならなくなる。さらに「××君とところになにをしにいったの」ときかれれば、「漫画を読みに」とかいったふうに第四の嘘をつかなければならない。こうして、相手の詰問に従って、嘘を次々と重ね、嘘の階層ができあがる(ⓔ)。他方、この嘘の山の一角が崩れれば、それによってその嘘の上に重ねられた嘘も崩れる。たとえば、この二人が話しているその時に、たまたま××君がやってきて、「××君のところへいった」という第三の嘘がばれてしまえば、当然「漫画を読みに行った」という第四の嘘もばれることになる。ただし、これだけでは「ショートケーキのことは知らない」という第一の嘘までばれてしまうことはない。母親は「なぜそんな嘘をついたのか」と、さらに厳しく糾問するかもしれないが、「自分が食べたのではない」という第一の嘘は、まだ論理的には崩れていない。子どもは、そこで「××君のところへ行った」というのとは違う別の嘘をついて、言い逃れる可能性が残されている。

この単純な例から、これまで述べてきた「嘘の特性」を理解していただけたと思う。最後にもう一点、嘘の重要な特性をあげておかなければならない。

ⓕ　嘘は仮説演繹である。

相手の詰問から逃れて嘘をつき通すためには、実は、かなりの論理力が必要である。嘘とは、現実と異なる架空の出来事を、いわば仮説的に設定して、それがあたかも現実の出来事であったかのように工作することである。したがって、現実の出来事の流れとは別に、話の筋を論理的に構成せねばならなくなる。嘘を積み重ねていけばいくほど、論理力が要求されるようになる所以である。

たとえば、○○さんのことをよく知っているひとが、「○○さんという人は知らない。会ったこともない」という嘘をついたとしよう。この嘘を通そうとすれば、その人が男であるか女であるか、眼鏡をかけているかどうか、頭が禿げているかどうかも「知らない」ということになる。つまり、実際に○○さんとは何度も会ってその人の様子をよく知っているという現実を横において、「知らない」という仮定のうえで、それならばこうなる、という仮説演繹をしなければならないのである。おそらく、この程度の嘘であれば、仮説演繹も難しくはない。しかし、子どもの嘘などは、案外こういうところで破綻してしまう。先の盗み食いの子どもの場合、たとえば母親が一計を案じて「あのケーキは四日前に貰ったものだけど、大丈夫だったかしら」と言ったとしよう。このとき子どもがしっかり嘘をつき通そうとするならば、母親のこの言葉は無視しなければならない。自分は「食べていない」ことになっているのだから、現実には食べておいしかったことを知っていても、その自分の体験的事実は、ないかのごとくに無視せねばならないのである。ところが、小さい子どもなどは、こういう簡単な偽計に引っ掛かって「大丈夫だったよ。おいしかったもの」などと答えてしまったりする。ここで子どもに要求されることは、「食べていない」という嘘をついている以上、「食べていないから、大丈夫とも大丈夫でないとも分からない」という論理的演繹を行なうことなのである。

このように嘘は、現実体験を離れて構成される仮説演繹の過程である。それゆえ、逆に嘘がばれていくのは、架空のストーリー構成が、相手の確認した情報と矛盾したり、あるいは論理的な演繹に徹しきれず、つい自分の現実体験が露出してしまったりする場合である。

以上列挙してきた諸特性を要約していえば、私たちがここで問題にしている「嘘」は、相手の入手した現実情報を説明するために、自分自身の体験的現実を意図的に偽って行なうストーリー構成であり、そこには相手の現実情報を自然に説明するだけの現実味と、そのストーリーが内部矛盾をきたさないだけの論理性がなければならないということになる。

3 供述における嘘の分析――嘘の指標を求めて

以上の考察は、嘘の一般論である。これを供述という具体的な場にあてはめて考えればどうなるであろうか。

間違いと嘘

まずⓐの「嘘は間違いではない」という点から考えてみよう。間違いとは、真実を供述しようとの姿勢をもった供述者が、もともとの体験過程で知覚し間違ったり、その記憶保持の過程で歪曲や忘却が生じたり、あるいは供述の場での表現にさいして、尋問者の問いに引きずられて間違ったり、自ら言い間違ったりするときに生じるものである。つまりそれは意識せざる虚偽である。そこには知覚—記憶—表現などの心理学的要因が働いて、本人の意識せざるところで歪みや欠落が生じているのである。したがって供述者の意識の世界のなかでは、なぜ間違ったのか、なぜ忘れたのか、本人自身了解できない。本人に間違いの理由を質しても、そのような理由を思いつかない。つまり、本人の心性（あるいは心的意味）の流れの一貫性からは、はみ出したものである。

それに対して、嘘の方は、意識的な虚偽である。意識的であるがゆえに、それは「なぜそうなったのか」の理由が、本人にもはっきり了解されている。つまり心性の流れの一貫性のなかにおさまるものである。

そこで、ある供述が虚偽であるとわかったばあい、それが単なる間違いなのか、意識的な嘘なのかの判別が問題となる。この点について、微妙なケースもなくはないが、だいたいにおいては両者をほぼ正確に判別できる。一般的にいえば、体験全体の流れのなかで断片的、末梢的でしかなく、その部分が変化しても流れ全体に変化を生じない部分には、知覚—記憶—表現レベルで間違いが生じやすく、それに対して体験のなかの必須部分をなしていて、そこが変わると流れ全体が変化せざるをえない部分には、間違いが生じにくい。

石川さんの自白から一例をとろう。脅迫状には一度書いたのちに訂正した痕があったことは先に述べた。石川さんは単独犯行を全面自白してから、その自白のなかで「善枝さんを殺害したあと、身代金の受渡し場所と日時を訂正した」とし、そのとき用いた筆記具はボールペンであったと供述している。ところが、裁判が第二審にまですすんでから、この訂正箇所は万年筆あるいはペンで書かれたものであることが明らかになったのである。この点で石川供述は、事実と一致しない。では、これは単なる間違いなのだろうか。それとも嘘なのだろうか。

訂正を行なうさい、その場に、もしボールペンと万年筆がともにあって、いずれも同程度に使用しうる状態であったとすれば(たとえば、私たちが書斎で手紙を書くとして、手元にボールペンも万年筆もいずれもあり、しかも普段どちらでも手紙を書いたりしているといった場合を考えてみればよい)、手紙をボールペンで書くか万年筆で書くかは、手紙を書くという体験の流れにおいてはどちらでもよい問題である。したがって、のちになってこれを思い出して供述しなければならなくなったとしても、正確に供述できずに、間違う可能性は大きい。しかし、石川自白の脅迫状訂正の場合には、「ボールペン」で書いたとなれば、その日朝からボールペンを身につけていたのでなければならず、しかも本人は普段そうした筆記具を身につけるような生活をしていなかったことは明らかであるから、この日に限って身につけていたとすれば、彼の体験の流れのなかでは特異な出来事として意味づけられていたはずである。他方「万年筆」で訂正したということになれば、被害者の鞄の中の筆入れから取る以外には入手方法はないのであるから、当然、どこかの時点でわざわざ被害者の自転車を立てていた所まで行って、荷台から鞄をはずし、中をあけて、筆入れをとり出して、そこから万年筆をとらなければならない。このように、ボールペンで訂正するか、万年筆で訂正するかによって体験の流れが大きく変化せねばならない。それゆえ、この点の供述の虚偽が、単なる間違いである可能性はまずない。つまりほぼ嘘だと断定してよい(すでに全面自白している段階で、なぜこんな些細な嘘をつかなければならなかったのかが、実は問題となる。真犯人が少しでも自分の罪状を軽くしようとしてついた嘘だとは、とても思えない。ではこの嘘はいったい何なのか。この点は、次項の問題に関わるので、ここでは触れないで、のちにゆずることにする)。

一般に記憶に残りにくいものとして、出来事の筋道ではなく「外部的な事実面の事情」たとえば「出来事の日付・時刻・曜日・場所」などがあげられたり(A・トランケル『証言のなかの真実』邦訳二九頁）、人物の衣服の色などは、人の目に広くふれるものだが、記憶にはとどまりにくいとの実験結果が提出されているのも(植松正『新版供述の心理』一三九頁)、これらが体験の流れのなかに必須の部分として組み込まれておらず、前後の流れと一定の意味連関をなすことがないためである。人間の知覚や記憶が、けっして断片の寄せ集めの知覚、記憶ではなく、つねに一定の意味の知覚であり、記憶であることは、心理学上の大原則である。この知覚・記憶の意味連関のなかにあてはめて考えれば、単なる間違いか嘘かは、ほぼ判定することができる。

二つの嘘――虚偽否認と虚偽自白

さて、単なる間違いから区別して嘘を取り出してきたとき、次に問題になるのは、その嘘の性格である。これまで何度も述べてきたように、嘘は意識的なものであるがゆえに、供述者の意識世界のなかで、何らかの理由をもつ。つまり、どんな嘘であれ「なぜ嘘をついたか」をその人の心性に即してみれば、必ず意味的に了解できるはずである。たしかに現実的には、第三者の目にはよく分からないように思える嘘もある。しかし、少なくとも嘘をついた当人の中では必ず何らかの意味があり、理由があると考えるのが、人間理解の大前提である。

ここで取調べという場での嘘、つまり供述の嘘については、その理由を二つにわけておかねばならない。ひとつは、真犯人が罪をのがれようとしてつく嘘、あるいは罪を軽くしようとしてつく嘘である。もうひとつは無実の人間が、供述の場のなかで追いつめられて、どうしようもなくなり、ともかく拘禁状態を免れ、取調官と対峙して追及される状態から逃れたい一心から、やっていない罪を自らひっかぶってつく嘘である。前者の虚偽否認は、自白してしまえば刑罰に服さねばならぬという未来を避けるための嘘であり、後者の虚偽自白は取調べを受けつづけている現在の過酷から逃れるための嘘である。この二つはまったく性格の異なる嘘であって、同列に論じることはできない。

虚偽否認と連動的虚偽

そこでまず、真犯人が自分の犯した罪を否認する嘘から考えてみよう。

一般に、犯行を否認するばあい、ただ「やっていない」と言うだけではすまない。取調官に「やっていない」ことを納得させるために、弁解せねばならない。つまり、前項の嘘の理論で述べたように、嘘を貫こうとすれば、単発で終わらない。たとえば、取調官が入手した証拠・情報から、現実の犯行の流れがたとえば、

Ⓐ—Ⓑ—Ⓒ—Ⓓ—Ⓔ—Ⓕ……

というふうになっているとしよう。これら全体をひっくるめて「自分はやっていないのだ」と主

張するだけでなく、個々のⒶ、Ⓑ、Ⓒ……を否定するのでなければならない。つまり、犯行の各構成要件をできるだけ否定して、自分の犯行の秘密を守らねばならない。もちろん、そのさい取調官がすでに確認してしまっている情報まで否認すればかえって疑われるであろうから、相手がどこまで情報を入手しているかに気を配りながら、各構成要素をできるかぎり否定していく。たとえば、犯行時間に犯行場所に居たことが犯行の必須要件となるが、これを否定するために嘘のアリバイを申し立てる。あるいは、怨恨がらみの殺人とおぼしき事件で、自分には犯行の動機がないと主張し、被害者との間の関係が良好であったとの嘘を申し立てる。また犯行に用いられた凶器を、自分で入手しえる位置になかったことを申し立てる……などなど、それぞれの要件に対して、可能な範囲で嘘の否認を行なう。これは犯行の実態が暴露しないための防衛的な嘘である。真犯人の嘘の否認には、必ずこうした否認が伴う。自分はやっていないという嘘を貫くために各構成要件に対してつく嘘を、連動的な虚偽、あるいは連動的な否認と呼ぶことにしよう。

この連動的虚偽が強く認められれば、その否認が嘘である可能性(つまり、それだけこの供述者が真犯人である可能性)は高くなるといってよいかもしれない。ただ注意すべきことは、こうした連動的虚偽が認められたからといって、必ずしもその人が真犯人とはいえないことである。たとえば、故なく疑われることをおそれて、無実の人間が、曖昧なアリバイをとりつくろい、嘘のアリバイを申し立てることは、十分ありうる。

他方で、取調官がつかんでいない情報について、被疑者が自分に不利なことでも平気で言うような場合、つまり、真犯人ならば取調官に知られたくないような事実について、連動的に否認せずに、自ら自発的に供述するようなばあいは、その被疑者が無実であることを、ある程度示唆しているといってよい。つまり、真犯人であれば警戒しそうな点について、被疑者が無防備であればあるほど、その人物は無実である可能性が高い。

このように連動的虚偽の有無、その特徴は、その否認供述の真偽判定の一指標として用いることができる。

虚偽否認の崩壊過程――嘘の階層性

嘘とは、相手が知らない現実について、それを偽って言うことである。ところが、相手が知らないつもりでいたら知っていたり、あるいは後に別のルートから相手に分かってしまったとき、その嘘は崩れる。たとえば、嘘のアリバイを申し立てていたのが捜査官の裏づけ捜査でばれてしまったり、怨恨関係などないと動機を否定していたところが他の調査からばれてしまったり……。そのように犯行の各構成要素に対する嘘がばれたとき、あらたに別の嘘を言って取り繕うことができればそうする。たとえば、再度別のアリバイを申し立てるとか……。しかし、どうにも取り繕えなくなれば、その部分は少なくとも認めざるをえなくなる。アリバイなどは、それがないというだけでは犯行を行なった証拠にならないが、取調官の追及によって犯行の少なくとも一部を担ったことが暴露されてしまう場合はどうであろうか。

被疑者（このばあい真犯人とする）の防衛的な姿勢が弱ければ、嘘の犯行否認の一部が崩れただけで、一気に全面自白に陥ってしまうかもしれない。しかし、気をしっかりもって頑張れば、認

図12　虚偽否認の崩壊過程

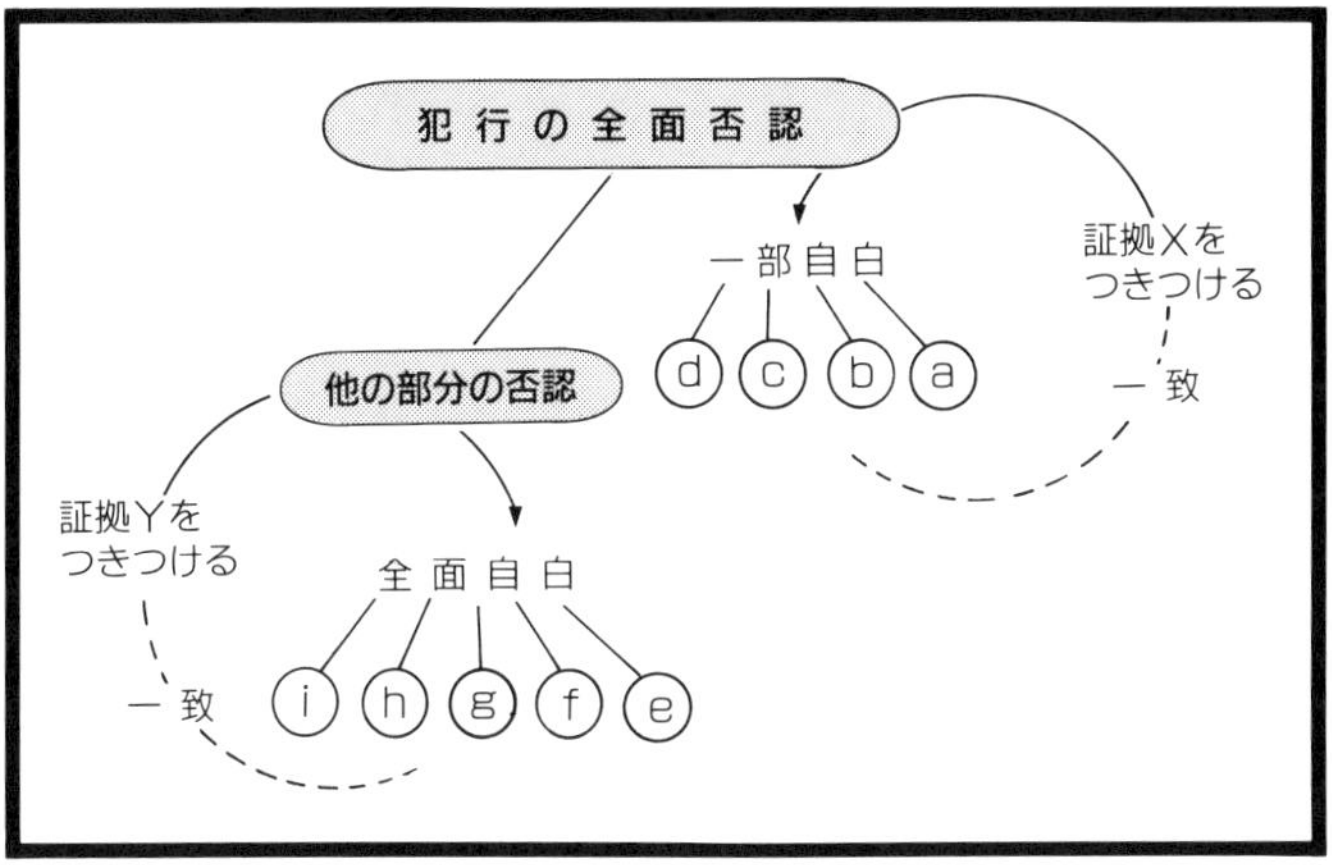

めざるをえない部分のみ一部自白して、取調官が証拠を把握していない部分についてはなお否認をつづけることもありうる。そして、さらに決定的な証拠をつきつけられ、あるいは否認の非をさとされて取調官の説得に負ければ、最終的に全面自白に至るということになる。

このように虚偽の否認が崩れるとき、一挙に崩れるばあいもあれば、一部自白を経て全面自白へいたるばあいもある。ところで、私が注目したい点は、この虚偽の崩れ方の特徴である。たとえば、石川さんの供述のばあいも、否認→一部自白→全面自白という経過をたどっているのだが、これを一般論的な形で、分かりやすいように図式化して考えてみよう（図12）。真犯人が証拠をつきつけられて一部自白せざるをえなくなったばあい、その自白内容ⓐⓑⓒⓓはつきつけられた証拠Xと一致せねばならない。嘘とは相手が知らない現実について相手をあざむくことであるのだから、取調官がまだ知りえていない情報についてはなお秘匿しておく可能性はあるが、取調官からすでに確証済みの証拠や情報をつきつけられて、これを認めざるをえなくなったばあい、少なくともその部分については、もはやこれを偽る理由はない。

たとえば、石川さんは六月二〇～二二日までの一部自白で、脅迫状作成と脅迫状投入、鞄などの埋棄、スコップの窃盗のみ認めたうえで、他の強姦・殺人・死体遺棄を否認し、これについては共犯者がやったと供述している。石川さんが真犯人であれば、この時点で否認している他の部分はともかく、たとえば脅迫状の作成を認めた以上、脅迫状の細部に関して尋問されたならば、まだ隠蔽している犯行部分に差しつかえないかぎり、供述せざるをえない。取調官が脅迫状の原物を手元に入手していることは明らかであるから、その脅迫状を書いたと自白したならば、その脅迫状文面にあらわれた細部について、偽る理由はもはやない。たとえば封筒が書き換えられたり、文面にも訂正があることなど、「自分が書いた」と言った以上、偽ることはできない（ところが、後に見るように石川さんの供述にはこの点に明らかな虚偽が含まれている）。これは前項で述べた嘘の階層性に関わる問題である。大きな嘘が崩れれば、よほどの事情がないかぎり、そのなかに含まれる小さな嘘も崩れるはずなのである。

逆にいえば、犯行構成要素の大きな部分を自白していながら、そのうちの細部に明らかな虚偽が含まれているばあい、その虚偽に理由がないかぎり、それは虚偽自白である可能性が高いといえる。無実の人間のばあい、大きな部分で偽って自白をしても、実際にはそれを体験していない以上、その細部を具体的に話せるはずがない。やむをえずマスコミ情報や、それまでの取調べで聞き知った情報をもとにして想像をめぐらして供述しても、当然そこには間違い＝虚偽が入り込む。真犯人に扮して虚偽の自白をすること自体は嘘なのだが、この嘘が現実とうまく合わないのは、偽って身を守るためではなく、ただ彼自身の想像力が及ばなかったというにすぎない。つまり真犯人に扮して嘘をつこうとして、つきされず間違うという、いわば「嘘の間違い」なのである。

このことはもちろん、一部自白のばあいのみならず、全面自白にも成り立つ。取調べの対象となっている嫌疑を認めてしまったとき、なおその自白内容に、証拠に照らして虚偽が見出されるばあい、それが意図せざる誤謬でないかぎり、そこには納得のいく理由がなければならない。理由のない嘘がなお自白のなかに混在するとき、私たちはそれが虚偽自白ではないかどうか疑わねばならない。人間の心性の流れは意味の脈絡であって、理由のない嘘は本来ありえないからである。

ここのところで、ついさきほどの例にあげた「脅迫状をボールペンで訂正した」という石川自白の虚偽のことが思い出されるであろう。すでに述べたように、この虚偽は単なる記憶違いではありえない。かといって、すでに全面自白してしまった段階でこんな末梢部分の嘘をつかねばならぬ理由はまったくない。とすれば、いわゆる「嘘の階層性」に反するこの虚偽には、無実の人間が嘘の自白をしようとして間違った、「嘘の間違い」の一例を見ることができる。

このように、否認から自白へ至る過程の供述の虚偽に対して、嘘の階層性の原則をあてはめることで、その真偽を判別することができる。これもまた供述分析の一つの方法となる。

虚偽自白――自ら真犯人に扮する悲しい嘘

さて次に、無実の人間が行なう虚偽自白がどういう特徴をもつかについて考えてみよう。虚偽自白については、そのメカニズムが十分解明されていないがゆえに、いろいろな誤解がある。その最たるものは、無実の人間が自らすすんで罪を認めるわけはないから、虚偽自白があるとすれば、それは必ず取調官から押しつけられたものであるはずだという見方である。

残念ながら、こうした見方が、法曹界においても固定観念のように流布している。冤罪を主張する人も、否定する人も、とかく単純に自白が「デッチあげ」であったかなかったかの議論に終始しがちである。こんな固定観念にとらわれているかぎり、虚偽自白を正しく理解することはできない。

図13

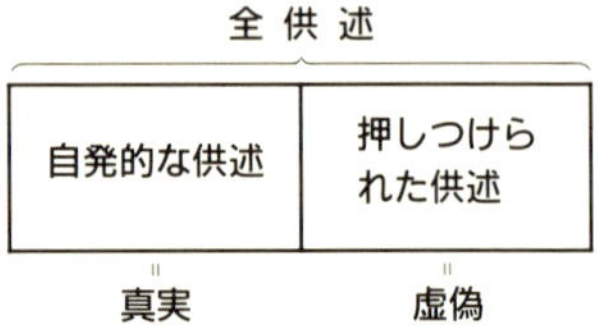

虚偽の自白を、取調官が被疑者に犯行筋書を教え込んで仕組んだデッチあげであると考えれば、反対に被疑者の側で自発的に供述したものはすべて真実だということになる。つまり虚偽＝取調官が押しつけ・デッチあげた供述、真実＝被疑者が自分から言い出した供述、という単純な二元論で、供述の真偽が判定されることになる。**図13**のように、全供述を「押しつけられた供述」と「自発的な供述」に二分して、前者を偽、後者を真とするわけである。

本件の判決から一例をあげよう。石川さんは単独犯行を自白しはじめて二日目の六月二五日に、善枝さんを殺害したあと、農道に埋める前にいったん芋穴のなかに死体を吊して隠したと供述しはじめている。死体発見後、死体の足首を縛っていた細引紐に付いていたビニール片に付合するビニール風呂敷が、すぐ近くの芋穴から見つかったことから、芋穴と犯行との関連が疑われていたが、それ以上のことは何も分からない。芋穴に死体を吊して隠したなどという自白がどうしてできたか、第二審で石川さん自身が弁明しているが、寺尾裁判長はこれをとりあげて次のように判示している。

　所論（注・弁護側の弁論）は、取調官らは捜査の結果判明した関連性のない事実を勝手に結び付けて芋穴に死体を吊り下げたという想定をし、これを被告人に押し付けて自白させたというのである。

　しかし、被告人は当審（第二六回）において、弁護人の「どういうことから死体を芋穴に吊るしたというようになったのか。」との質問に対して、死体の足に縄が縛ってあったらしいんですね。最初にそれを車で運んだろう。それでずって傷になったんだろうといわれました。それから多分一人でやったといってからだと思いますが、その縄について答えられなくて、穴蔵に吊るしたといいました。そうしたら、穴蔵に吊るせば、死んでいても生きていても鼻血が出るわけだから、そんなことはないといわれました。これは何回もいわれたです。だけどほかに縄が入用なところはないので、ただ穴蔵に吊るしたと頑張りました。」と答え、また、弁護人の「見せられた縄はかなり長い縄だから、何に使ったのかといろいろきかれて、結局穴蔵に吊るすのに使ったと自分で考え出していったわけか。」との質問に対して、「そうです。子供のころ遊んでいて穴蔵があるということは知っていました。それから今思い出しましたがビニールが穴蔵に入れてあったと警察でいいました。それで穴蔵に下ろしたといったと思います。」と答えており、これをみると、被告人自身取調官から不当な誘導がなされたために、死体を芋穴に隠したと供述せざるを得なかったとは言っていないのである。そして、荒縄を用いて死体を芋穴に隠し、その一端を芋穴の近くの桑の木に結び付けたというような手順などは取調官において誘導のしようもない事柄であり、また、その下で死体を一たん芋穴に隠そうと考えたという檜が存在することなどは取調官において被告人が言い出さない限り知る由もない事柄である。

寺尾判決は、このように供述が取調官から強制誘導されたものではないから、信用できるのだという。しかし、自発的に供述したということと、それが真実だということとはまったく別問題である。寺尾判決はこの点への洞察にまったく欠けているといわざるをえない。他方で、弁護人の側でも、石川さんの供述が真実でないのは、それが取調官から押しつけられ、あるいは誘導されたからだとする固定観念がうかがわれる。しかし自分から言い出せば真実であると考えるのも、また虚偽であるのは強制、誘導があったからだとするのも、いずれも間違いである。

取調官にしても、自分たちの調べている被疑者を無実と知ったうえで罪を押しつけるなどということは、なかなかできるものではなかろう。彼らは、被疑者を真犯人とみなして自白を勧め、自白をせまるかもしれぬが、自ら考えた事件筋書をそのまま鵜呑みにさせるようなことはまず考えられない。むしろ取調官が被疑者を犯人であると信じるためには、その被疑者が本当に犯人として供述してくれたと思えなければならない。取調官の言うがままにそっくり口移しに筋書を呑み込んだだけでは、取調官としても真犯人だという自信がもてまい。無実の人間が追及に屈して嘘の自白をするときでも、単に「自分がやった」というだけでなく、文字どおり自ら真犯人として犯行を語ってくれなければ取調官は納得できない。開きなおって「どうせやったんですよ。あんたの言うとおりに供述しましょう」と言ってしまったのでは、合点がいかないはずである。取調官は少なくともその主観的意図においては、真犯人を求めているのであって、真犯人を作ろうとしているのではない。無実の人間を虚偽自白に追い込むのは、多くのばあい、取調官の悪意ではなく、むしろ彼らの熱意なのである。このことを見誤るならば、虚偽自白の真の姿を見抜くことはできない。

他方、被疑者の側にしても、自分が犯したのではない罪をやむなく自白してしまうとき、単に「自分がやった」と言うだけではすまない。そう言っただけでは取調官の追及が終わらない。「やった」と言った以上、こんどは「どういうふうにやった」かまで語らなければならない。しかも、それは取調官が突きつけた証拠を十分に説明するものでなければならない。なにしろ、取調官の追及を終わらせるためには、彼らを納得させねばならないからである。かくして、無実の人間が虚偽自白を行なうとき、彼はいわば真犯人に扮する。そうして突きつけられた証拠・情報を自らの想像力によってつなぎ合わせ、自発的に虚偽の供述を作りあげる。たとえ拷問によって責められて虚偽自白に追いつめられた場合でさえ、単に「やった」ということを自認するのみならず、そのうえで犯行全体の筋書を語らねばならないのであって、そこでは単に教えられたストーリーを反復するのではなく、自らを真犯人に擬して、取調官の納得する筋書を構成せねばならない。

その筋書構成の過程は、単に取調官の押しつけではなく、少なからず自らの自発的な構成によらざるをえないのである。

したがって、自分の方から犯行筋書を供述したとしても、そのことはけっして真実性の証にはならない。このように考えれば、図13に示した供述の二元論は、**図14**のように書き改めねばならない。理屈のうえでは「取調官の側のまったくの押しつけによる供述」や「被疑者の側のまったくの自発性による供述」も考えうるが、現実には供述はつねに取調官と被疑者の相互作用によるものである。それは被疑者が真犯人であろうと、無実であろうと、いずれについてもいえることである。このように考えれば、虚偽自白＝デッチあげ、真実自白＝自発的、という二元図式の誤りは明らかであろう。

図14

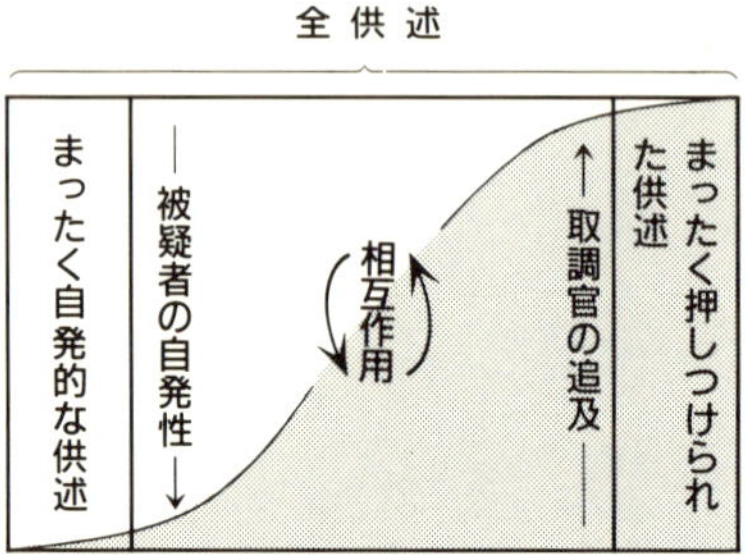

虚偽自白の指標――体験と構成

さて、では無実の人間が行なう虚偽自白は、真犯人の真実の自白と、どこがどう異なるであろうか。虚偽自白は、前述したように、単に取調官から強制・誘導されて呑み込まされたものではなく、むしろ被疑者がいわば主体的に自らを真犯人に擬して行なう想像＝構成の産物である。

ここで、前項にとりあげた「嘘は仮説演繹である」ⓕというテーゼがとりあげられねばならない。つまり、虚偽自白では、無実の人間が「自分が真犯人ならば」という仮説を立てて、そのうえで取調官から突きつけられた諸証拠をつなぎ合わせ、犯行筋書を想像的に構成するのである。もちろんこの構成の過程は、一気になされるのではなく、取調べの過程のなかで、取調官からの尋問・応答を通して徐々に形を整えていくものであるから、それはいわば〈被疑者―取調官〉の共同作業であるともいえる。

真犯人に扮して「自分が真犯人ならば」という仮説を立てて考えても、そうそう簡単に犯行筋書の細部まで演繹構成することはできない。そこで筋書の細部にわたって、さらに「この証拠がこうなっているならば」という仮説を立てて、その仮説にもとづいてその細部筋書を構成していくというふうにならざるをえない。「自分が真犯人ならば」というのをいわば大仮説とすれば、その下にさらに小仮説―演繹を重ね、そこから全体の犯行筋書が出来あがるという具合に進行するのである。

それゆえ、ひとつの仮説演繹が現実の証拠と矛盾したり、他の仮説演繹と齟齬したりすれば、その仮説をいったん修正して、別の仮説を立てる必要もでてくる。つまり、虚偽自白では、一気に犯行の流れが吐露されるというのではなく、むしろ論理的な構成が試行錯誤的に進行して、矛盾の多い供述から、それなりに整合的な供述へと変遷していくという特徴をもつはずである。そして時には、その変遷過程のなかに大きな仮説変更の痕を残すこともある。

それに対して真実の自白は、犯人自身の体験の記憶にもとづいている。そこでは知覚・記憶・表現の各過程に論理的な整合化の過程が働くことはあっても、基本的には時間の流れに沿って蓄積された体験記憶を、その流れどおりに引き出すことによって自白がなされる。そこでは「こうであるならば……こうなるはずだ」という仮説演繹の過程とは無縁であり、「こうした」「こうするのを見た」という直接話法的な叙述で語られ、それで十分に矛盾のない犯行筋書となる。そうなれば、そこには仮説演繹的な供述変遷の痕は残らない。もちろん記憶・表現の修正、変更は行なわれるであろうが、大きな筋書の変更などは起こらぬはずである。

ただし、真犯人であっても一部自白のばあいには、そこに一部の嘘が混じらざるをえぬ以上、仮説演繹の過程が入り込む。つまり、「この一部のみを自分がやったのだとすれば」という仮説を立てて、そのうえで捜査官から突きつけられた諸証拠を、自分の体験した犯行筋書とは違う形でつなぎ、説明せねばならない。

この仮説演繹は、無実の人間の虚偽自白における仮説演繹とはまた異なる。無実の人間の虚偽自白においては、当該の犯行についてはは無実であり、いわば白紙であるから、突きつけられた証拠をつなぎ合わせて、この白紙のうえに犯行筋書を描く。もちろん「自分が真犯人になる」のであるから、現実の自分を一応の下敷にして、自分に出来うる能力、自分が当該犯行日にやったと確認されている体験を前提にする。それゆえ、まったくの空想物語を架空に描くわけではないにしても、少なくとも犯行そのものについては白紙で臨まざるをえない。

それに対して、真犯人が一部自白して、一部を否認するばあい、事情はやや複雑になる。自分が実際にやった犯行をまったく白紙にして考えるわけにはいかず、かといって実際の犯行そのままには言えない。つまり、自分の体験した犯行事実を一応下敷にしつつ、その一部のみを認めた形に、その下絵をなぞりなおし、しかもそれによって取調官を納得させねばならない。したがって一部自白の仮説演繹は、取調官がつきつける証拠・情報と、自分自身の犯行の体験の両方を考慮したものでなければならない。

換言すれば、真犯人の一部自白の犯行筋書は、取調官から突きつけられた証拠・情報（あるいはそこから取調官が推論した考え）と、自分自身の実際の犯行体験記憶という二つの変数によって構成される関数だということになる。それゆえ、この一部自白を含んだ虚偽の犯行筋書は、実際の犯行体験のなにがしかを反映したものとなる。前項の理論でいえば、「嘘は空想的な作り話ではない」ⓒのであって、ある一定の現実性をもつものなのである。

たとえばかりに石川さんを真犯人としたばあい、その一部自白（三人犯行自白）の形成は図15のような形で考えられることになる。しかし、はたして石川供述の一部自白が、そのように自分自身の犯行体験を背後にもつものなのか、それとも白紙から描いた犯行筋書なのか、ここにも私たちの着目すべき問題点がある。

図15　三人犯行自白の形成に働く二つの変数（真犯人の場合）

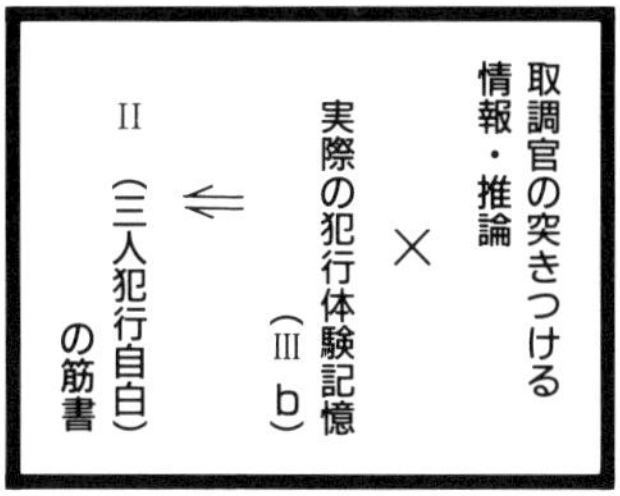

まとめ——各時期の供述に対する分析目標

さて、私たちの手元に与えられたデータは、第一部で整理したように

①各時点で捜査側が入手していた証拠・情報と、
②石川さんの否認（Ｉ）から全面自白（Ⅲｂ）にいたる供述全体の流れ、

図16　二つの仮説

仮説1　無実のばあい

取調官の入手情報・事件仮説
×
犯行に関わる体験なし
⇒
石川さんの供述の流れ

仮説2　真犯人のばあい

取調官の入手情報・事件仮説
×
Ⅲbの筋書の犯行体験
⇒
石川さんの供述の流れ

の二つである。私たちの分析・推理の作業はこの二つのデータから、石川さん自身の真実の体験が何であったかをみきわめることである。つまり、石川さんは問題の一九六三年五月一日、善枝さん殺し事件と無関係であったのか(仮説1)、それとも検察官が主張し、裁判所が認めたように石川さんこそ真犯人で、最終段階での自白内容(Ⅲb)どおりの犯行を行なっていたのか(仮説2)、この判別が課題となる。この二つの仮説を図式的に示せば**図16**のようになる。前に図5(三二頁)でも述べたように、

取調官の入手情報・事件仮説×被疑者の体験・選択＝供述

という関数関係として供述を捉えたとき、そのなかの被疑者(石川さん)の体験がいわば未知数となる。そこで、この未知数に「犯行に関わる体験なし」を代入するばあい(仮説1)と、「Ⅲbの筋書の犯行体験」を代入するばあい(仮説2)とで、どちらがよりよく石川さんの供述の流れを説明できるか、これが私たちの問題だといいかえてもよい。

以下、おのおのの時期について、私たちはこの両仮説の適合度を検討することになる。各時期について特に注目すべき点を、これまで述べたところからまとめてみよう。

否認期(Ⅰ)――連動的虚偽の有無、およびその内容を検討する。

一部自白＝三人犯行自白期(Ⅱ)――この時期の自白が、無実の人間の構想した仮説演繹か、

それともⅢｂの犯行体験をもつ人間の構想した仮説演繹か、いずれがより適合的かを検討する。

全面自白＝単独犯行自白期（Ⅲ）——Ⅲａ からⅢｂへの変遷が、Ⅲｂを犯行体験としてもつ人間の供述変遷と考えるか、それとも無実の人間が、突きつけられた証拠・情報にあわせて試行錯誤的に仮説演繹した結果と考えるべきかを検討する。

このような方法意識によりながら、以下私たちは石川供述全体をひとつの流れとして理解すべく努めることになる。

第2章

虚偽への転落の痕

1　否認期の供述分析

実際に犯行を行なった真犯人でも、警察に逮捕され、取調べを受けた時点で直ちに自白するわけではない。一般にはむしろ、最初は否認するものと考えた方が自然である。しかし他方、真実犯行を行ない、その嫌疑で逮捕され、追及を受けながら否認しつづけるのも、また難しい。そのためであろう、「一般に殺人事件の被疑者の取調べでは、その大部分は三、四日以内に自供がえられている」という（渡辺昭一、鈴木昭弘「黙秘または否認した被疑者の自供に至る心理過程」『科学警察研究所報告――法科学編』一九八五年38巻1号45頁）。これを基準にしてみれば、石川さんが五月二三日の逮捕から六月二〇日の一部自白まで一ヵ月近くも否認を続けたのは、真犯人とすれば否認期間が例外的に長いといえる。現に石川さんの逮捕直後の新聞にも、警察幹部が「自供までは五、六日かかるものとみている」と述べた（五月二六日付東京新聞に掲載された中刑事部長の言）との報道がなされていた。しかし彼らの期待は裏切られ、石川さんは長く否認を維持しつづけた。ただ、もちろんこのことだけで、彼の否認が真実であったと断定できるわけではない。

真犯人が自分の罪を隠して否認するという嘘には、刑罰を逃れ、社会的面子を保つという立派な理由がある。それだけにこの嘘は、誰にでも十分了解できる嘘である。だからこそ、人が警察に逮捕されて、否認をつづけると本当は真犯人なんだが、刑が怖くて否認しているんだといった形の理解が、通用しやすい。石川さんのばあいにも、そうであった。しかし、石川さんの否認供述を、その具体的内容にまで立ち入って、細かに見ていくと、真犯人の嘘の供述とは思えない点がいくつも浮かびあがってくる。

アリバイ工作

ひとつは、彼の行なったアリバイ工作である。先に述べたように石川さんは、逮捕翌日の五月二四日、実質的な取調べの最初に、自分は午前八時から午後四時まで兄六造と一緒に近所のMさん宅で仕事をしていたと供述している。また逮捕二日前の五月二一日にも、狭山警察所長宛の「上申書」として、まったく同じ内容のアリバイを申し立てていた。このアリバイ申立てに対して警察がただちに裏付け捜査に走ったことは当然で、その結果であろう、二三日の逮捕時点ですでに警察は、石川さんのアリバイが不明であることを容疑理由のひとつとしていたし、また逮捕後、二四日一通目の調書でアリバイ供述をし、その同じ日の二通目の調書で、早速、このアリバイが嘘であったとばれてしまっている。

嘘のアリバイを申し立てるというのは、先に私たちが述べた連動的虚偽の典型であるようにみえる。その意味ではこの嘘のアリバイ供述は、石川さんが真犯人であることを示唆していることになる。ところが、アリバイ工作の中味をよく見てみると、真犯人の犯行否認に伴う連動的虚偽とはいえない側面が、そこにみえてくる。ひとまず、供述のなかで石川さんがこのアリバイ工作にいたった経緯について述べているところを調書から拾ってみよう。

・私が何故その様なうそを申上げたかと言いますと堀兼の中田善枝さんと言う娘が入間川の高校へ来ていてその帰りに誰れかに殺されて、私方より約三百米位はなれた東方の農道に埋められて仕舞ったと言う事件が有り、私が丁度その日遊びに出て夜七時三十分頃雨にぬれて帰って来たのを父親が知って居て心配し、お前疑われては大変だから近所のMさんの家へ兄の六造と鳶仕事に行っていたとアリバイを作っておけと言われたので、私もその気になり、今日迄警察の刑事が来て聞かれてもその様にお話しておりました（五月二四日員②）。

・私のアリバイについて兄の六造から五月一日の日は近所のMさんの処へ鳶仕事に行って居た事にしておこうと言う話しをされた事について正直にお話し致します。それは五月三日か四日の頃の夜のことでした。初め父ちゃんが堀兼の女学生殺しの事で世間がうるさいから警察が聞きに来たら兄ちゃんと一しょに近所のMさんの処へ行って仕事をしていた事にしておけと言われたので私もその日仕事をしていないので、ついその気になりそう言おうと思いました。それから二、三日過ぎた五月六、七日頃家の中でおい一夫五月一日はお前と俺と一しょに近所のMさんの処で働いた事にしておくからなと申しますので私はその時あんちゃんそれではそう言っておいてくれとお願いしたのです。そんな訳で父ちゃんと兄ちゃんが何時何処でその話しをしたか私には判りませんが二人で話し合ってくれた事は間違い無いと思います（五月二六日員）。

これ以外に五月二八日員、六月一日検の二通の調書に、アリバイ工作に関する同様の供述がある。そこでは、アリバイ工作の話をした日や、父と兄と自分との間でなされた話の順序に多少ずれはあるものの、本事件が世間に知られて石川さんの家の周辺でも刑事の聞き込みが盛んになった頃、彼が五月一日仕事に行かず遊びに出ていたことを心配した父親が「兄と一緒に働いていたことにしよう」とのアリバイ作りをしたという点では一貫している。

アリバイ工作の事実だけを取り出してみれば、どこか後暗いところがあるからそうしたのではないかと思えてくる。つまり、アリバイ工作自体がクロの心証につながる。ところが、石川さんの場合、アリバイ工作そのものが、むしろ彼が真犯人であるという仮説に疑問を投げかける。実際、彼が真犯人で、先にみた単独犯行自白期（Ⅲｂ）の供述の筋書通りのことを実行していたと仮定すれば、いまとりあげているこのアリバイ工作は、あまりにも杜撰で腑におちないのである。

第一、なぜこんなすぐ足のつきそうな単純なアリバイ工作をやったのかが疑問である。本当に重大な犯罪をおかして、警察の取調べがいまにもあるかもしれないという切迫した事態に追いこまれたとき、真犯人ならば、自分のアリバイを証すための手をいろいろ思い巡らすはずである。ところが、石川さんの申し立てた嘘のアリバイは、どこからどう見てもあまりにお粗末である。裏づけ捜査をやれば直ちにばれてしまう。ばれればかえって疑われる。そういうことが見え見えのものでしかない。この単純至極なアリバイ工作からは、およそ切迫した真犯人のイメージが浮かびあがってこない。

もう一点、大きな疑問がある。石川さんがもしⅢｂどおりの犯行をやったとすれば、問題となる犯行時間帯は、被害者善枝さんと出会ったとされる午後四時前から、脅迫状を投げ込んで（七時半すぎ）、善枝さんの死体を埋め終わる午後九時すぎまでとなる。そして、アリバイを工作しようとするならば当然、この犯行時間帯を意識する。それゆえ真犯人ならば、この四時まえから九時すぎまでのアリバイを気にしているはずで、なんとかそこを別の嘘の行動で埋めようとする。これは当然のことである。それなのに、石川さんのアリバイ工作は「午前八時から四時まで」なのである。これでは犯行時間帯とアリバイ工作した時間帯がほとんど重ならない。これはいったいどういうことなのであろうか。四時まえから九時すぎまでのうちほんの一部でもアリバイが埋められれば、捜査網からはずれるとでも思ったというのであろうか。いや、捜査におびえる真犯人ならば、そういう中途半端なアリバイ工作で安心できようはずはない。

このように、もし石川さんが真犯人ならば、どこからみてもあまりに杜撰という以外にないアリバイ工作である。他方、もし彼が真犯人でなければ、犯行時間帯も世間の風評やマスコミ情報から推測する以外にないわけだし（実際、善枝さんの下校時刻が三時半ころ、脅迫状投入が午後七時半すぎという以外には、犯行時間帯をうかがわせる情報はなかった）、漠然と善枝さんが行方不明になった五月一日のアリバイがいるんだというふうに思ってもおかしくない。とすれば、当日ブラブラしていて疑われる可能性が大きいところを埋めるべく、「その日は仕事をしていたんだ」という程度のアリバイで十分安心できたと考えられる。いずれにせよ、およそ焦点の定まらぬ緊迫感に欠けたアリバイ工作のイメージと、真犯人のそれとが重なり合わない。つまり、真犯人だからアリバイ工作までしたのだ、とはとてもいえない。犯人ならば、少なくとも午後四時ごろ以降のアリバイが問題となることをはっきり知っていたはずである。とすれば、その午後四時までのアリバイを申し立ててアリバイ工作をしたつもりの人間を、はたして真犯人だといえるだろうか。

その他の連動的虚偽について

真犯人が全面否認しているとき、その否認は当然、嘘である。そしてこの嘘は、単に問題の犯罪行為を「やっていない」と言うにとどまらず、この犯罪行為の結果残した諸々の証拠物に対しても、否認や嘘を伴うのが普通である。そうしなければ「やっていない」というおおもとの嘘をまっとうすることができない。前述したように、嘘は、まっとうしようとするかぎり、ひとつでは終わらないのである。犯行に用いた道具や行為の様子を真実に近い形で突きつけられたとき、真犯人ならば、これに対して当然防衛的に振る舞うはずであるし、そこには嘘も歪曲も混じるはずである。

石川さんの否認期供述にそういう痕跡が認められるだろうか。いや、むしろ反対に、証拠物を突きつけられたときの石川さんの供述の様子は、いかにも無防備にみえる。また、IIIbの筋書に出てくる証拠物で、否認期Iにすでに石川さんに問い質されているものを、一つひとつ検討しても、そこにも嘘らしきものを見出せない。つまり、真犯人の虚偽否認に特徴的に見られるはずの防衛的な連動的否認の痕跡がほとんど見られないのである。これはどういうことであろうか。以下、否認期に突きつけられた証拠に対する石川さんの供述を再度見直してみよう。

脅迫状——もちろん脅迫状の作成は否認している。犯行自体の否認と一体のものであるから当然である。ところが、自分の字と脅迫状の字が似ているという「字の先生の言っていることは信用します」と言ったり、「私の字に似ているなと思う字もありました」と言ったり、あるいは「誰かが書いていて見せてくれれば真似て書く事くらい出来るかも知れません」と言って、のちに供述する脅迫状作成方法（友だちに教えてもらって書くとか、『りぼん』を見て練習して書くとかいう方法）の布石になるようなことさえ言っている。そもそも、Ⅲbの筋書のとおりの犯行をなして、これがばれるのを恐れているはずの真犯人が、このⅢbの筋書にそのままつながるような供述を簡単に言ったりするものであろうか。この点、石川さんはあまりに正直なのである。もし彼が真犯人だとすれば、いかにも無防備、無警戒な人間だということになろう。

地下足袋——Ⅲb単独犯行自白が真実であれば五月二日夜、石川さんは兄六造の地下足袋をはいて佐野屋のところに出向き、畑に足跡を残したことになる。とすれば、犯行を否認していることの時期、この証拠に対して当然、防衛的な供述をするはずである。たしかに、自分の足は十文半、兄六造の足は九文七分で、自分が兄の足袋をはくときつくて痛いことは再三強調している。しかし、これはまさに事実であって、防衛的な嘘とはいえない。かえって、兄の足袋がはけなくはなく、実際にはいて仕事をしたことがあることを認めてさえいるのである。ここでも彼は、嘘つきどころか、馬鹿正直ですらある。

手拭とタオル——Ⅲbにおいて犯行に使ったとされている手拭とタオルについて、石川さんはこれが自分の家にあって入手可能だったことを認めている。ただ手拭については事件後警察の取調べに対して家にあった二本を見せたと供述していて、これが事実であれば彼は犯行にこの手拭を持ち出して使っていないことになる（のちに取調官は提出した手拭以外に他家から同じ手拭を入手した可能性があるかのごとき想定を行なうことになるが、これは根拠のないことである）。しかし、これと矛盾する証拠もない以上、防衛的な嘘だとはいえない。

タオルについても、東鳩製菓でタオルを三枚もらったと供述し、そのタオルに「月島食品工業株式会社」（犯行に使われたタオルにはこう書かれていた）と書かれていたかどうかについて「字が読めないから」ということで肯定も否定もしていない。その結果、六月九日検②調書では、問題の手拭とタオルのいずれも、家にいっぱいしまってあった手拭・タオルのなかにあって、五月一日事件当日に入手可能であったことは否定していない。

スコップ——警察は、死体埋没に用いられたと思われるスコップが、I養豚場から盗まれたものであると認定して、石川さんの取調べにのぞんだことは明らかである。これに対して彼は、スコップがI養豚場から盗まれたことを知っているうえに、自分ならば豚小屋に飼っている犬もよくなついているから、夜でも平気で豚小屋に入れると供述している。彼が真犯人で、Ⅲbのいうとおり夜、豚小屋に忍び込んでスコップを盗ったのが事実ならば、犯行を全面否認しているこの段階で、なぜこんな無防備な供述をしたのであろうか。真犯人の供述心理としては考え難いことである。

その他、中田家の所在についても、直接そこだということはテレビで事件の報道を見るまでは分からなかったが、I養豚場で働いていたころその近所は回ったことがあるのでよく知っていると述べている。その点の供述は、単独犯行自白においてもまったく変化せず、この供述のうえで事件筋書が描かれている。また脅迫状を書くのに用いたとされるボールペンについても、「ボールペンを自分の物として持っていたこともなく、持ち歩いたこともありません」との否認の意の供述がある一方、「然し私の家にはボールペンがありました。多分兄ちゃんの物と思いますが、色は普通の青い色でした」と述べており、これがのちに単独犯行自白段階で脅迫状作成の前提事実となっていく。

無防備な供述

犯行を否認している以上は、脅迫状作成を否認し、地下足袋をはいて身代金を受取りに行ったことを否認し、手拭とタオルを用いたことを否認し、スコップを盗って死体を埋めたことを否認し、中田家に脅迫状をもっていったことを否認し、脅迫状を訂正するためのボールペンを持ち歩いたことを否認する。これは犯行否認に伴う当然の否認である。真犯人であってもなくてもこれは理の当然である。しかし、真犯人ならば、これに加えて防衛的な虚偽供述がもっとあってしかるべきであると思われるところ、石川さんの供述は思いのほか無防備である。この否認期の供述のなかには、犯行自体の否認に直接伴う否認以外に、防衛的な連動的虚偽をほとんど見出すことができないのである。むしろ、この時期の供述がのちの全面自白時の供述の前提事項となっていくという事実さえ認められる。

私は、このことだけでもって、石川＝真犯人の仮説を棄却しようとは思わない。しかし、自分にとって多分に不利になる供述を無防備に行なっている石川さんのイメージが、真犯人のイメージとまったく重なりあわないことを、ひとまず確認しておかねばなるまい。

このように否認期の供述を読み解いてみると、石川さんの嘘のアリバイ供述が、あまりに緊張感を欠いた杜撰なものであって、真犯人ならば現実体験したはずの犯行時間帯さえ考慮していないこと、また他の証拠についての尋問に対しても、あまりに正直で、防衛的な連動的虚偽が見出されないことから、彼の否認期供述は、およそ真犯人の虚偽否認らしき痕跡を残していないといわねばならない。

2 三人犯行自白期の供述分析

何度かみたように、石川さんは六月二〇日、地域の野球チームで知り合った関巡査部長の、いわば飛び入りの取調べで自白をはじめる。これは既述のとおり、単独犯行の全面自白ではなく、三人共犯の一部自白であった。この一部自白が、はたしてⅢbの犯行をなした真犯人の全面自白への過渡であるのか、それとも無実の人間が嘘の単独犯行自白に陥る前段階であるのかが、ここでの供述分析の課題である。

一部自白にとどまった理由を、石川さんは全面自白後、「三人でやったと言った訳はやはり始めから一人でやったとは罪の大きさを考えて言えなかった」（七月三日検②）からだし、また「三人でやったと言っていたのは、家の家族や親爺のことを考えると自分が一人で善枝ちゃんを殺したということを言い切れなかった」（六月二三日員②）からだという。なるほど本事件は誘拐―脅迫に強姦―殺人が絡んだ重大事件であった。真相はともかく、世間でそう受けとられていたし、石川さんの全面自白時のストーリーでもそうなっていく。とすれば、死刑にもなりかねない（現に第一審で死刑の判決を受けた）重罪刑からなんとか逃れようとまずは否認し、そのうえでこれを維持しきれないという段階になって、嫌疑の一部のみを認めて刑を軽くしようと計ったとしても、被疑者の行動として不自然ではない。したがって、一般論として見たかぎりでは、全面否認から全面自白の過程にこうした一部自白が聴取される供述変遷は、真犯人においても十分ありうるものと考えてよいし、現にそういう経過をたどる例も少なくない。

確定判決も三人犯行自白を次のように解釈している。

犯行の重大さから死刑になるかもしれないことを十分意識しており、それなればこそ、最初は頑強に犯行を否認していたところ、再逮捕後の六月二〇日には事態やむなしと観念して員関源三に嘘の三人犯行を自供するに至ったのであるが、これも何とかして死刑だけは免れたいと考えたからであるとみることができる。

しかし同じく一般論としていうならば、逆に無実の人間が虚偽自白に陥っていく過程で、虚偽の一部自白をすることも同様に考えられるし、また現にそういう例もある。とすれば、問題は、こうした一般論ではなく、具体的にこの三人犯行自白が、嘘の否認から真実の自白への過渡であるか、反対に真実の否認から嘘の自白への過渡であるかを、供述の中身にまで踏み込んで分析することでなければならない。

残念ながら、これまで裁判所はこの三人犯行自白の中身にほとんど立ち入っていない。唯一、確定判決が

「六・二〇員関調書の三人犯行説は、同一人格内部の精神の葛藤を、入間川の男とか入曽の男とかと擬人化して表現したものと見ることができ、……捜査官としてはこれこそ単独犯行を自供する前触れとみるのが相当であろう。」

と指摘しているのみである。しかし、この解釈とて、「同一人格内部の精神の葛藤」とか「擬人化」とかいった心理学的言い回しを用いて紛飾しているだけで、はたしてこれが文学的比喩以上の意味をもちうるかどうか、きわめて怪しい。

私たちは、否認（Ⅰ）から最終単独犯行自白（Ⅲｂ）への供述全体の流れの中に位置づけて、三人犯行自白（Ⅱ）の中身を分析することにしよう。

単独犯行（Ⅲｂ）を体験した真犯人が三人犯行自白（Ⅱ）を自然に構成できるか

石川さんが確定判決のいうようにⅢｂの筋書通りに犯行を行なったとすれば、当然彼の記憶のなかにその筋書が体験としてあって、そのうえでⅡの三人犯行自白の筋書を構想したということになる。問題は、そのようにⅢｂを体験としてもったうえで、Ⅱのような嘘の一部自白をすると

いうことが、人間の自然な心性の流れとして納得できるかどうかということである。

先に私は、真犯人の供述の嘘は、「取調官から突きつけられた証拠・情報（あるいはそこから取調官が推論した考え）と、自分自身の実際の犯行体験記憶という二つの変数によって構成される関数である」と論じたが（一三一頁図15）、これを、ここにあてはめていうならば、IIの嘘は、捜査官が当時入手して石川さんに突きつけた情報（あるいは推論）と、石川さん自身の記憶にある体験的現実（このばあいIIIbを仮定している）との関数であるということになる。図示すれば、図17のようになるはずである。そこでIIの筋書を、取調官の突きつけた情報・推論とIIIbの筋書の関数結果として了解できるかどうかが、ここでの検討課題となる。このことを検討するためには、ここで三人犯行自白時点までに、取調官がどういう情報・推論を石川さんに対して突きつけていたかを整理しておかねばならない。

否認期の取調べにおいて、取調官が最も力を入れたことは、「脅迫状を石川さんが書いたのではないか」ということであった。本件関係では最初、強姦・殺人ではなく、恐喝未遂のみの嫌疑で逮捕したのであって、捜査陣が入手していた積極証拠は、脅迫状と石川さんの筆跡を結ぶ鑑定の中間報告書なるものしかなかった。その他、手拭・タオル・スコップについては、石川さんに入手可能であると推定したにすぎず、足跡についても、それが兄六造の地下足袋の足跡であり、しかもその足袋を石川さんがはいていたという二重の証明を必要とするが、いずれも明確にはなしえていなかった。また血液型は、被疑者を絞り込み、無関係の人間を消去していくために利用される消極的証拠でしかない。結局、取調官は脅迫状の筆跡を突破口とする以外にはなかったので

図17　三人犯行自白は当時の取調官の情報・推論とⅢbの犯行筋書から導き出されるか

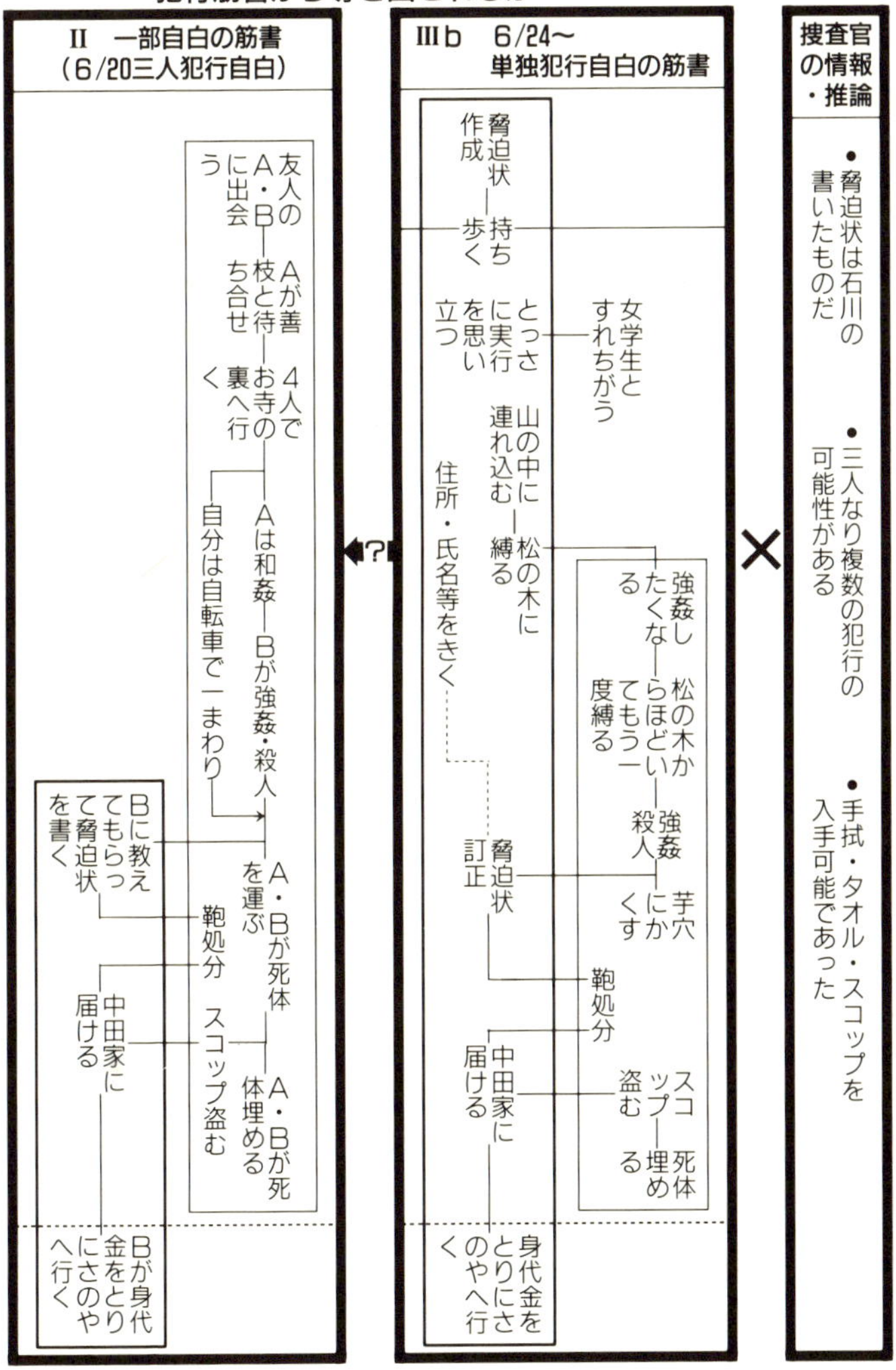
Ⅱ　一部自白の筋書
(6/20三人犯行自白)
友人のA・Bに出会う
Aが善枝と待ち合せ
4人でお寺の裏へ行く
Aは和姦
自分は自転車で一まわり
Bが強姦・殺人
Bに教えてもらって脅迫状を書く
A・Bが死体を運ぶ
鞄処分
中田家に届ける
スコップ盗む
A・Bが死体埋める
Bが身代金をとりにさのやへ行く
?
Ⅲb　6/24～
単独犯行自白の筋書
脅迫状作成
持ち歩く
女学生とすれちがう
とっさに実行を思い立つ
山の中に連れ込む
松の木に縛る
住所・氏名等をきく
強姦したくなる
松の木からほどいてもう一度縛る
強姦殺人
脅迫状訂正
芋穴にかくす
鞄処分
中田家に届ける
スコップ盗む
死体埋める
身代金をとりにさのやへ行く
×
捜査官の情報・推論
・脅迫状は石川の書いたものだ
・三人なり複数の犯行の可能性がある
・手拭・タオル・スコップを入手可能であった

ある。

石川さんが、この点を責められて、否認期において脅迫状の筆跡が自分の字に似ていることを認め、また脅迫状が彼の筆跡だとする「字の先生」のことは信用するというところまで追い込まれていたことは、すでに見たとおりである。それゆえ、一部自白に追い込まれたとき、その「一部」の中心となるものが、当然、「脅迫状は自分が書いた」という部分であったことは間違いない。最初に三人犯行自白に追い込まれたときの供述調書の冒頭にも、このことがよくあらわれている。

> 俺は関さん善枝ちゃんは殺さないんだ。手紙を書いたのは俺で持って行ったのも俺なんだ。シャベルを盗んだのは俺なんだ。おまんこをしたのは入間川の友達で、殺したのは入曽の友達なんだ。俺は穴を掘って埋めるのは見ていないんだ（六月二〇日員）。

石川さんはまさに脅迫状から落ちたのである。

「脅迫状を書いた」ということ以外に、三人犯行自白構成のうえで重要だったのは、「複数の人間による犯行」の可能性があるという推論である。最初に三人犯行を自白した点について確定判決は、石川さんが自分の罪を軽くするために、まったく自発的に自分の方から言い出したものであるかのごとくに述べているが、実際には警察も、複数犯行の可能性を考えていた。脅迫状の文面に「友だちが車出いく」とあったし、また、石川さんが逮捕される以前から、善枝さんとの出会い地点とされる付近で石川さんが友人Tと一緒にいたとの目撃供述を得て、これを重視していた。また六月に入ってからは、石川さんの友人三人（そのなかに右のTも含む）を逮捕して、石川さんとの共犯関係を追及していた。これらのことから考えて、当初から警察が複数犯の可能性を模索していたことは間違いないところである。

また石川さんの否認期の供述自身にも、取調官が三人犯行説を考えていた痕がはっきり残っている。それが前述の六月一一日検である。この調書は、否認期において聴取したものであり、この前はもちろん、この後にもはっきりした否認調書が残されている(六月一八日員①、また六月二〇日裁判所での勾留尋問)。この供述の流れからみても、この「自白的」な調書が、石川さんの自発的意志にもとづくものとは考えにくい。それに、この調書と翌日六月一二日の調書のみに、署名・押印がない。六月一一日の三人犯行「自白」に署名せず、その前後の否認調書にしっかり署名しているのは、この三人犯行「自白」が石川自身の自発的意志によるのではなく、この線に沿った取調官の側からの強力な追及が少なからずあったからだと考えるのが最も自然である。取調官の側に三人犯行なり、複数犯行なりの仮説があって、これを石川さんに対して突きつけたことが背景になければ、六月一一日付調書はおよそ考えられないのである。

以上から、六月二〇日の一部自白に至るまで取調官が石川さんに突きつけていた情報・推論は、

・脅迫状は石川の書いたものだ

・犯行は三人(あるいは複数)でやったのではないか

の二つが中心であったと考えてよい。加えて、手拭、タオル、スコップの入手についても付随的な形で追及していたはずである。

さて、このような情報・推論をIII bの犯行を行なった真犯人に突きつけたとき、IIの三人犯行自白が自然に出てくるだろうか。被疑者は単独犯行を体験として記憶していたが、取調官の方で

は複数犯の可能性もあると考えて追及したので、被疑者の方ではこれに乗っかって、単独犯行の方を隠し、三人犯行で乗りきろうとしたのだといえば、それで説明できるようにもみえる。しかし、この三人犯行の具体的な中身に立ち入ってみるとどうであろうか。

犯行筋書の全体的基調

まず、Ⅲ b とⅡのそれぞれについて、犯行の筋書が全体としてどういう基調にもとづいているかを比べてみよう。図17にまとめたところから、明らかなように、

Ⅲ b では、全体の基調が《誘拐―脅迫》のテーマにあって、そのなかに偶発的に《強姦―殺人―死体遺棄》のテーマが入り込むという形になっている。つまり、誘拐して金を脅しとろうと犯行に及んだが、相手がたまたま女学生であったために、強姦・殺人を犯してしまったという。

Ⅱでは、全体の基調が《強姦―殺人―死体遺棄》のテーマにあって《誘拐―脅迫》のテーマは、殺した結果としてあくまで付随的に考えられている。つまり、強姦しようとして殺してしまい、逃走資金を得るためにお金を脅しとることを思いついたという。

このように両者は全体的基調がまるで違う。それだけでなく、この基調の違いに応じて、おのずと個々の部分についても供述の筋書がずれてくる。たとえば、三人犯行自白の中軸ともいうべき脅迫状作成について、これを「何のために、いつ、どのようにして書いたか」を対照させてみると、Ⅲ b とⅡとでまったく異なることが分かる（表4）。両者で共通なのは文字通り「自分が脅迫

状を書いた」というところだけであって、その他の部分はほとんど異なっているのである。

いやこれにとどまらず、善枝さんとの出会い方にしても、IIIbではたまたま出くわしたにすぎないのに、IIでは知り合いの友人を通して出会ったことになっており、また犯行場所さえも異なる。つまり全体がまったく異なるストーリーになっているといってもいいくらいなのである。

石川さんが真犯人だとすれば、IIIbを体験し、これを記憶のなかにもちながらIIの供述をしたことになる。いかに嘘とはいえ、なぜこれほど違った筋書の供述を行なったのであろうか。また、そもそもそこまで異った供述をなしうるものであろうか。嘘は、おのれの空想に身をまかせて白紙のうえに物語を描くようなものではない。前に述べたように、嘘はつねに相手の把握している現実情報を考慮にいれて、それを実際とは違った形で説明する。そのためには、自己の体験と相

表4　脅迫状を何のために、いつ、どのようにして書いたか

	IIIb	II
何のために	善枝ちゃんを念頭においてではなく、誰かを誘拐して身代金をとろうとあらかじめ書いていた→殺してから善枝ちゃん向きに訂正した	善枝ちゃんを殺してしまったので、逃げるお金をとるために、生きて誘拐したように見せかけて書いた。
いつ	4月28日に書いてもちあるいていた	殺したあとに書いた
どのようにして	吉展ちゃん事件にヒントを得て『りぼん』を見て漢字を拾いだして練習して書いた	友達に教えてもらって書いた

手の入手情報を双方にらみあわせていなければならない。だからこそ、自己の体験をうまく組み込んで構成せざるをえない。しかも、ここでの一部自白のばあい、彼が犯人ならば、脅迫状作成については少なくとも真実を述べたことになっているのである。とすれば、ここまで自己体験と異なる嘘の筋書を構築するということが、はたして人の自然な心性の流れとして可能なのかどうか、はなはだ疑問だといわねばならない。

かりにⅢbを体験した真犯人が、否認しきれなくなって、脅迫状を書いたことを認めなければならなくなったという場面を、想定してみよう。ここで全部を吐いてしまうと死刑になるかもしれない。そこで、取調官が共犯の可能性を考えているのに乗じて、自分は脅迫状作成にのみ関与したことにして、嘘の三人共犯自白を考えたとする。このときこの犯人は、どういう筋書の嘘を考えるであろうか。もちろん、いろいろバラエティのあるストーリーが考えられる。しかし、実体験としてⅢbをもつ以上、《誘拐―脅迫》を基調にして、《強姦―殺人》はそこに偶発的に入り込むという筋書が下敷になって、一部自白の嘘が構成されるのが最も自然な流れである。たとえば、Ⅲbをそのまま三人犯行の筋書にアレンジすれば、こんなふうになる。

何らかの理由でお金が欲しくて、三人が相談して子どもを誘拐して身代金をとろうという話になって、脅迫状を書いた。書いたのは自分である（自分の罪を軽くしようと思えば、「無理やり書かされた」という筋書にしてもよい）。その後、この脅迫状を持ち歩いて獲物をねらっていたが、五月一日、三人で山学校のあたりをうろうろしていると、女学生とすれちがった。とっさにつかまえて、三人で山の中に連れ込んだ。松の木にしばりつけておいて、住所・氏名などを聞き出し、脅迫状に手なおしして、中田家へこれを持っていくということになったのだがその前にこの女学生＝善枝ちゃんを強姦したくなった。一人が強姦しようとして、嫌がったので首を押えて強姦したところ、死んでしまった。自分はおまんこもしていないし、殺してもいない(この時自分は、IIの筋書においてのように、現場は離れていたと言ってもよい)。それをやったのは別の二人だ。それから脅迫状は自分がもっていった。その途中で鞄などを処分し、中田家に脅迫状を投げ入れてから、帰りにシャベルを盗んできて、山の中に戻って二人にシャベルをわたして、自分は家に帰った。死体を埋めたのは別の二人だ。

この筋書では、脅迫状作成から被害者との出会い、連行、強姦、殺害、脅迫状投入、死体埋棄まで、すべてにわたってIIIbをそのまま三人の役割に分担するだけで話がすむ。それだけ嘘の構成が容易である。しかも、右に描いた筋書きでは罪が重すぎると考えるならば、取調官に証拠を完全にはにぎられていない部分、つまり脅迫状作成部分以外についてはいっさい関与を否定することだってできる。IIIbの犯行を行なった犯人が嘘の三人犯行自白を構成するとすれば、これが最も自然であるし、それで不都合もないはずである。これでは具合が悪いという特別な事情がないかぎり、あえて不自然でかつ構成困難なIIの筋書を立てる理由はない。言い換えればIIの筋書を立てたという事実自身が、IIIbが真実ではないことを示唆しているということになる。

他方、無実の人間が白紙から三人共犯自白を考えたとすれば、IIは十分に自然な供述となる。彼は脅迫状を書いたという点を中心に善枝さん殺人事件への関与を追及され、一方で取調官からは三人共犯の可能性も看取していたはずである。そこで追及に耐えきれなくなって、とうとう自白をしてしまうとき、彼はどういう事件筋書を考えるであろうか。もちろん体験としては白紙なのだが、自らを犯人の一人と見たてでこれに扮するとき、当然それまでに入手していた情報から一定の事件イメージを描いて、それをもとに筋書を考えていくことになる。

ところで、善枝さん事件を《誘拐―脅迫》と《強姦―殺人》の二側面に分けてみたとき、そのどちらが人びとの関心をひいたであろうか。つまり、事件を知った人びとの受ける印象は、どちらを基調としたものになるであろうか。吉展ちゃん事件のように、誘拐―脅迫の時点で公開捜査に踏み切り、マスコミでも脅迫電話が報道され、その録音がラジオにまで流されて、おまけに身代金を奪取されて逃げられるという大騒ぎになっていれば、のちに吉展ちゃんが死体で発見されても、人びとはむしろ誘拐―脅迫の方に印象づけられるであろう。しかし、善枝さん事件のばあいは、公開捜査に踏み切ったその日に、善枝さんは死体となって発見され、しかも膣内から精液が検出されて、強姦と断定されていた。他方、脅迫については、相手が子どもでもなく、その家がさして金持ちとも言えず、さらに犯人が受取り場所に現われたが金もとれずに逃走したことからして、脅迫という犯行そのものは事件の主要なイメージにはなりえなかった。善枝さん事件では、《誘拐―脅迫》の影はうすく、《強姦―殺人》の面が圧倒的に人びとの関心をひきつけていたということができる。この点は、石川さんにしても同様であったろう。

そうだとすれば、無実の人間が白紙から善枝さん事件を想像するとき、おのずからその筋書の基調は《強姦―殺人》となる。そしてこの基調のうえで、自分が脅迫状を書くという三人犯行説を描けば、IIの筋書がおのずから出てくることになるのではないか。

石川さんの三人犯行自白がこのようにして構成されたと、断定はできないかもしれない。しかし、いま考察したようにIIIbのうえにIIを描くことが不自然かつ困難であることを考えあわせるとき、それは十二分にありうるものといえる。いや、もう少し先取りして次の単独犯行自白期のIIIaの筋書まで考慮に入れれば、私のこの推論はさらに蓋然性を増す。そこでは、すでに単独犯行を全面自白しておりながら、自白の全体的基調はなお《強姦—殺人》におかれたままなのである。つまり、後述するように、IIとIIIaとは基調を同じくし、IIIaはIIの犯行筋書をそのまま単独犯行におきかえただけのものである。それゆえ、もしIIIaが真実で、

I→II→IIIa

という供述変遷をたどっていれば、それはそれで納得できる。ところが、IIIaでは石川さんが人に教えてもらわず、また他の本など参考にしないで自分一人で脅迫状を書いたことになって、彼の当時の書字・文章能力からして、とうてい不可能な筋書となる。それゆえIIIa自白は真実ではありえないし、だからこそわずか一日供述されただけで、はや翌日には変更を余儀なくされるのである。かくして、石川さんの供述は

I→II→IIIa→IIIb

という奇妙な変遷をたどることになる。

このIIIa→IIIbの供述変遷については後論にゆずるとして、私たちがここで確認できることは、IIIbの上にIIの嘘を構想することは不自然であり困難であるという点である。もちろん小説的想像力をもって、自分の過去を白紙に戻して想像すれば不可能とまでは言えないかもしれない(もち

ろん、そんな必要はいっさいないのだが)。しかし、この点は、次節での全面自白後の筋書変更(Ⅲa→Ⅲb)にまで分析をすすめれば、さらに明確になるはずである。ここではこの不自然さ、困難さの指摘で満足しておくことにしよう。

自白した部分での嘘

こうした犯行筋書の全体的基調のみならず供述の個々の部分についても、種々の問題がある。以下、いくつかの点について分析する。

さきにⅢbとⅡとを比較したとき、脅迫状を「何のために、いつ、どのようにして」書いたかに筋書上おおきな相違があることを見たが、脅迫状の文面についての供述にも、Ⅲbの筋書と食い違う点がある。石川さんが真犯人であるならば、この食い違いは、けっして単なる思い違いとか、記憶違いと考えることはできない。真犯人ならば当然、脅迫状の内容は熟知しているはずだからである。

たとえばⅢbによるならば、一度用意していた脅迫状を、強姦―殺人の後に書き直したことになっている。とすれば、そのあたりの事情については、記憶から逃れようがない。脅迫状の修正箇所は、単なる字の間違いの修正などではなく、犯行の具体的内容に直接関わる、きわめて重要な部分なのである。それゆえ、「前の門」を「さのヤの門」と直したこと、「4月29日(取調官はこれを28日と思い込んで尋問しているのだが)」を「五月2日」と直したこと、「少時このかみにツツんでこい」の「少時」を消し、封筒の「少時様」を「中田江さく」と直したこと、またそう直した理由についてもはっきり自覚し、記憶しているはずである。

この脅迫状の現物が捜査官の手にあることを、石川さんはもちろん知っている。この写真を見せられた事実もある（六月九日検②）。とすれば、捜査官がこの文面を見て、これを書いたいきさつについて、かなりの推測をしていることも十分に予想できるし、真犯人ならば、このことを非常に気にしているはずである。とくに、修正箇所からみて、一度書いてからのちの機会に修正したものであることがうかがわれる。真犯人ならば、取調官がすでにこの辺のことをはっきり知っていると覚悟せねばならない。そして、「脅迫状を書いた」と認めて、どういうふうに書いたかという事情の説明を求められたとき、真犯人は、相手が知っているはずのことを念頭において、嘘の三人犯行筋書を考えねばならないはずである。しかし、IIでの供述には、脅迫状の内容を熟知し、相手もこれをよく知っていると覚悟した真犯人のものとは考えられないような、虚偽あるいは誤謬がいくつも含まれている。

この三人犯行自白期に、石川さんが脅迫状の文面にふれて、その修正を認めているのは、「前の門」を「佐野屋の前」となおした部分のみである（六月二一日員③）。しかも、この点についてさえ奇妙な間違いがある。脅迫状実物には、修正されるまえの文言が単に「前の門」とあるのに、石川さんの供述では

「中田さんの門の前」というように書き、それから「佐野屋」と書き替えたと思います。

となっているのである。IIIbによると、脅迫状は最初、中田家を念頭においたものではない。たまたま出会って誘拐したのが善枝さんだったので、結果的に中田家を脅迫することになったので

ある。それゆえ、脅迫状の最初の形が「中田さんの門の前」となるはずがない。では、ここでも石川さんはあえて嘘をついたのであろうか。いや、嘘というのは、前に述べたように、相手が知らない事実について、相手をごまかすものである。ところが、いまのばあい、取調官は脅迫状の現物をもっていて、その文面がもとは単に「前の門」となっていることを明らかに知っているのである。いくらなんでもそのようななかで堂々と嘘がつけるわけがない。むしろ、彼は「脅迫状がいったん書かれたのち、修正された」という事実を知らなかったのである。だからこそ、事件についてのそれまでの知識から、そのまま「脅迫状」と言えばただちに「中田栄作宛」と判断して、この供述の間違いとなったのではないか。

反対に、脅迫状の文字と筆跡が同じだとして追及をうけた石川さんが、ほんとうは犯人ではないのに取調べの圧力に屈して「自分が脅迫状を書いた」と言ってしまったものと考えてみよう。そうした場面でただちに「一回書いたものをあとで書き直した」などという特殊な筋書を思いつくことができるだろうか。「自分が書いた」と認めただけの段階では、当然、一回で書いたとしか思わないはずである。そうだとすれば、中田家の四女が殺され、中田家が脅迫されていたという事件の概容を知っていた彼にとって、脅迫状の宛先は中田さんにならざるをえない。となれば身代金受渡し場所が脅迫状文面で「前の門」となっていたことを取調べの中で知らされたとき、ただちに「中田さんの門の前」と思い違えたとしても、なんの不思議もない。

何げないこの間違いが、実は石川さんが脅迫状作成の具体的な経過を知らないことを暴露している。

このように、供述のなかのごく細かい部分をとりあげて理づめで論を立てると、針小棒大な議論だと思われるかもしれない。しかし、このような細かい端々にまで、供述者の心性の一貫性は通じているものである。細かいというのは、けっして非難にはあたらぬ。そもそも、たとえ虚偽の自白であっても、自白が自白である以上、大局においては供述者が自らを犯人と認める筋書になっていなければならない。それは当然のことである。それゆえ、自白内容が「大筋において客観的証拠と矛盾することがない」という程度でこれを真実と決めたのでは、過ちに陥る危険が大きい。その意味で細部にこだわることが、是非とも必要なのである。ただし、細部は細部として意味をもつものではなく、それが供述全体の流れと意味的につながってこそ、細部の意味は生きてくる。

「前の門」のまえに「中田さん」の一句がついているという細かい事実も、他の訂正箇所を石川さんが、この時期、否認したという供述の事実とつながったとき、さらにその意味をます。たとえば、翌二二日の供述にはこうある。

私が封筒の表へ「中田エさく」と書いたと思います……(中略)……

問:封筒の表か裏を書きなおした記憶はないか。

ありませんがよく考えてみます。(六月二二日員②)

封筒には明らかに最初「少時様」とあったものが「中田江さく」と修正されているのだが、石川さんはこれを否定する。真犯人ならばけっして忘れようのない事実、しかも脅迫状を手元にもっている取調官には当然明らかで、もはや疑いようもない事実を、石川さんは否定する。このことを、私たちは、通常の嘘だとはいえまい。
また、金の受渡し日時として最初「4月29日」とあったのを（警察・検察はこれを4月28日と読み誤り、石川さんも全面自白期に「4月28日」と供述していく）、「五月2日」と書き直した事実があきらかであり、このことからもいったん書いたのをのちに書き直したという二度書きを容易に推論することができるのに、ここでも石川さんは取調官の尋問に答えて、こう言う。

私はその時に［殺人のあったあと―筆者］その手紙を書いたのであって、その前に書いておいたものではありません。（六月二二日員②）

ここでは取調官は、はっきり脅迫状文面から「二度書き」の事実を推察し、これを石川さんに問い質したことが読み取れる。ところが石川さんはこれを否定するのである。同じ調書にまったく同じやりとりがもう一箇所みられる。

問：書いた日が違いはしないか。
答：違わない。その日です。（六月二二日員②）

石川さんが脅迫状を書いた本人であるとすれば、これらの供述をいったいどう理解すればよいのであろうか。脅迫状は目の前の取調官の手元にあって、封筒の修正、日付の修正は、明確に相手に分かっている。それなのに、どうしてこの点を「記憶がない」とか「違う」と強弁できるのであろうか。脅迫状を書いた本人ならば、このことを忘れるはずがない。そして、石川さんが真犯人で、Ⅲｂの筋書を体験として記憶していたのだとすれば、どうして、相手に分かってしまっている嘘を強弁できるであろうか。

このような嘘がありうるだろうか。甘えた子どもが、親に証拠をしっかりとつかまれたうえでなおだだをこねているのではないのである。まさに囚われの身にあってすでに三〇日たち、とうとう一部にせよ自白して、事件への関与を認めた被疑者なのである。そのような状態で、このような嘘の強弁はありえない。それに、この六月二二日員②の調書には「〜と思います」という煮えきらない表現が目立つ。たとえば

「佐野屋のところへ持って来い」と書きなおしたと思います。……「友達が無事に帰って来なかったら西武園の池の中に死んでいる」と書いたと思いますが……封筒の表に「中田エさく」と書いたと思います。……(問：封筒の表か裏を書きなおした記憶はないか) 答：ありませんがよく考えてみます。(六月二二日員②)

これでは、自分も知り、相手も知っていることを覚悟でついた嘘の強弁とはとてもいえない。

このように見てくると、脅迫状とその訂正に関する石川さんの供述は、いわゆる「嘘」ではない。つまり、自分の体験した事実を偽って隠すといった嘘ではないといわねばならない。むしろ、供述すべき脅迫状作成の行為にはなんら関与していなかったゆえに、それまでに自分が知り得た事件情報に基づいて、脅迫状は最初から中田家宛のものと考える以外になかったのである。だからこそ、封筒の宛名の訂正も、身代金受取り場所や日時の訂正も、石川さんには思いつきようがなかった。外から入った事件情報しか知りえず、事件そのものを体験しなかった石川さんには、三人犯行自白としてIIの筋書(そこでは脅迫状は殺害後一度に書いたことになる)のようなものしか考えられず、それゆえおのずと脅迫状文面の細部を説明しえなかったのである。

さらに脅迫状作成に関しては、先に「嘘の階層性」の原理として述べたものに明らかに反しているとことにも注目したい。つまり、それまで脅迫状作成を否認していた石川さんがこれを自白した。もし石川さんが真犯人であれば、少なくとも犯行の一部がばれて、否認期の嘘が崩壊したのである。とすれば、先の図12（一二一頁）にも示したように、脅迫状作成に属する下位の供述については、特別な事情でもないかぎり、さらに嘘を申し立てる必要がない。いやむしろ、あわよくば一部自白で踏みとどまってそれ以上の深みに陥るまいと思っている真犯人ならば、少なくとも自白した部分に対してはできるかぎりこれを相手の掌握している証拠と一致させて、一部自白が全面真実であるかのように見せかけようとするはずである。ところが、石川さんの一部自白はこの原理に明らかに反する。この点でも、私たちはこの一部自白を、真犯人のものとはとうてい判断することができない。

3 単独犯行自白期の供述分析

三人犯行自白は、六月二〇～二二日の三日間しか続かなかった。三人犯行の筋書が次第に詳しくなり、それなりにまとまりをもつようになったかに思われたとき、突然、単独犯行を自白するのである。三人犯行自白自身がすでに、真犯人の一部自白とは認め難いものであったのだが、単独犯行自白後の供述変遷は、さらにこの疑問を大きくする。真犯人がいったん虚偽の自白にふみとどまったものの、証拠をつきつけられて全面自白のやむなきにいたったというふうにはとてもみえないのである。

全面自白にいたった理由

石川さんはなぜ、突然、単独犯行を自白することになったのか。この点からまずみておこう。石川さんの供述のなかで、この理由が触れられているのは、全面自白三日後の六月二六日員①のみである。そこにはこうある。

　私が今一番心配になることは私が善枝さんを殺したなどいうことがわかったら親爺が自殺でもしてしまうのではないかということが心配です。そして私がはじめこのことが言い《え》なかったのも私が佐野屋のところへ金を取りに行く時はいて行ったのは兄ちゃんの七枚こはぜをはいていったので若しかして兄貴の知らないことでも兄チャンが警察で調べられるのではないかという心配があったので言うことができませんでした。それから善枝さんの家へ届けた手紙は私が書いたものということがわかっていても私はどうしても言うことができませんでした。書いたことはかくせないということがわかってからも兄チャンの足袋をはいて行ったということができなかったので入曽の男とか入間川の男とか言ってその中の入曽の男が金を取りに行ったと嘘を言っていました。しかし、兄ちゃんの足袋をはいて行ったとしても兄ちゃんはこの事件と関係はないんだということをそれとなく話して貰えたので安心して一切を話すことにしました。私がなかなか本当のことを言うことができなかったわけはそんなわけです（傍点は筆者）。

三人犯行自白では脅迫状の作成と投入のみを認めて、それ以外は共犯者によるものとし、五月二日深夜、佐野屋へ出かけたのも自分ではなく入曽の男だと供述していた。そのうえで、右の供述によれば、実際には兄の足袋をはいて自分が行ったので、もしそのことを言えば兄が疑われることになると思ったという。要するに兄を巻き添えにするのを恐れて、本当のことを言えなかったのだというわけである。

一見もっともな理由にみえる。しかし、この時点で取調官がどういう証拠、情報を入手していたかを考えてみると、右供述の弁解が実に奇妙なものであることに気づく。ここで三人犯行自白段階の取調官の側に身をおいて考えてみよう。この時期になって、石川さんは、自分が脅迫状を書いて持って行ったことを認めた。そこで次には、誰が強姦―殺人を行ない、誰が佐野屋のところへ身代金をとりに行ったかを追及せねばならない。これらの件についていろいろ証拠が残されているが、犯人が残していった直接の証拠としては、佐野屋わきの桑畑で採取された足跡しかない。そこでこの足跡が、取調べの次の重要なポイントとなったはずである。ところで、石川さん宅からは第一回目の家宅捜索において兄の地下足袋を押収しており、これが五月二日深夜佐野屋付近に足跡を残した足袋ではないかと疑っていた。取調官たちはもちろん、押収した足袋が兄六造のものであることを知っており、石川さんの否認時点で、石川さんに「自分の足袋がなかったので、時々兄のものを借りていた」と供述させていた(六月二日員①)。とすれば、この足袋に関するかぎり、兄はすでに取調官から疑われる位置にいたことになる(兄にはアリバイが成立しており嫌疑からはずされていたが、石川さんはそれを知らされていない)。

かりに、三人犯行自白時点で「兄の足袋」のことがまったく取調官に分かっていなかったとすれば、はじめて打ちあけることで兄を巻き添えにするかもしれぬと懸念することもありうる。ところが現実に兄の足袋はすでに警察の手にあり、この足袋が事件に関与していることを疑われ、その線での追及が行なわれているのである。そうだとすれば、石川さんが足袋をはいて行ったと言わなければ、かえって兄に嫌疑を向けることになる。実際、単独犯行自白に陥る前日の最後の供述の末尾にはこうある。

五月二日の夜金は誰が取りに行くかというと入曽の男が取りに行く約束になっていました。そして実際に取りに行ったのも入曽の男です。

問：君は行かなかったか

答：私は行かない。調べの時、俺の家の足袋だということを言われたが、私は行っていません。(六月二二日員②)

かりに石川さんが真犯人ならば、自分が兄の足袋をはいて行ったのだから、佐野屋へ行ったのは兄であるはずがない。だから自分が兄の足袋をはいて行ったと言えば、たとえ兄に嫌疑がかかっていたとしても、その嫌疑は晴れる、こう思うはずである。ところが、先の六月二六日員①供述では話がまるで逆で、兄の足袋をはいて行ったと言えば兄が疑われると思ったという話になっているのである。これは、いったいどういうことだろうか。石川さんはここで嘘をついたのだろうか。全面自白したこの時点で、こんな辻褄のあわぬ嘘をつく理由があるだろうか。

全面自白して、すでに守るべきものがなくなってしまった時点でなされたこの供述を素直に読むかぎり、石川さんは単独犯行へ転じる二二日から二三日の過程で兄への嫌疑を実際に恐れるようになったと考える以外にない。つまり、右に引用したのは六月二二日員②で「私は行っていません」と答えたあと、「では金を取りに行ったのは誰だ。お前の家の足袋だと分っているのだから、お前ではないとすれば、兄以外にないことになる」といった追及がなされたことがおのずと予想される。実際、二六日員②供述に「兄ちゃんの足袋をはいて行ったとしても兄ちゃんはこの事件と関係はないんだということをそれとなく話して貰えたので安心して一切を話すことにしました」とある部分からは、このことが強く示唆されている。供述は被疑者の独白ではなく、取調官との相互作用の産物である。右供述の「兄ちゃんの足袋をはいて行ったとしても兄ちゃんはこの事件と関係はないんだ」と「それとなく話して」くれたのは、当然、取調官以外にない。なにしろこの供述を記載したのは取調官自身なのであるから、取調官がこのようにして石川さんを説得したことを自ら認めたようなものである。ひるがえっていえば、石川さんはこの時点で兄の嫌疑を突きつけられて苦しんだことが、ここから読みとれるのである。

- 兄の足袋をはいて行ったと言えば兄が疑われるかもしれない。
- 兄に嫌疑はないと言われて安心して供述した。

この二つの供述はともに、石川さんが兄への嫌疑を恐れたことを正直に語っていると読むしかない。また、文字通り彼が兄の犯行可能性を頭に描いたからこそ、こういう供述が出てきたのである。そして、兄がやったかもしれない、兄に嫌疑がかかるのが心配だというふうに思ったこと自体が、実は石川さんが真犯人ではなかったことを示唆している。なにしろ真犯人ならば、すべてを知っているはずで、真実を言うかぎりは兄に嫌疑がかかるなどという不安を抱きようがないからである。

「兄の足袋をはいて行った」と言えば兄が疑われる状況だったのではない。むしろ、疑われているのが兄の足袋である以上、そのことだけで兄は疑われる位置にあった。またそうした疑いを取調官がほのめかしていた。そのことは当の供述をありのままに読めば、ただちに読みとれることである。とすれば、この供述はむしろ、三人共犯自白のまま、共犯者が誰かを明かさず「このまま黙っていれば兄に嫌疑がかかると思ったので、全面自白した」と読めるのである。これは一つの推理である。しかし、これ以外に、この奇妙な供述を理解するすべはない。

ともあれ、三人犯行自白から単独犯行自白への変遷の理由を語った六月二六日員①調書は、石川さんが真犯人ではなかったことを強く示唆する。しかも、この供述以外には、三人犯行自白から単独犯行自白への大変遷が生じた理由について、なにひとつ語られていない。

全面自白したうえでついた嘘の筋書（Ⅲａ）

ではこの単独犯行自白はどのように現われ、どのように変遷していったのか。具体的に六月二三日以降の単独犯行自白の変遷を追うなかで、さらにこの大変遷の意味を分析していくことにしよう。

ここでまず注目すべきことは、単独犯行を自白した六月二三日、「三人でやったと言って居りましたがそれは実は私一人でやったのです」と最初ごく簡単に供述したあと(六月二三日員①)、同日の次の調書(六月二三日員②)でこの自白の筋書を肉付けする供述を始め、途中までかなり詳しい筋書を語りながら(これがⅢａである)、翌二四日になって、その筋書をすっかり転換させている点である(そしてこれ以降Ⅲｂの筋書に変化していく)。

先の図11(九一頁)に整理したように、ⅡからⅢａへの変遷は、「三人でやった」というのが「一人でやった」に変わっただけで、犯行筋書の基調はまったく同一というべきである。ところが、ⅢａからⅢｂへの過程は、一人でやったという点では同じなのに、犯行筋書の基調がすっかり変わっている。つまり、ⅡおよびⅢａでは強姦―殺人を基調にして脅迫が付随するという流れになっているのに対して、Ⅲｂでは逆に誘拐―脅迫を基調として強姦―殺人が偶発的に入り込むという流れになってしまう。

はたしてこうした供述変遷が、真犯人の供述としてありうるのであろうか。これが、ここでの検討事項である。これまでと同じように、石川さんが真犯人でⅢｂの通りに犯行を行なったと仮定して考えていこう。

石川さんは最初長期にわたって否認を通して頑張ってきたが、六月二〇日とうとう事件への関与を共犯という形で認め、三日後二三日には単独犯行を認めた。つまり普通に考えれば、なんとか罪を逃れようと頑張ってきたのだが、結局、頑張りきれず全面自白に追い込まれたということになる。この時点で、それまで耐えてきた緊張の糸が切れてしまう。それとともに、それまでなんとか押し隠していた真実があふれ出てしまう。そのような心理過程を誰もが予想する。ところが、単独犯行の最初の自白で供述された筋書IIIaが、そのあとにつづくIIIbに照らしていえば、まったくの虚偽なのである。

単独犯行全面自白ののちに、すぐには真実IIIbを明かさず、あえてなお虚偽IIIaを供述した理由は、奈辺にあったのであろうか。否認期に頑張っていたのは「自分はやらない」という点であり、三人犯行自白期に頑張っていたのは「一人ではやっていないし、中心部分をになってもいない」という点であった。このふたつはともに、真犯人が罪を逃れようとする心理として了解可能である。しかし、「自分が全部やった」と言ったうえで、なお頑張って基本的な筋書で嘘を言わねばならない事情が、いったいどこにあるのだろうか。

この事情について、石川さんの供述調書はまったく触れていない。IからIIへの転換点としては六月二〇日員調書、IIからIIIへの転換点としては六月二三日員①調書が、調書記載からみても明らかな節目をなし、調書の上で石川さんはなんらかのコメントを加えている。ところが、IIIaからIIIbへの転換には供述上何の節目も認められず、大きな変遷などなかったかのように、なしくずし的に変容しているのである。この間の調書の動きを追ってみると次のようになる。

《強姦―殺人》を基調とするⅢaの筋書の供述	六月二三日員①　三人でやったというのは嘘であるとしたうえで、一人で「出会い、連行し、強姦して殺し、脅迫状を書く」という大まかな流れを供述。 六月二三日員②　前の調書の殺すところまでを肉付け、詳述。
⇩	
《誘拐―脅迫》を基調とするⅢbの筋書の供述への転回	六月二四日員①　前日の続きならば、脅迫状作成の話から始めねばならぬところ、「手紙を書いた時のことはこの後で話します」と断わって、五月二日夜佐野屋へ出かける場面を供述。 六月二四日員②　この調書によってはじめて脅迫状があらかじめ四月二八日に用意されていたとの供述がなされる。その結果、三人犯行自白および前日の単独犯行自白での犯行筋書の基調（つまり強姦―殺人を主軸とする基調）がくつがえされることになる。

このようなしくずしの変遷によって、犯行筋書に重大な変更が加えられたのである。このことをどう理解すればよいのだろうか。一気にⅢbではなく、Ⅲaのステップを踏まねばならなかったのはなぜであろうか。

罪状としてみたとき、Ⅲaの方が軽ければ、Ⅲbの重い罪を避けるために、いったんⅢaで踏みとどまるということが考えられるが、はたしてそのような事情があったのであろうか。

たしかに、ⅢaにくらべてⅢbの方は前もって準備をしたという意味で、計画性は高い。その点ではⅢbの方が悪質かもしれない。しかし、この計画性も、実際は、見ず知らずの女高生と出会うという偶発性によって初めて実行に移されたという意味で、通常の誘拐事件のような計画性にはほど遠いといわねばならない。それに、Ⅲaの方では、おのれの性的欲求を満たさんがために見も知らぬ女高生を襲い、強姦し、死にいたらしめたばかりか、これを利用して身代金までとろうとしたというのだから、この点ではその悪質性においてⅢbにまさるとも劣らぬといえる。総じてⅢaとⅢbとの間に罪状の上で大差はないというべきであろう。とすれば、Ⅲbに陥る前に、Ⅲaで踏みとどまらなければならない事情は考えられない。

それよりなにより、Ⅲaの筋書には、石川さんにとってまったく不可能な行動が含まれている。先にみたようにⅢaでは石川さんは強姦—殺人ののち、一人で脅迫状を書かねばならない。そこには三人犯行自白でのように漢字を教えてくれる友達もいなければ、Ⅲbでのように参考にする雑誌や本もない。こういう状態で石川さんが問題の脅迫状を書けないことは本人も認め、また捜査官も認めるところである。そうだとすれば、Ⅲaの筋書はどうがんばってもありえない筋書である。

だからこそⅢaは一日しかもたず、ただちに崩壊して、Ⅲbにとってかわられねばならなかった。いや、一日さえもったとはいいがたいかもしれない。というのも、強姦—殺人ののち脅迫状を書いたとする筋書は、正確には、六月二三日①の簡単な調書一通のみであって、その日の二通目では、Ⅲaの筋書を肉付けしようとして、被害者を殺したところまで供述し、脅迫状作成に入る手前のところで中断されて、翌日へ引きのばされているからである。

しかし、いかに短期間であれⅢaの筋書が現われた事実そのものは消せない。そしてこの事実は、Ⅲbの筋書が事実であるとする確定判決を大きくゆさぶる。筋書のなかにありえない行動を含み、それゆえⅢｂへと変遷せざるをえなかったようなⅢａが、なぜ石川さんの口から供述されたのであろうか。

架空の仮説の変転

右にみてきたように、Ⅲａには Ⅲｂと比べて罪状が軽いという事情は認められないし、おまけにⅢａは成立しがたい筋書である。とすれば、そもそもこのⅢａの出現を、どのように説明することができるだろうか。

この点を考察するために、これまで述べてきたことを、別の角度から整理しなおしてみよう。三人犯行自白の筋書は、嘘であった。この点は確定判決も認める。そして嘘というのは、第一章で述べたように、ひとつの仮説演繹である。つまり「三人でやったとすれば」という仮説を立てて、「とすればこうなる」という演繹を行なったのである。図示すれば、**図18**のようになる。

もちろん、この仮説演繹は論理学においてのように厳密で一義的なものではない。たとえば、同じく「三人でやったとすれば」という仮説に立っても、無実の人間が自分自身の条件を加味して演繹した嘘と、真犯人が自分の犯行体験記憶に影響されつつ演繹した嘘とでは、おのずから内容が異なってくる。しかし、供述者自身の周囲や諸状況の現実的条件を加味すれば、一定程度一義的な演繹が導き出される。たとえば前項で指摘したように、真犯人がⅢｂの筋書で犯行を行ない、この体験記憶のうえに立って「三人でやったとすれば」という仮説を立て、そこから三人犯行自白の筋書を演繹したとすれば、一番自然に考えられるのは、先に私たちが架空に設定した筋書（一五四頁）であって、石川さんの三人犯行自白IIの筋書ではない。このIIの筋書の方をIIIbの体験記憶のうえで導き出すのは、他に事情がなければ、きわめて考え難いことである。

では、単独犯行自白の場合はどうであろうか。三人犯行自白は、それまでの否認段階から転じて、初めて筋書のある自白をしたという意味で、最初の仮説演繹であり、したがってこれが無実の人間の白紙からの仮説演繹か、それともIIIbを前提にした真犯人の仮説演繹かを判定することが問題となった。これが崩れたあと出てきた単独犯行自白の場合は、事情がやや複雑である。というのも、いったん行なった仮説演繹（嘘）は、崩れてもなお、その後の供述の展開になんらかの影響を及ぼすと考えられるからである。最初の嘘（仮説演繹）がばれたあと、その後の供述がどう展開するかについては、一般論として次の二つが考えられる。

① ひとつは、あらたな仮説を立てて、あらたに演繹を行なう、つまり新しい嘘をつくという可能性である。

図18　仮説演繹としての三人犯行自白

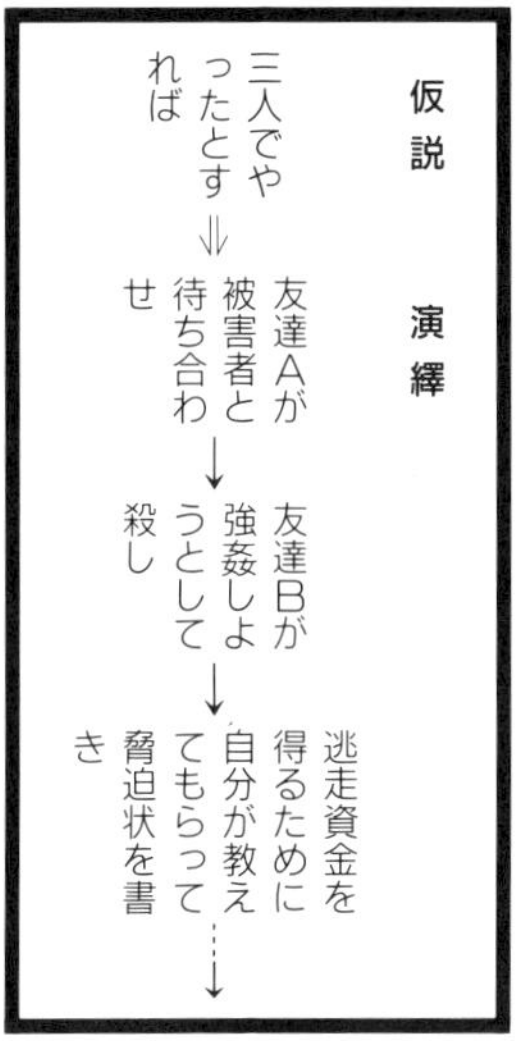

② もうひとつは、仮説が崩れ、嘘がばれたあと、本当のことを言うという可能性である。

さて本件の場合、「三人でやったとすれば」という仮説が崩れ、次に出て来たのが「一人でやった」という供述である。問題は、この供述が「一人でやったとす

れば」という新たな仮説なのか、それとも現に「一人でやった」という実体験なのかという点である。つまり

「三人でやったとすれば」の仮説に立って、IIの筋書（嘘）を演繹した
崩れる
「一人でやったとすれば」の仮説に立って、IIIの筋書（嘘）を演繹した

という過程であったのか、それとも

「三人でやったとすれば」の仮説に立って、IIの筋書（嘘）を演繹した
崩れる
「一人でやった」との真実を述べ、IIIの筋書（実体験）を記憶に従って供述した

という過程であったのかが問題となる。

ところが現実には、単独犯行自白に追いこまれてから、IIIaとIIIbの二つの筋書が供述されており、それだけ事実が複雑になっている。確定判決は最終的にIIIbを真実としているのであるから、IIIaは嘘ということになる。この確定判決の認定に従うならば、供述変遷の流れは

「三人でやったとすれば」の仮説に立って、IIの筋書（嘘）を演繹した
崩れる
「一人でやった」との真実を述べたのだが、そのうえでなお、ある仮説（A）に立って、IIIa
の筋書（嘘）を演繹した
崩れる
IIIbの筋書（実体験）を記憶に従って供述した

となる。「一人でやった」という点は真実なのだが、そのやり方については、自分の実体験とは違った筋書を想定（＝演繹）して述べた。つまり、単独犯行そのものは認めたうえで、犯行の基調を偽わって、「犯行の基調が強姦―殺人にあるならば」という仮説（A）を立て、IIIaの筋書を演繹したというわけである。しかし、あらたにこのような仮説演繹をわざわざやらねばならない理由が石川さんに存在したであろうか。先にも述べたとおり、犯行の基調が現実と異なっていても罪状において大差はなく、またこの仮説から演繹される筋書は、明らかに石川さん本人にとって不可能である。とすれば、どうして右に図示したような供述変遷過程が成立しうるであろうか。そもそも単独犯行自白にまで追い込まれたうえで、なおこの筋書を偽らねばならない理由がどこにあるだろうか。そう考えればこの供述変遷は、むしろ、

「三人でやったとすれば」の仮説に立って、IIの筋書（嘘）を演繹した。
　　崩れる
　　↓
「一人でやったとすれば」の仮説に立って、
　　IIIaの筋書（嘘）を演繹した。
　　矛盾追及
　　↓
　　IIIbの筋書（嘘）を演繹した。

という供述変遷過程がおのずと導き出される。単独犯行自白に転回したとき、IIIbと比べてなんら軽重の差のない虚偽自白（IIIa）が供述されたということは、そもそもの最初から、「一人でやったとすれば」というのが架空の仮説であって、そのうえで供述が考えられたことを示している。

それに、IIの自白からIIIaの自白への展開は無実の被疑者の心性の流れとして、非常に自然に受けとめることができる。実際、IIIaは、IIの三人犯行の筋書（これはもちろん架空の演繹である）をそのまま単独犯行に焼き直したものである。三人犯行自白IIが崩れて、それで「一人でやったとすれば」とあらためて考えなおしたとき、最も安易に考えられる筋書が、三人でやった役割をすべてそのまま一人でやったことにするこのIIIaの筋書であった。だからこそよく考えれば自分にはできそうにない筋書であるにもかかわらず、うっかりそこに落ち込んでしまったのである。

つまり前日までの筋書の流れにつられて、強姦―殺人のあと脅迫状を作成したと供述したものの、この脅迫状作成の具体的方法までは、その時点で思いいたらなかったのであろう。だからこそ、具体的に筋書の肉付けを行なおうとして、脅迫状作成のところまで来たとき、はたと困ってしまった。そこでいったんこの点を留保して、翌日あらためて、筋書の大変更をなすに至るのである。そのあたりの経緯は、先に要約した六月二三日員①から六月二四日員②までの四通の調書の流れに、はっきり読みとることができる。

考えてみれば、無実の人間がいったん組み立て三日間にわたって展開してきた三人犯行自白の筋書を一人の犯行に組みかえるのは、そうそう簡単にはいかない仮説演繹である。だからこそ、次項で見るように、この三人犯行自白(Ⅲb)に固まるまでに、数日間を要し、なおいくつかの変遷を続けなければならなかったのではないか。実際、自白筋書の基調がⅢbの流れに転じて以降の調書にも、ⅡおよびⅢaの強姦―殺人を主軸とする基調を引きずっている部分がいくつもみられる。その最も主要なものは、犯行動機に関する変遷である。

最終自白(Ⅲb)と動機の変遷

これまで否認期の供述(Ⅰ)、三人犯行自白期の供述(Ⅱ)、単独犯行自白期の最初の供述(Ⅲa)と追って、この供述の大変遷が真犯人の供述変遷でありうるのかどうかを分析し、前項ですでに最終自白供述(Ⅲb)への導入まで論じてきた。このⅢbへの転回点となったのは、何度も言及したように「あらかじめ誘拐を計画して脅迫状を用意し、もち歩いていたところ五月一日三時半すぎ、山学校近くで一人の女高生が自転車に乗ってやってくるのに出会い急遽計画を実行に移すことを決意し、その女高生をつかまえて、倉さんの首吊りした山の中に連れ込んだ」との六月二四日員②の供述であった。この供述によって、犯行筋書の基調が最終的に大きく変遷したことは前項でみたとおりである。

この基調の変遷に伴って、犯行筋書の個々の部分が変遷する。しかし、これも一気に変遷するのではない。犯行筋書基調が最終的な形態にたどりついた六月二四日員②以降もなお、この基調に沿うべく、個々の変遷が徐々に進行するのである。以下、この変遷のうち、筋書の大変遷を直接反映する犯行動機に関する供述変遷を整理して、はたしてこれが「真犯人の真実の自白に近づく過程」でありうるかどうかを検討することにしよう。

先にくりかえしみたように、IIからIIIaにかけては《強姦—殺人》がメインテーマであり《誘拐—脅迫》は付随的なサブテーマでしかなかったのだが、IIIbにおいては脅迫状をあらかじめ書いて用意していたことになり、この供述変更によって、両テーマの関係は逆転されねばならなかった。そして、この基調の変化に伴って、まず犯行動機が強姦という性的動機から、脅迫という金銭的動機へと大転換せねばならなかった。

つまり、IIおよびIIIaでは、強姦につながる性的動機が出会いの地点から存在し、金銭的動機の方は被害者の殺害後に生じたことになっているのに対して、IIIbでは、出会い地点ではまず身代金強奪という金銭的動機しかなく、性的動機は被害者を山の中に連れ込んで住所・氏名などを聞いたのちに突然湧き上がったことにならねばならない。

ところが、この犯行動機についての供述変遷は、犯行筋書の基調と必ずしも照応していない。ちょうど、IIからIIIbへの変遷がIIIaをはさんでなしくずし的になされたのと同様、動機についてもIIIbの初発以来一週間のあいだ、まったくすっきりしない変遷を経て、ようやくIIIbの完成型にたどりつく。以下、IIIaでの動機部分を含めて、犯行動機の供述変遷をみてみよう。

六月二三日員② （出会い地点で）私がこの時自転車をとめたのは急に若い女が来たのでむうっとなってつれて行ったのです。むうっとしてというのはおまんこをしたくなってという意味です。……中略……私がこの娘を山の中に連れて行こうとしたわけはおまんこをしようと思ったので若し言うことをきかなければ腕づくで無理にでもやってしまおうと考えてつれて行こうとしたのです。

このIIIaでは性的動機だけが、露骨に表現されている。そして翌日、脅迫状作成の供述を変更した調書では、次のように変わる。

六月二四日員② （出会い地点で）この時私が善枝ちゃんをひっぱりこんだのは本当におまんこがしたくなって山の中へ引き入れたということもありますが狙っていた子供でなく善枝ちゃんが通りかかったので誘拐して金を取ろうとしたのであります。そして丁度その時持っていた手紙を使ったのです。

ここではじめて金銭的動機が前面に出るが、性的動機も否定されずに残って、二つの動機が並行しているという形をとっている。次の調書も同じである。

六月二五日員　（出会い地点で）私はその時善枝ちゃんを山の中につれこみましたがその時は善枝ちゃんを殺してしまうというつもりでつれこんだのではなくつかまえて、おまんこをやり善枝ちゃんの家から金を取ったら善枝ちゃんを家へ帰してやる考えで居りました。……中略……（松の木に縛ってから）私はそうしておいて金を取りに行くことにしようと思ったのですがこの時急に気が変っておまんこを先にしたくなってしまいました。これは若い娘だからやりたくなったのです。

ところが同日の検面調書では、出会い地点での性的動機は引っ込んでしまう。

六月二五日検①　（出会い地点で）私は女を殺すつもりで連れ込んだわけではなく、その女学生の親父さんに脅迫状を出して金を取る計画でした。……中略……（松の木に縛ってから）然しその中にその女学生とおまんこをしたいという気になりました。それで……

この検面調書では、出会い地点での性的動機は消え、「山に連れ込んで松の木に縛ってのち」に性的動機に駆られたということになっていて、その後この流れが定着していくことになるのだが、その最終的な形になるまでに、まだ「出会い地点ですでに性的動機があった」とする調書が残っている。ただ、それは員面調書のみである。

六月二七日員①　（出会い地点では、つかまえた動機について触れていない。松の木に縛りつけたとき）、しばりつけたのはそうしておいて善枝さんの家へ金取りに行こうと考えたからです。私は金が欲しかったので財布をとり時計は質に入れて金にしようと思って時計や財布を取ったのです。……中略……私は時計や財布をとってから善枝さんの家へ金を取りに行くつもり

でしたがその時急に気が変って善枝さんのおまんこをやる気になってやってしまったのです
……

この調書だけをみれば、（出会い地点の動機について触れていないので）、先の六月二五日検①の供述とそっくり同じにみえるが、同じ司法警察員の聴取した二日後の調書には再び、出会い地点で性的動機があったことが、消極的な形であれ、認められている。

六月二九日員　（出会い地点で）私がこの時善枝ちゃんを捕まえたのはこの前若い女をみてむうっとなってつれて行ったと言いましたがそれもありましたが私はこの女を捕まえておいて金を取ってやろうという考えで捕まえたのです。私はその時何時そういうことを考えたかというと善枝ちゃんの姿をみてそう考えたのです。……中略……（松の木に縛って、財布や時計をとってから）、私はそれだけ取って善枝ちゃんの家へ金を取りに行こうと思って善枝ちゃんをしばったのですがその時おまんこをしようと思って一度しばった善枝ちゃんの手をほどきました……

この調書では、被害者を捕まえた動機としてむしろ金銭的動機の方が大きかったという形で、性的動機を一部否定しながら、なおかつ否定しきらずに残していることが分かる。しかし、次の検面調書では、明確にこの出会い地点での性的動機が否定される。

七月一日検①　（出会い地点で）善枝ちゃんが自転車に乗ってくるのを見て、咄嗟にこの女学生を山の中に連れ込んで木に縛りつけておき、吉展ちゃん事件の様に脅かしの手紙を女学生の家に届けて金をとろうと思って女学生を呼び止めたわけです。勿論殺すとかおまんこをする心算もありませんでした。

七月一日検② 松の木を後に抱かせて後ろ手に縛る迄は、脅しの手紙を家の人に届けて金を取るだけの目的でした。……中略……時計や財布を盗ってから私はその女学生と急におまんこをする気になり……

さらに一週間後には、被害者を縛った理由として、脅迫状を出して金をとるだけでなく、金目のものを被害者本人から奪う目的もあったという供述も付け加えられる。

七月八日検① この松の木に縛りつけておいて中田方から二十万円取ろうという気持ちと同時に善枝ちゃんの持っている金目の物も取ってしまおうという気もありました。縛ってから取る気になったと話した事もあるが、良く考えてみると縛る前から縛っておいて金目の物を取ろうという気持ちもあったと思います。それは結局その後私が大変金が欲しかったからその場で善枝ちゃんからも金目の物を取ろうという気があったからなのです。

こうして、被害者に出会い、捕えて山の中に連れ込むさい性的動機があったことは否定され、《誘拐―脅迫》を軸とする筋書が完成することになる。しかし、それはⅢｂの筋書が初めて出てから一週間も後のことである。

取調官に呼応した供述変遷

以上の変遷過程をまとめれば、最初Ⅲａの筋書において性的動機のみで捕えたことになっていたのが、脅迫状をあらかじめ書いていたとの筋書に変わってから、金銭的動機が現れ、性的動機の方は少しずつ退いて、逆に金銭的動機が優勢になっていき、最後に性的動機の方ははっきり否定されて、金銭的動機のみで捕えたという筋書になって定着するということになる。

このような漸次的な供述の変遷を真犯人が真実の自白に近づいていく過程だと理解できるだろうか。犯行動機は犯罪行為において最も基本的な部分であって、犯人がこの点について思い違いをしたり、記憶違いすることはありえないといわねばならない。とすれば、七月一日の検面調書に至る以前に供述した犯行動機は偽りだということになる。しかし、すでに単独犯行を自白し、「脅迫状を四月二八日に書いてポケットに入れ持ち歩いていた」と認めた時点で、犯行動機をごまかす必要があっただろうか。そのような必要はおよそ考えられない。

それでは、いったい、この犯行動機についての供述変遷をどう考えればいいのだろうか。考えられる答えはひとつしかない。

三人犯行から単独犯行への変遷は、前にみたように「三人でやったとすれば」という仮説（嘘）が崩れた結果であった。しかしこの仮説崩壊後、確定判決が認定したⅢbが一気に現われたのではなく、いったん三人犯行自白をそのまま縮めた単独犯行自白（Ⅲa）が出てきたことから考えて、「一人でやった」というのも真実の体験記憶ではなく、「一人でやったとすれば……」という新たな仮説構成（つまり嘘）でしかなかった。

真実体験したことならば、なお嘘をつかねばならない事情がほかにないかぎり、思い出すだけで、多少の記憶違いはあれ、ほぼ真実に近い供述が直ちに得られるはずである。そして石川さんが真犯人であるとすれば、彼には六月二三日以降、もはや嘘をつかねばならない事情はなかった。

すでにその時点で最悪の供述をやってしまっていたからである。とすれば、その後の供述変遷は真犯人の嘘ではありえない。結局、この供述変遷は無実の人が行なった仮説演繹と考える以外にはない。仮説演繹の過程は体験記憶の喚起とは違って一気には完成しない。真実犯行を体験していない者にとって、犯行の証跡をすべて勘案して、その筋書を演繹的に構成することは難しい。よほど明晰な頭脳の持主でもこれを一気に果たし、全証拠を配慮した遺漏のない筋書を構成することは至難である。そのために、前に立てた仮説演繹(嘘)の筋書に引きずられたり、それまで考えに入れていなかった証拠との矛盾を正したりしながら、試行錯誤的に筋書変更が進行する。

また、真犯人ではない被疑者の虚偽の自白構成については、もう一つ重要な要因を考えねばならない。それは、この虚偽の自白構成(仮説演繹)が単に被疑者のみの作業として行なわれるのではなく、いわば取調官との共同作業として行なわれるという点である。取調官もまた犯行体験者でない以上、取調べの過程そのものにおいて、犯行筋書を仮説演繹し、これを証拠に照らして検証していかねばならない。つまりこのばあい、被疑者と取調官とが、ともに事件の非体験者として事件の筋書を諸証拠・諸情報から組み立てることになる。そしてその結果がひとつの自白へと収斂していく。

そう考えてはじめて、先の犯行動機に関する供述変遷の意味を了解することができる。つまり、この供述変遷とそれぞれの供述を聴取した取調官との関係をみてみると、そこに対応関係があることが歴然としているのである(表5参照)。

三人犯行自白(II)においては、出会い地点で性的動機のみによって行動したことになってい

表5　動機に関する供述と取調官の関係

調書	自白筋書	取調官名	出会い地点での動機
6・20〜6・22 員	三人犯行自白（II）	青木・遠藤（関）	性的動機のみ
6・23 員	単独犯行自白（III a）	青木・遠藤	性的動機のみ
6・24 員②	←	青木・遠藤	性的動機＋金銭的動機
6・25 員①	←	青木・遠藤	性的動機＋金銭的動機
6・25 検①	←	原	ふれず　金銭的動機
6・27 員①	←	青木・遠藤	ふれず　金銭的動機
6・29 員①	←	青木・遠藤	性的動機（小）＋金銭的動機（大）
7・1 検①	←	原	性的動機否定　金銭的動機のみ
それ以降	（III b）	原が中心	（これ以降はこのまま）

青木・遠藤の流れ

原の流れ

たし、単独犯行に移ってからも最初の日(六月二三日)は、性的動機のみで被害者を捕えたことになっていた。これらの供述を聴取した取調官はいずれも青木・遠藤員であった。この取調官も、被疑者石川さんと同様、三人犯行仮説の筋書を単独犯行仮説の筋書に切り替えるとき、動機部分をこの仮説変更に応じて切り替えることに失敗し、脅迫状作成についての供述変更(六月二四日員②)後に初めて、金銭的動機を持ち出しえたのではないだろうか。でなければ、石川さんが単独犯行に転じたその時点で、動機部分の供述の不整合を問い質していてもよさそうなものではないか。しかも、その後もそれまで供述していた性的動機を取り下げることができなかった。出会い地点での性的動機を否定する検面調書が出てもなお、これを引きずって行き、ただ動機のアクセントを金銭的動機の方に徐々に移していったにすぎない。このことからみて、そこに取調官自身の仮説演繹が色濃く反映していることが分かる。

それに対して原検事のばあい、三人犯行自白後の最初の取調べが六月二五日であった。その点で、彼はそれ以前の自白の筋書からある程度自由でいられたはずである。つまり、それまで石川さんが供述していた犯行動機にはこだわらず、むしろ「脅迫状をあらかじめ書いて持っていた犯人が単独で被害者に出会った」という筋書の想定から、性的動機の方ははずし、金銭的動機のみを取り出すという演繹が可能になったのではないか。

このように犯行動機に関する供述変遷は、供述を誰が聴取したかということと呼応している。そこには被疑者の仮説演繹作業のみならず、取調官の仮説演繹作業が深く絡んでいて、いわば共同作業による仮説演繹がなされ、それによって供述が大変遷していくさまを見ることができるのである。

以上、単独犯行自白への大変遷の過程の分析から

・石川さんが兄への嫌疑を心配して全面自白したとの供述そのものが矛盾を含み、彼の無実を示唆していること

・単独犯行自白になってからも、まず石川さんにはまったく不可能な、自力での脅迫状作成という行動を含む供述（Ⅲａ）を行ない、そのうえでこの供述を、まったく基調の異なる筋書に組みかえてはじめて確定供述に至ったことは、これが体験者の記憶喚起・修正の過程ではなく、仮説演繹（嘘）の組替え・積み重ねの過程であったことを証明していること

・全体基調がⅢｂになってからなお、取調官との組合せに呼応して、犯行動機供述に不分明な点を引きずっているのは、彼らがこれまでの仮説演繹を払拭しきれなかったことを示すのみならず、この供述形成過程が、取調官と被疑者である石川さんとの共同作業であったことを物語っていること

こうした結論を、私たちは導き出すことができたのである。

4　無実を証明する供述変遷過程

否認から自白に至る石川さんの供述変遷過程を一つひとつ追ってみて、私たちは、すでにこれが真犯人のものではありえないとの結論に到達している。しかし、供述分析がかなり細部にまで入り込んだので、全体の見通しについては必ずしも十分納得してもらえなかったかもしれない。そこで最後に、要約の意味をかねて、もし石川さんが最終自白（Ⅲb）の犯行を実際に行なった真犯人であったとすれば、その供述変遷はどういうものになるはずであったかを描いてみて、石川さんの現実の供述と比べてみよう。

もし最終自白Ⅲbが真実であれば——。

否認期　石川さんは、善枝さんに午後四時前に出会い、つかまえて、山の中に連れ込み、強姦、殺害、七時半ころ中田家に脅迫状を投げ込み、それからＩ養豚でスコップを盗み、死体を農道に埋めて、帰宅したのが夜の九時すぎということになる。そこで、石川さんは逮捕前、自分の周辺に捜査の手がのびていることを知って、嘘のアリバイを用意する。そのアリバイは、当然、午後四時前から九時すぎの時間帯を含むものでなければならない。ところが石川さんの逮捕前の上申書、逮捕直後の供述では、事件当日の朝から午後の四時までのアリバイを申し立て、あとは家に居たとしている。こんなことが真犯人にありうるだろうか。

また当時、警察が入手していた客観的証拠について、真犯人ならば、これをつきつけられたとき、相手が確証を握っていないかぎり、防衛的な嘘をついて、否認の嘘をより完璧なものにするはずである。たとえば、死体を縛っていたタオルや手拭、また犯行との関連を疑われたスコップなどについて、その入手可能性を強く否認するとか、身代金受取りの際に残されたと考えられる足跡が兄六造の地下足袋のものと疑われた点について、自分は兄より足が大きくて、これをはくことはできぬし、またはいたことはないと言い張るか、あるいは最重要証拠である脅迫状についても、どうやっても自分には書けないと主張するとか、そういう嘘があって当然と思われる。ところが、石川さんの否認期供述には、Ⅲb自白に照らしてみて、その種の連動的な嘘がまったく認められない。反対に彼は、タオル、手拭、スコップが入手可能であり、兄の地下足袋は痛いけれどもはいたことがあり、脅迫状は手本があれば書ける等のことを認めていて、結果的にみるとⅢb自白はこの否認期供述の上に順接的に積み上げられている。真犯人にはこのような無防備な供述は考えにくいと言わねばならない。

三人犯行自白期　否認期には、取調官は、石川さんに脅迫状作成を中心に石川さんを追及していた。また、事件について共犯の可能性を念頭においていた。それゆえ、一部自白に踏み切ったとき、脅迫状作成を中心にした部分のみ認め、強姦・殺人・死体遺棄の部分を他の共犯者によるものとするのは了解できる。問題は、そのうえでどういう犯行筋書を描くかである。Ⅲbを実体験として記憶しているならよほど特別の事情がないかぎり、これが下敷になる。そうだとすれば、少なくとも、誘拐して脅迫し身代金を奪取しようとの動機をメインとして、結果的に強姦―殺人に至ったという筋書が基調となることは、まず間違いない。ところが石川さんの三人犯行自白の供述は、反対に強姦―殺人をメインとし、脅迫して身代金を奪取しようという話は付随的なものでしかなかった。つまり、Ⅲbの下敷などまるでなかったかのような自白なのである。

しかも、一挙に全面自白するのではなく、一部自白で取調官の追及をくいとめようとしたのであるならば、少なくとも自白してしまった脅迫状作成に関わる部分については、もはや偽る理由はない。まして、脅迫状文面に明瞭に痕跡を残している「訂正」部分については、取調官がすでに掌握している事実であるから、そんな点まで知らないと強弁する理由はない。ところが、現実の石川さんの供述には、そうした点にさえ虚偽がいくつも認められるのである。

単独犯行自白期　単独で犯行のすべてをやったと認めたとき、真犯人としては、取調官に完全に屈服したことになる。なんとか頑張って一ヵ月近くものあいだ否認を貫き、さらに三人犯行自白で三日間しのいだのである。その間は、緊張に続く緊張で息を抜く間もなかったはずである。その真犯人がとうとう自分一人でやったのだと自白した。そこで緊張の糸がプツンと切れ、それまでくいとめていた真実の自分の犯行体験がどっと吐き出される。誰もがそう思うであろう。ところが、単独犯行を自白したその日の供述は、前日までの三人犯行自白の筋書をそのまま単独犯行におきなおしたもので（Ⅲa）、それが翌日から、まったく別の筋書の自白（Ⅲb）に書きかえられていくのである。全面自白にいたってからのこの犯行筋書の大きな変遷は、およそ真犯人のものとは考えられない。Ⅲａから Ⅲｂへの変遷は、犯行筋書の基調が、強姦―殺人にあるか誘拐―脅迫にあるかという根本的な変遷を含むものであって、記憶間違いとか言い間違いとはおよそいえない。しかもこの変遷が、取調官の異同と呼応していることを考えると、この変遷には取調官おのおのの事件構想が強く反映しているといわざるをえない。

このように否認期、三人犯行自白期、単独犯行自白期のいずれの供述も、石川さんの無実をはっきりと示している。「自分が一人でやった」という全面自白供述ですら、その文字面とはうらはらに、自白の虚偽性を暴露しているのである。

第3部

供述分析その二［小変遷分析］

――体験の供述か、論理的構成か

第1章 逆行的構成の検出

以上、供述の大変遷過程の分析から、私たちはすでに、この変遷過程を「真犯人が嘘の否認を行ない、ついで嘘の三人犯行自白に逃げ込んでいたところを、結局、取調官の追及に耐えきれず、真実自分の犯行体験を自白するにいたった」ものではなく、反対に「無実の人が、真実否認していたのに、身柄を拘束されて取調べられ、その圧力のなかで追及をうけ、自白をせまられた結果、嘘の一部自白(三人でやったとすればという仮説のもとに演繹された筋書)に追い込まれ、さらに嘘の全面自白(一人でやったとすればという仮説のもとに演繹された筋書)に陥った」ものと理解する以外にないとの結論に達した。

しかし、この供述変遷の大筋の分析から、供述の細部に突っ込んでみていくと、石川さんの自白が嘘でしかない証拠を、さらにいくつも見出すことができる。これを先に私たちは、供述小変遷の分析と名づけた。

1 体験の記憶と論理的構成

供述の細部の小変遷・小変動を分析する方法についても、これまで組織的な形で論じられることがなかった。さきの供述大変遷の分析において、最初にその方法を試論的に展開し、そのうえで石川供述に適用してきたが、ここでもまず供述小変遷を論じるための方法を明らかにするところからはじめよう。

前にも述べたように、真実の自白と虚偽の自白とでは、その供述の心理過程がまったく異なる。真実の自白は、真犯人が実際に行なった犯行の体験を記憶によって供述したものであり、虚偽の自白は、これまでみてきたように、自分が真犯人ならばと想定して、そのうえで取調官の突きつける証拠・情報を、理屈のうえでつなぎ合わせて構成したものである。いいかえれば前者は、体験の流れに即したものであり、後者は論理的構成の要素を多分に含むものである。それゆえ、体験による記憶と論理による構成という供述心理過程の違いが、供述のなかにどう現われてくるかをみることによって、自白の虚偽判別の指標を見出すことができる。

体験はいつも時間の流れのなかで進行する。それまでやってきた行動のうえで、いまある行動を行ない、つぎに何をしようかと考える。そういう《それまで―いま―つぎ》という過去―現在―未来の流れのうえで体験は進行する。そして、その体験の記憶もまた、同じ時間的な構造をもつ。人間の行動の意味の脈絡というのは、つねに時間的なのである。それに対して論理的構成の方は、そうした時間性をしばしば無視する。犯行のあとに残された証拠や情報の多くは、時間の刻印をもたず、実際に犯行を体験していない供述者は、それを時間の流れのうちにどう配列するかを、理屈のうえで考える以外にない。そこのところに、体験の流れとのずれが生じる。

事情は、証拠を収集し、事件の筋書を組みたてて被疑者を逮捕、追及する警察官・検察官についても、さらにまた、検察から提示された証拠を吟味し、心証を形成して判決を下す裁判官にお

図19　体験の流れの時間性と証拠の無時間性

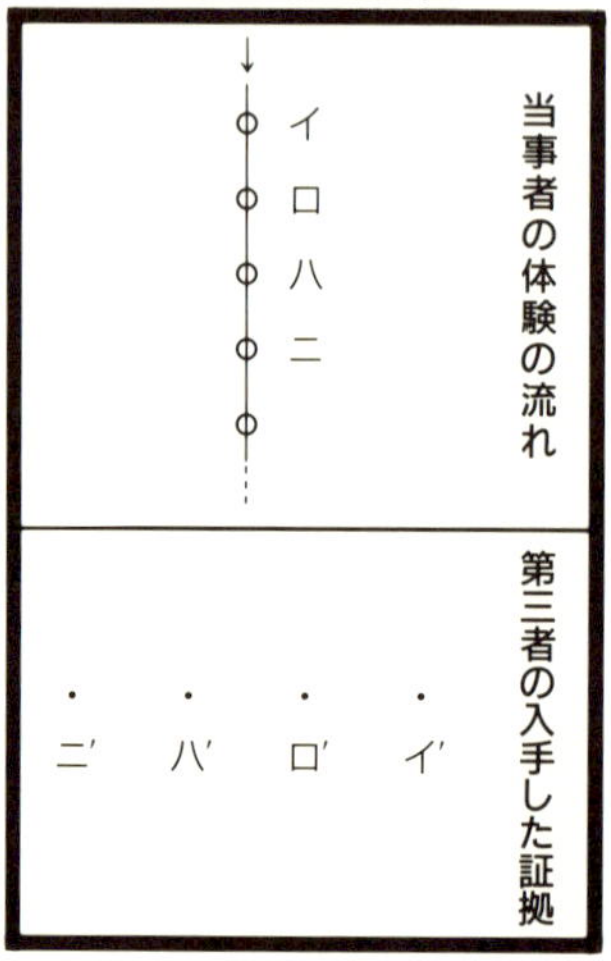

いても、変わらない。つまり、警察官、検察官、裁判官など第三者に与えられる証拠は、時間の流れにそって与えられるのではなく、文字通り一度に目の前に与えられる。たとえば当事者たる犯人は、イ→ロ→ハ→ニというように、出来事を時間を追って体験してきたとしても、第三者には、その結果がイ′、ロ′、ハ′、ニ′という証拠として、同時に目の前に与えられるのみである（図19）。そこでこれらの証拠から事の流れを再構成しようとするとき、とかく論理的にこれらをつなぎあわせてよしとするために、体験者が体験の流れのなかで実際にたどった筋道と大きくくずれてしまう。

さて、ではこれを供述分析にあてはめたとき、どういうことがいえるであろうか。分析の対象となる供述が、真犯人の真の自白や、真の目撃者の真の供述であれば、当然、体験の時間的な流れに即した特徴をもつ。それに反して、無実の人の虚偽の自白や、偽の目撃者の虚偽の供述には、時間の流れに逆らう論理的構成の痕が見出されることがある。もちろん論理的に構成したとしても、時間の流れを十分に考慮できれば、見破りようのない完璧な供述ができるかもしれないが、実際にはそのようにまったく遺漏のない構成は不可能であるといっていいほど難しい。たいていの場合は、完全には目配りができなくて、どこかで「時間の流れに逆らう論理的構成の痕」が露呈する。それゆえ問題は、この痕を供述のなかからどう検出するかである。

2 甲山事件の一例から

ひとつ具体例をあげて考えてみよう。実は、私がいま述べてきたような「体験による記憶」と「論理による構成」との違いという問題に初めて気づかされたのは、一九七四年、西宮市の精神薄弱児収容施設、甲山《かぶとやま》学園で起こったいわゆる甲山事件の裁判で、知恵遅れの園児たちの供述を分析したときのことである。この事件は同施設の保母が、夜八時ごろ一人の園児をつれて寮の廊下を通り非常口から連れ出して、寮の裏の浄化槽に投げ込んで殺したとされた事件である。証言台に立った一人の少年は、保母が被害園児を連れて寮の廊下を非常口に向かい、そこから外に引きずり出すところを見たと証言した。

問題は、この少年の目撃証言が真実なのかどうなのかということなのだが、それを判断するうえで注目すべきは、彼がこの目撃体験の前後の体験として語った供述である。それによると、保母が被害園児を連れて非常口の方へ向かうのを見たとき、彼は恐かったので廊下わきのトイレに身をかくして、頭だけ出して見ていたという。そして二人が非常口から外へ出たあと、自分も非常口まで行ったが鍵がしまっていて開かなかったので、寮の裏に面した窓から外をのぞき、見えないので、さらに廊下にひきかえして洗面台のところまで来て、その上に上がって裏を見たが、誰の姿も見えなかったという。

一読しただけでは、この供述で語られた体験の流れに何の不思議もないようにみえるかもしれない。しかし、当の寮の地理的関係を頭に入れ、供述通りのことを時間の流れに沿って追体験的にイメージしてみると、そこに非常に奇妙な事実が浮かびあがってくる（図20）。

ひとつは、保母が被害園児を連れて廊下上を非常口の方へ向かっているのを見たとき、少年が恐くて女子トイレに身をかくして、そのうえで後の事態を見つづけたという点である。当然のことだが、これは事件発生以前のことであって、その時にはまだだれも事件が起こるということを知ってはいなかった。とすれば、廊下上で保母が一人の園児を連れて行くのを見て、どうして恐いと思えるであろうか。保母が寮内で園児を連れて歩くなどということは日常茶飯のことであって、恐がる理由はまったくない。なのに少年は、これを見てトイレにかくれねばならぬほど恐いと思ったというのである。なぜなのだろうか。答えはひとつしかない。事件後の情報、つまり「園児が寮のうらの浄化槽に投げ込まれて死んでいた」という情報が少年の心の内にあって、これが彼の供述のなかに入り込んでいたのである。

少年がこういう供述をはじめたのは、事件から三年後のことであった。たしかに、彼が実際に目撃したのちに、この目撃事態が園児死亡という事件につながったと知ったとすれば、もともと恐くなかった目撃事態が記憶のなかで、「恐い」ものとして潤色されるということはありうる。し

図20

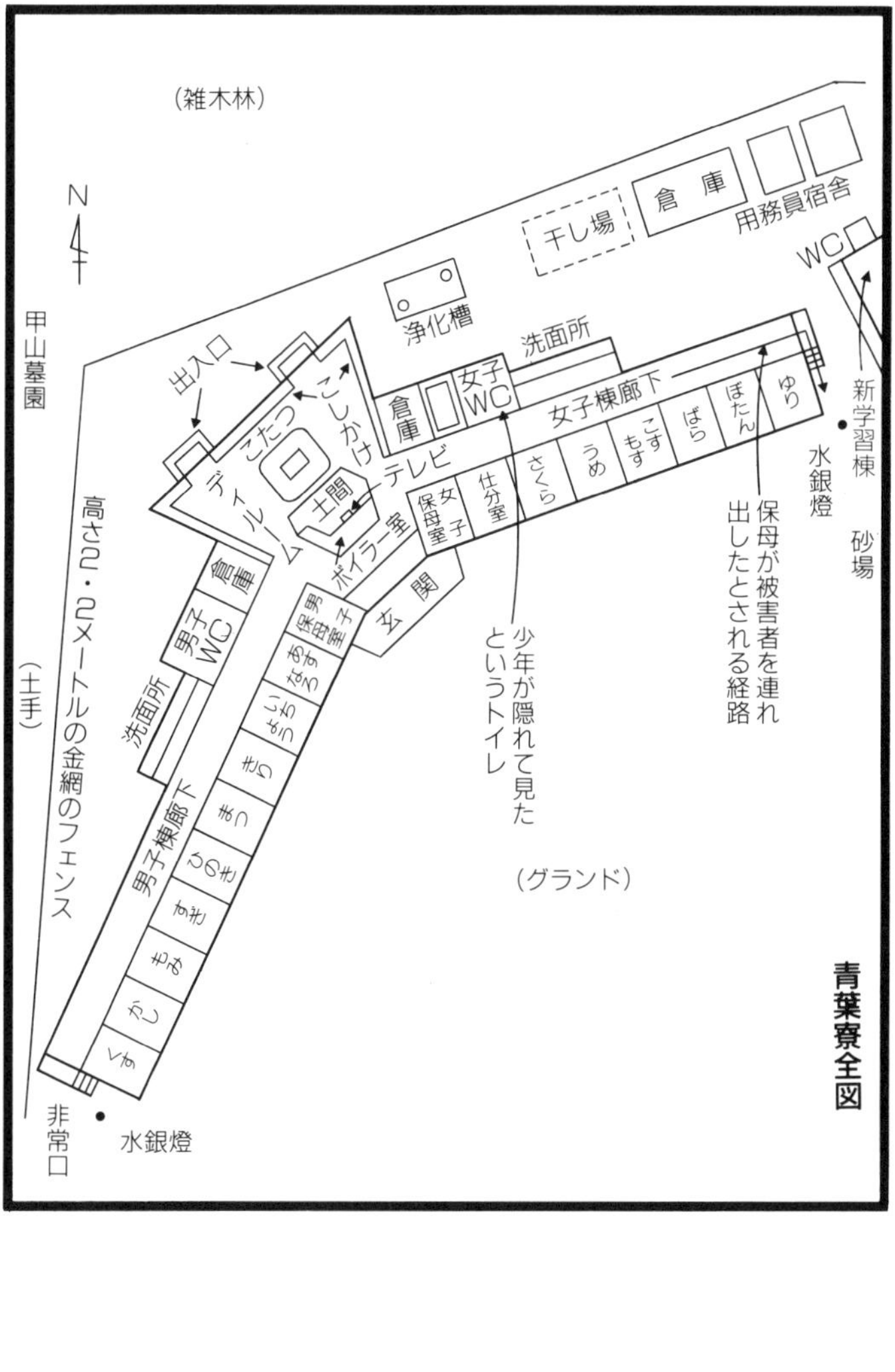
(雑木林)
N
倉 庫
用務員宿舎
干し場
WC
浄化槽
洗面所
甲山墓園
出入口
こしかけ
こたつ
倉庫
女子WC
女子棟廊下
新学習棟
テレビ
デイルーム
土間
ボイラー室
保母室
女子
仕分室
さくら
うめ
こすもす
ばら
ぼたん
ゆり
水銀燈
保母が被害者を連れ出したとされる経路
砂場
倉庫
男子WC
男子保母室
玄関
高さ2・2メートルの金網のフェンス
(土手)
洗面所
あすなろ
いちょう
きり
まつ
ひのき
すぎ
もみ
かし
くす
男子棟廊下
少年が隠れて見たというトイレ
(グランド)
青葉寮全図
非常口
水銀燈

かし、彼の供述によれば単に「恐い」と思ったというのではなく、恐かったのでトイレに隠れて見たと、その行動までがその後の情報によって左右されたことになる。つまり、目撃したその時の体験が彼を恐怖に駆りたてたのではなく、その体験の時点では知りようのない未来の情報が彼を恐がらせ、彼を隠れさせたことになる。これは明らかに時の流れに逆らう構成である。

もうひとつは、目撃したあとの少年の行動である。少年が目撃したような事態が現にあったと仮定して、その少年の立場に身をおいて目撃体験をなぞりなおしてみよう。保母が園児を連れて非常口から消える。そこで彼は、その非常口のところまで行ってドアのノブをまわしてみるが開かない。そこで廊下の北側にあった窓から背のびして外を見てみたが、何も見えない。廊下には北側にしか窓がないから、まず自然な行動といってよい。ところが彼はそこだけであきらめず、廊下をずっと戻って洗面台のところまで行き、その台にのぼってそこの窓から寮の裏を見る。しかし見えなかったというのである。

寮の地図をみれば分かるように、非常口から外に出たとすれば、そこからは寮の裏だけでなくグランドにも砂場にも教室棟にも用務員宿舎にも行くことができる。二人が非常口から消えたとき、そこからどこへ行ったかは分からないはずである。にもかかわらず、少年のその後の行動は、まるで二人が寮の裏へ行ったことを知っているかのように、しつこく裏をのぞいているのである。ここでもまた、事件発生後に初めて分かる未来の情報が、彼の行動を支配している。

図21に示したように、少年が廊下で保母と園児を見かけ（a）、保母が少年を無理やり連れ出すところを目撃して（b）、そのあとこの園児が寮裏の浄化槽で死んでいたことを知った（c）とい

うだけならば、このa、bの目撃供述の虚偽性を疑う根拠はない。ところが、aからはさらに「恐くて隠れた」(a′)、bからは「寮裏をしつこく見ようとした」(b′)の供述が付け加わってa→a′→b→b′→cというふうな流れになったとき、私たちはこの供述をもはや真実の体験にもとづくものと考えることはできない。というのも、このa′、b′は事後のcなしには考えられないものだからである。このように時間の流れに逆らってa′、b′といった要素が入り込むのは、cを知ってしまった後では、このcを無視して考えるのがひどく難しいからである。論理というのはもともと時間を離れ、これを無視する傾向をもつ。いまの少年の供述のa→a′→b→b′→cについても、あえて時間の流れのなかに身をおき、体験者として追体験してみようと努めて初めて気づくのが関の山であり、うっかり流し読みしたのでは、そのおかしさに気づかない。第一、この少年の供述を聴取した警察官、検察官でさえこれをチェックできずに聞き流して、そのままに聴取しているのである。

人がこのように時間の流れを無視し、これに逆らった供述をするとき、それは体験にもとづかない論理的構成によっているのである。これを私は「逆行的構成」と呼んでいる。

この逆行的構成にはいろいろな型がありうる。しかし、これを見出すための基本方針はひとつである。

図21

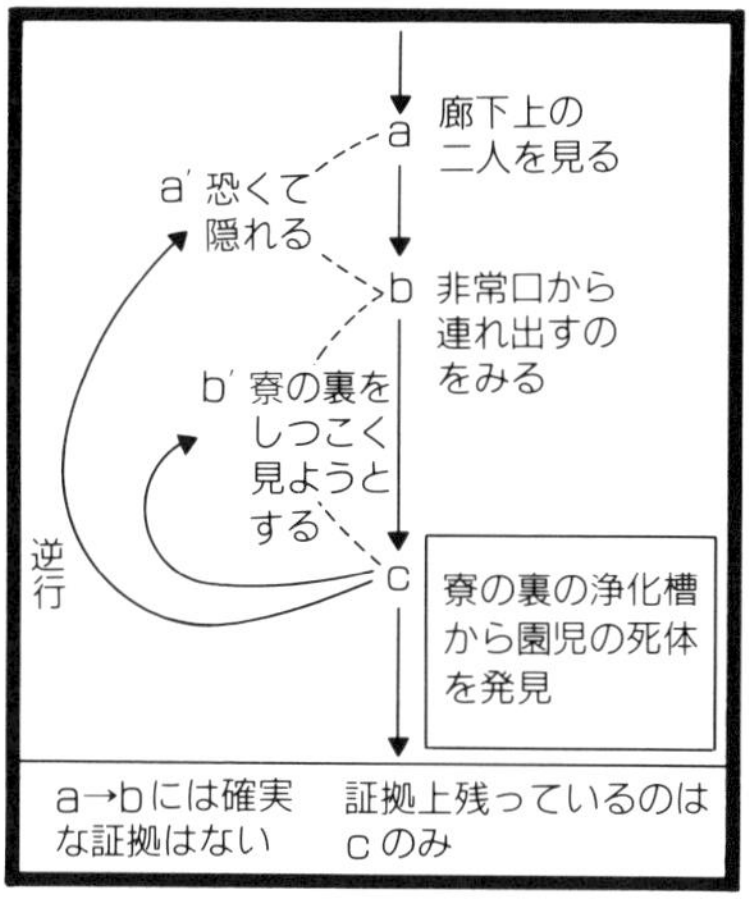

つまり

供述を、体験者の視点から時間の流れに沿って追体験的に追ってみて、時間の逆行がないかどうか、後に発見された諸証拠を考慮して初めて了解できるような供述要素が入り込んでいないかどうかをチェックすることである。

そこで以下、この方法を用いて、第二部では十分に分析することのできなかった供述の細部、そこでの小変遷をとりあげ、これを分析することにしよう。

石川さんの最終自白Ⅲｂの事件構成におおよそ従って、以下の順で、とくに目立ったものだけをとりあげることにしよう。

一　脅迫状の作成とその動機
二　見知らぬ女子高生の誘拐と脅迫状の訂正
三　強姦―殺人と死体の状態――手拭、タオル、ズロース
四　死体の逆さ吊り――芋穴とビニール風呂敷
五　鞄の処分――鞄、教科書・ノート、ゴム紐

第2章

五つの場面にみる構成の痕

分析その1

脅迫状の作成とその動機

石川さんを本件に結びつける最大の証拠は、脅迫状の筆跡であった。実際、これまでみてきたように供述大変遷の常に要となってきたのが、脅迫状であった。まず逮捕状請求に際して本件の一部をなしていた「恐喝未遂」は、脅迫状の筆跡を決め手としていたし、その後の取調べ過程でも、この点についての追及が最も集中的になされたことは、すでに第一部、第二部で詳しくみたとおりである。

そして六月二〇日、三人犯行自白に追い込まれたときも、自白の軸となったのが脅迫状の作成と投入の筋書であり、さらに六月二三日単独犯行自白が出て、翌二四日誘拐―脅迫を基調にした筋書（Ⅲb）へ大変遷していくのも、脅迫状の文面に「二度書き」の痕跡があったことが関わっている。このように脅迫状は、石川さんの逮捕―取調べ―自白の過程で終始重要な役割を果たしてきた。

そこで、脅迫状作成に関する供述を、これまでの分析とは違った角度から、再整理してみよう。

1 脅迫状作成

脅迫状に関わる出来事の流れ

脅迫状作成に関する供述を、否認期、三人犯行自白期、単独犯行自白期と追ってみてみると、おのずとひとつの流れがみえてくる。脅迫状が中田家に投入されて、事件が始まったその時点から、脅迫状をめぐって展開された出来事を描けば、次のようになる。

ⓐ 五月一日中田家に投げ込まれた脅迫状は、真犯人を捕えるための最大の手がかりであった。この証拠物に対して多大な捜査がなされ、種々の推論が展開されたことは間違いない。

ⓑ そして、他の状況証拠等から犯人の絞り込みがなされ、捜査線にあがった人物について、その筆跡採取の努力が続けられた。そのなかで石川さんが有力容疑者として浮かびあがり、逮捕されるにいたった。そこで当然、石川さんは「お前が脅迫状を書いたのではないか」との追及をうける。

ⓒ しかし、石川さんは、当初、脅迫状を書いていないと否認しただけでなく、そもそも自分

には、このような脅迫状を一人では書けないと主張した。とくにそのなかに出てくる漢字は、当時の彼には難しい。そして脅迫状に出てくる漢字を単独で書く能力がないとの石川さんの主張は、取調官も認めざるをえなかった。つまり、石川さんと脅迫状作成とを直接結びつけることはできなかったのである。

ⓓ そこで、石川さんと脅迫状とを結びつけるためには、論理的にいっても、なんらかの媒介がなければならなかった。そうした媒介として最も考えやすいのが

　誰かに教えてもらった

というものである。実際、否認期においてすでに（脅迫状に出てくるいくつかの漢字について具体的に聞かれて）、「私はそんな漢字は書けません。誰かが書いて見せてくれれば真似て書く事位出来るかも知れません」（六月九日検②）との供述がある。然し、そして実際、三人犯行自白で、自分が書いたと認めたときに、友達に教えてもらって書いたことになったのである。しかし、石川さんを無実とみる立場からだけでなく、彼を真犯人をみる立場からも、これは虚偽であった。つまり、それは一種の仮説演繹によって論理的に構成されたものであったと考えねばならない。

　脅迫状を自分は単独では書けない。
←脅迫状は私が書いた。
←とすれば、誰かに教えてもらったのでなければならない。

というふうな推論の結果だったはずである。

ⓔ　しかしこの推論は、この「教えてくれる誰か」がいなければ成立しない。単独犯行となると当然、「教えてくれる誰か」はいないことになるから、右の推論はあらためて再考されねばならない。そこで、教えてくれる人なしに、自分で書いて、しかも自分の手持ちの筆記能力以上の脅迫状を書けるためには、何かの本をお手本にして練習して書く以外にないことになる。これが最終的に確定した脅迫状作成の筋書となる。

石川さんの脅迫状作成にまつわる供述をたどると、おのずとこのⓐ〜ⓔにいたる出来事の流れがみえてくる。これは、はたして真実の体験者がその体験を徐々に供述していった過程であるといえるだろうか。問題なのは、ⓓからⓔの過程である。そこでは、脅迫状作成を認めた石川さんが、「書く能力をもたぬ自分が書くためにはどうすればよいか」という理屈のうえの発想でもって、「誰かに教えてもらった」（ⓓ）という供述を構成し、これが駄目ということになると、「雑誌から漢字を拾い出して、これを手本に書いた」（ⓔ）という供述を構成したというふうに、論理的に筋立てていった可能性が強い。

実際に当時の石川さん程度の書字能力しかもたぬ人間が、子どもを誘拐してお金をとろうとしたときに、どのような方法をとるかを、ひとつの体験の流れとして追体験的に思い描いてみれば、どうであろうか。

脅迫状作成に関わる供述を体験の流れとして考えうるか

そこで、証拠として残された脅迫状を念頭から排除して白紙にしたうえで、犯人である石川さんがⅢbの筋書どおり、吉展ちゃん事件にヒントを得て、これから脅迫状を書こうとしている場面を想定してみよう。このとき彼は、どういうふうにして脅迫状を書こうと考えるであろうか。Ⅲbにいうとおり、雑誌を手本にして、漢字を抜き出し、練習して脅迫状を書くということが体験の流れとして自然に考えられるであろうか。

彼の筆記能力はたしかに非常に低い。とくに漢字はわずかしか書けない。しかし、まったく文字が書けないわけでなく、一応平仮名は書ける。とすれば、とりあえず自分の手持ちの筆記能力で書こうとするのが最も自然ではないか。少なくとも漢字で書く必要はない。それとも偽装のためにに、あえて難しい漢字を使ったとでもいうのであろうか。筆記能力の高い人間が偽装のためにわざと下手に書いたり、仮名だけで書いたりすることは考えうることだが、その逆がはたして犯人心理としてありうるかどうか、はなはだ疑問である。その種の前例は、少なくとも私たちの知るかぎりでは存在しない。

また、たとえ筆記能力の低い人間が偽装しようとしたのだとしても、雑誌を手本にして字の練習をしてから脅迫状を書くなどという手段をとるものであろうか。それくらいなら、むしろ雑誌から文字を切り取って使う方がずっとましである（漢字を十分読めない人に、そもそも脅迫状に使う漢字を選び出すというようなことができるかどうかも疑わしいが）。さらにいえば、字を書きなれない人間には、電話が一番自然であろうし、吉展ちゃん事件からヒントを得たというのであれば、電話で脅迫するという方法をただちに考えるはずである。ともあれ知らない文字を練習して脅迫状を書くなどという姿は、体験の流れのなかではいかにもこっけい至極である。

石川さんを犯人として、彼が誘拐―脅迫を思いついた時点に身をおいて、どういう方法で脅迫を行なうか、あるいは脅迫状を書くとすれば自己の筆記能力でどういう脅迫状をどのように書くかと考えてみたとき、それは、本事件で残されている脅迫状にどうしても結びつかないのである。

体験者ではない人間が、与えられた証拠から事件の真相を捉えようとするとき、とかく、体験の流れどおり時間の順に従って白紙から脅迫状を書いていく場面を想像するのではなく、反対に出来上がった脅迫状から逆に遡って考えていく。これは第三者たる捜査官や裁判官には自然な発想かもしれない。しかし、事の判断を誤らないためには、事後的に与えられた証拠でもって逆行的に過去の事件を再構成した結果が、時の流れの中で考え動いていく当事者の体験の流れと、ややもすると大きくずれることを常に念頭に入れておかねばならない。実際、本件のばあい、石川さんの筆記能力から考えられる自然な体験の流れと、脅迫状から出発してこれを結びつける論理的構成との間には、あまりに大きなずれがある。

2　脅迫状作成の動機――金銭的動機の中身

本件の最重要証拠である脅迫状は、もちろん娘の命と引きかえに二〇万円の金を奪おうとの動機によるものであった。ただ、何のためのお金かという点については、三人犯行自白(II)、単独犯行自白初日(IIIa)では、強姦して殺してしまったので逃走に要する金を得るためだとされ、最終自白IIIbになってようやく、強姦にいたるまでにあらかじめ脅迫状を用意しており、お金を奪取するのが当初からの予定であって、強姦・殺人は予定外の行動だったということになっていく。

では《誘拐―脅迫》という危険な犯罪を犯してまでお金を手に入れなければならない切迫した事情が、石川さんにあったのだろうか。《誘拐―脅迫》を基調とする自白(IIIb)を行なって以降、お金を必要とした事情を、石川さんがどう供述しているかをみてみることにしよう。

供述変遷の跡

例によって、これについても供述がいろいろ変わる。すでに単独犯行を全面的に自白してしまったあとなのに、なにゆえそのような供述変更がなされねばならなかったのか、まったく不可解なのだが、ともあれ供述の変遷を追って整理しておこう。

Ⓐ　競輪をやるため――六月二四日員①の供述

私は今年の三月頃これはI豚屋をやめてからですが、東京でよしのぶちゃんという男の子が誘かいされ、犯人から五十万円とか百万円とかを持ってこいと言われてその金を持って行ったところその金を取られてしまい犯人がなかなか捕まらないでいるということをテレビを見て知りました。私は競輪が好きで西武園や立川、大宮などの競輪場へ時々遊びに行きました。私が今度善枝ちゃんを殺すようなことになったのも吉のぶちゃん事件のように巧く子供を誘かいして競輪に使う金を取ってやろうと考えたことがあります。

私はI豚屋をやめた後の三月四月頃は大体兄《あん》ちゃんがやっている鳶職の手伝いをしていました。そして三月は、二万円位、四月一万五千円位五月は二万一千円位働きました。三、四月はこの金を兄《あん》ちゃんから貰ったが五月はまだ貰っていません。三月、四月の二ケ月は家へ一万円宛入れました。この二ケ月に、西武園競輪に五回位行きまして一万円位費っていると思います。

金銭的動機の中味として最初に語られたのが、この「競輪」である。しかし、三月、四月に競輪で使った金をみると、大した額ではない。身をほろぼすほどのめり込んだ様子もなければ、分不相応な借金をした形跡もない。そこには、誘拐―脅迫までして「二十万円」をとって競輪したいという切迫感も強迫感もない。そのためであろうか、「競輪をやりたい」ためという動機の供述はこの日限りで、しかも、のちにははっきり嘘だったと否定されることになる（七月六日員①）。

それればかりではない。そもそもこの金銭的動機の内容自体が、その後まるまる一週間のあいだまったく触れられていない。お金を奪取するためという動機が本件の根本動機であるとされながら、それでは何のために金が要ったかについて、十分な説明がなされていない。しかも、一週間触れられずにいたこの点が、次に供述されたときには、まったく内容が違っているのだから驚く。

Ⓑ　借金を返済して東京に逃げるため――七月二日検①

私は、借金としては、自動車の修理屋のOさんに修理代金二万五千円の借金がありました。その外には私の借金としてはありませんでしたが、私のオートバイの事でおとつあんがOさんに七万円支払ってくれております。この金はいつかはおとつあんに払ってやりたいと思っていました。私が借りたオートバイをTが乗り廻して壊した為Mさんに修理代三万八千円位支払う事になっていますが、この金はTが払うべき金であります。

然しTが払わなければ私にも責任がある金でもあります。

私は子供を連れ去って脅かし、二十万円取る事を考えましたが、二十万円取ったら、七万円はおとつあんに支払い、Oさんに修理代金二万五千円支払って残り十万円位を持って東京に逃げる心算でした。

ここでは、誘拐―脅迫という大犯罪、大冒険によって得たお金を借金の返済にあて、その残りで東京に逃げると供述して、これでもって金銭的動機の中身を説明している。ところが、そこまで危険を冒して金を手に入れなければならなかったというさし迫った状況は、調書上どこにも見当たらない。つまり、「せっつかれてどうしようもなかった」というふうな切迫状況は、まったく供述されておらず、およそこれが誘拐―脅迫の動機になりうるとは思えないのである。
四日後、再び別の金銭的理由が付加される。

Ⓒ　借金を返して東京に働きに出るため――七月六日員①

私が何故善枝ちゃんを殺すことになったかをよく考えてみますと私はこの前話しをした時競輪がやりたくて金が欲しかったからだと言いましたがそれは嘘で家の中のぼろを言いたくなかったからそう言ったのです。私は去年の六月頃シービーというオートバイを十二万円位で買いましたがそのオートバイの金が払い切れない内に質屋に入れて金を借りその金を競輪に使ってしまいました、その時私はオートバイの残金や質屋の払いなど七万円位をおとっつあんに出して貰いました。そしてこの借り貸しのしまつがついたのが去年の九月頃になったのです。それから私は家に居づらくなって家を飛び出してしまいI豚屋で働くようになったのです。そして今年の二月末まで働きました。I豚屋をやめたのは一日に二食の時もあり一回の飯が茶碗に二杯しか食べられないので毎日パンを買って食っていたのです、この金が一ケ月四千円位づつかゝりました。それでIをやめてしまったのです。

私はIをやめたけれども家へ帰ることもできず三月の始め頃は自動車の中へ寝たり、山の中へねたりTのところへ行って泊ったりしていました、三月十日頃持っていた金も使ってしまってどうにもしようがなくなってしまったので家へ謝って入れて貰いました、おとっつあんは「よく帰って来た」と言ってくれたが兄《あん》ちゃんとはこの頃からうまくゆかなくなってしまいました。それから私は兄ちゃんとけんかをするようになってしまったのです、そして兄ちゃんは私に家を出て行けと言うようになりました、そして聞いたところによると姉が嫁に入っているSさんのところへ「どうしたら私を家から追い出せるか」と相談に行ったたという ことです。その事がわかったのでお父っあんは「一雄を出すんなら六造も出て行け」と言って怒りました、四月二十日頃そんなことで家の中でごたごたしました。

私はその時自分が家を出るから六月迄家へ置いといてくれと話しました、私はその時板橋の姉のところへでも行って働こうと思っていました、けれども家を出るにはいくらかでも金が欲しいと思ったので子供をつかまえて親から金を取ろうと考えたのが始まりで今度のようなことになってしまったのです、私は今計算してみるとおとっつあんに払って貰ってある金が大体で

十三万円位

あると思います。その金は

車　代　七万円位
修理代　四万円位
その他　二万円位

であります。

私は家を出るについてはこんなにおとっつあんに出して貰った金も返しその他に自分で五万円位持って行けばよいと思ったので二十万円ということを手紙に書いたのです。

この供述で、「競輪のための金」という動機はきっぱりと否定される。逆に言うと、石川さんの

「競輪」が、大きく穴をあけて、収入以上の賭におちこんでしまうようなものではなかったことが認められたということでもある。そして、焦点はむしろ「家のぼろ」の方に移り、「東京に出て働く」ために金が要るということが強調されている。

そして、金銭的動機の中身についての最終供述は七月七日検①である。これまた右の七月六日員①ともやや異なる。

私は昭和三十三年頃からパチンコをする様になり昭和三十五年頃から競輪に行く様になりました。然し、このパチンコや競輪ではそれ程金を使ったわけではなく、勿論パチンコや競輪で家の者に迷惑をかけた事はありませんでした。

昨年の五月頃、ヤマハのオートバイ二百五十ccを六万五千円で買い、それを後では人に売りました。更に六月頃、本田の二百五十ccのオートバイを十二万円で買いそれを質屋に入れたりして、金を払いませんでした。

その様な事で、オートバイの事で、おとつあんに七万円位金を出してもらい、その後オートバイの修理代や、ガソリン代も入れると全部で十三万円位はおとつあんに迷惑をかけていると思います。私が脅かしの手紙を書いて金を取ろうと考えたのもおとつあんに迷惑をかけたその金を払ってやりたいと思ったからでした。

ここでは、父親に借金を返済することが動機の中心となっていて、七月六日員①の供述より、むしろ七月二日検①の供述Ⓑに近いものに戻っている。しかし、ここでもなお、父親から返済を求められていたといった切迫状態はまったく供述されていない。

供述変遷の理由

以上の供述変遷をまとめれば**表6**のようになる。この表からも分かるように、金銭的動機の中身は供述のうえで大きく三転している。全面自白後のこの供述変遷は、いったいどういう理由で生じたものであろうか。

まずⒶの「競輪に使う金」がほしかったという動機内容から検討しよう。石川さんの供述のなかには、パチンコや競輪のギャンブルの話が何回か出てくる。しかし、そのいずれにおいても、それに費やすお金はささやかなもので、収入以上に使って生活を破綻させるほどにのめり込んだ様子はない。競輪のために金が逼迫して、誘拐―脅迫の大犯罪を犯さねばならないとすれば、当然ながら、生活態度のなかにはっきりその様子がうかがわれるはずだが、石川さんの生活には、そうした様子が浮かびあがってこなかった。

そうして「競輪」の話は一〇日あまり後、石川さん自身によって「嘘だった」として否定されることになる。なぜ彼は、こんな嘘をつかねばならなかったのであろうか。先に引用したとおり、彼は「家の中のぼろを言いたくなかったから」だと言う。しかし、この説明は、どこまで納得できるだろうか。

すでに何度か言及したように、「競輪」を金銭的動機の中身として供述した六月二四日という日は、単独犯行を自白し、金銭的動機を前面に出して全面自白した日であった。石川さんが真犯人であるとすれば、それまでの強固な抵抗が崩壊した直後なのである。そういう状態において、は

表6　金銭的動機の中味についての供述変遷

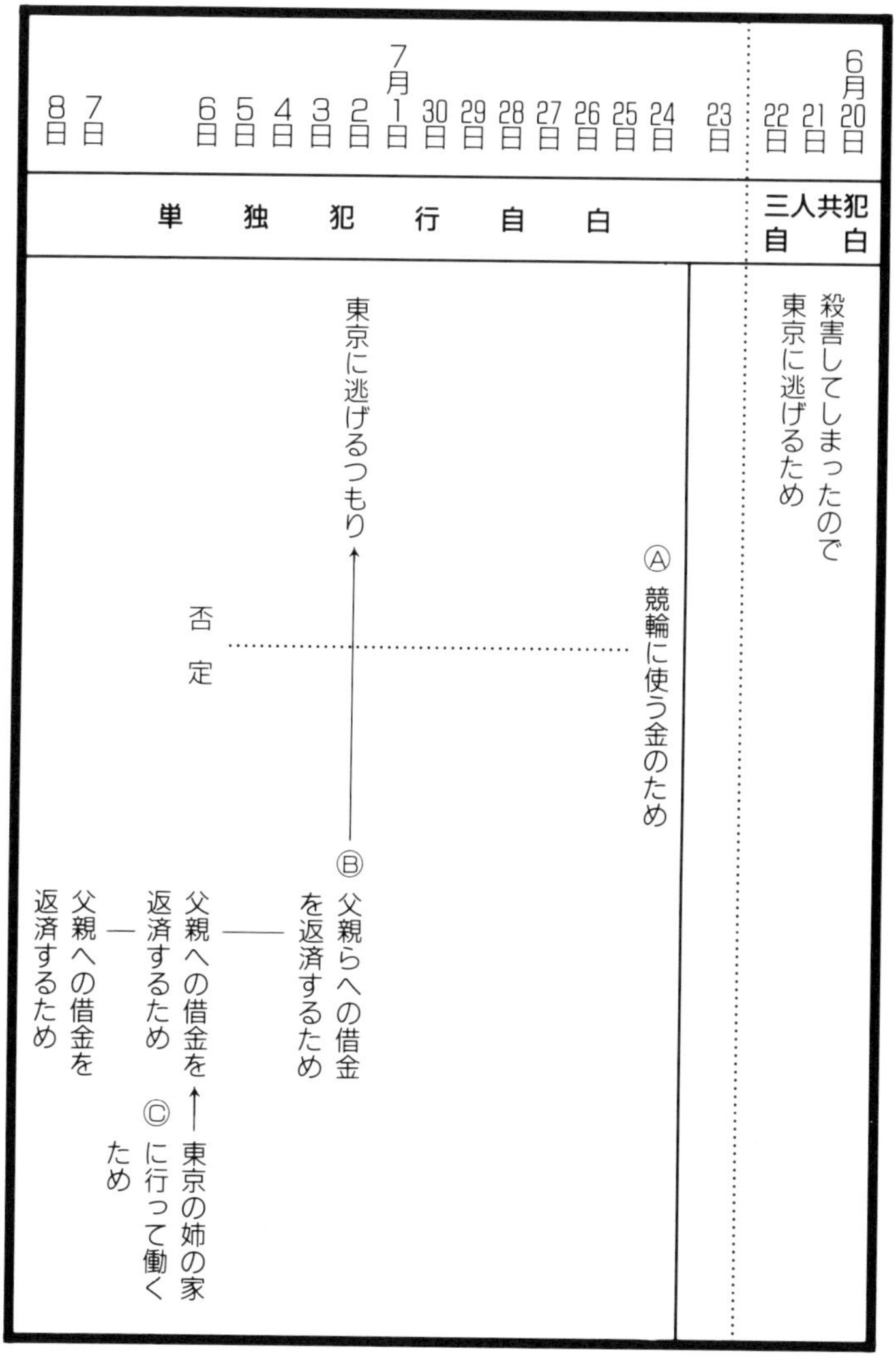

6月20日
21日
22日
23日
24日
25日
26日
27日
28日
29日
30日
7月1日
2日
3日
4日
5日
6日
7日
8日
三人共犯自白
単独犯行自白
殺害してしまったので
東京に逃げるため
Ⓐ競輪に使う金のため
否定
東京に逃げるつもり
Ⓑ父親らへの借金
を返済するため
父親への借金を
返済するため

に行って働く
ため
父親への借金を
返済するため

たして単に「家の中のぼろを言いたくなかったから」という理由だけで、人は嘘をついたりするものであろうか。「ぼろ」という意味では、すでに否認期から計九件もの暴行、窃盗、横領等の「ぼろ」をぶちまけているではないか。Ｉ養豚をやめたあと一〇日ほど放浪し、のちに詫びを入れて、家に帰ったこともすでに供述していた。それに警察が家庭の事情を詳細に調べていることも十分わかりきったことであったはずである。そのうえで、いまさらなにゆえ「家の中のぼろ」をかくすために嘘をつかねばならぬというのだろうか。七月六日員①に述べられたこの言い訳は、とってつけただけのもので、およそ納得できるものではない。

次に七月二日検①にはじまるⒷ「父親らへの借金を返済するため」という動機内容はどうであろうか。たしかに大きな借金をかかえていて、その返済を強く求められていたのであれば、それが誘拐—脅迫による身代金強奪につながっても、それなりに了解できるかもしれない。しかし、石川さんのばあい、借金返済を誰かから責め立てられていたという事情はまったくうかがうことができない。調書でも、借金があると認められているのみで、どうしてもいま払わなければならないといった状況は認められない。しかもその借金たるや、ほとんどが父親に対するものであってみれば、たとえ「返せ」と要求されたにしても、第三者から要求されるほど苛酷なものになるとは考え難い。そのうえ、父親への借金額も、七月二日検①では七万円、七月六日員①、七月七日検①では一三万円と変動しており、実に曖昧なのである。実際、同居している親子の間柄で正確に〇〇円貸したとか借りたという関係は考え難い。「父親から借金した」というよりも、七月七日検①の表現を借りれば、むしろ「〇〇円位はおとつあんに迷惑をかけていると思います」という感じであろう。そうだとすれば、何かのひょうしでたまたま大金が入るようなことがあれば「おとつあんに迷惑をかけたその金を払ってやりたい」(七月七日検①)と思うかもしれないが、逆にその借金を払うために誘拐―脅迫の大犯罪を行なうなどは、とうてい考えられないというべきであろう。

確定判決(第二審)も、父親への借金を返済するためというⒷの動機を排斥している。判決の当該部分を引用しよう。

原判決(第一審)が……本件犯行に至る動機として認定した事実、すなわち「昭和三七年四月頃から同年六月までの間に、軽自動二輪車二台を代金合計一八万五〇〇〇円で月賦で買い入れ、その修理費、ガソリン代の支払いを滞らせたり、月賦金を完済しない中に右軽自動二輪車を売却または入質したことによる後始末のため負債がかさんだため、右N方をやめた後の同年九月頃、父富蔵から約一三万円を出して貰ってその内金の支払をした。そのようなことから被告人は家に居づらくなり、養豚業I方に住み込みで雇われて働いたが長続きせずに約四ケ月でやめ、同三八年三月初頃自宅に戻ったのであるが、前記のごとく父に迷惑をかけたことや、被告人の生活態度などが原因で、兄六造との間がうまく行かず、同人から家を出て行けといわれ、父富蔵も被告人をかばって六造と仲たがいするなどとかく家庭内に風波を生ずるに至ったので、被告人は、いっそのこと東京都へ出て働こうと思い立った。」と認定した点は、原判決挙示の証拠によってこれを認定できないわけではないけれども、右に続けて「それについては父に迷惑をかけた一三万円を返さなければならないと思っていた」からその金員調達のため、本件の犯行を思い立ったという原判決の認定は強きに過ぎると考える。

当裁判所としては、むしろ、被告人は、その生活態度が原因で兄六造と仲たがいするなど家庭内の折り合いが悪くなり、兄の鳶職の手伝いにもとかく身が入らず、東京都へ出て働こうと思っていた矢先、同年三月末ころ東京都内で起こっていたいわゆる吉展ちゃん事件の誘拐犯人が身の代金五〇万円を奪って逃げ失せたことを同年四月二〇日前後（同事件については発生後間もないころから報道されていたが、四月一九日に捜査当局が公開捜査に踏み切ってからは、大々的に新聞・テレビ・ラジオなどで報道されるに至ったことは、公知の事実であるといってよい。）のテレビ放送などで知り、自分も同様の手段で他家の幼児を誘拐して身の代金を喝取しようと考え、原判決の日時ごろ自宅で原判示の脅迫状を書いて準備し、機会があれば右計画を実行しようと考えてズボンの後ろのポケットに入れて持ち歩いていたと考える。

これは石川さんの供述したⒷとⒸのいずれを信じるかに関わる判断を示した部分である。ⒷとⒸとは内容的には一部重なるのだが、流れがまったく異なる。この点、両者を対比的に整理して再確認しておきたい。

Ⓑ（七月二日検①）

借金を返済するために金をとろう
←
自分の犯行だとばれる（かもしれないので）
←
東京へ逃げよう

Ⓒ（七月六日員①）

家に居づらいので東京に働きに出よう
そのために金←金がいるので金をとろう
ついては父親←に借金を払ってやりたい（確定判決はこれを認めず）

同じように「東京に行く」という要素を含んでいても、前者は「犯行を犯したので逃げていく」のであって、いわば東京行きは犯行の結果であるのに対して、後者では「東京へ行くために犯行を犯す」のであって、東京行きが犯行の原因となっているのであって、両者はまったく違った筋書といわねばならない。

第一審判決は、右の引用にもあらわれているように、Ⓑの「借金返済のため」という内容を付随的に取り入れたⒸの流れをそのまま認めたのに対して、確定判決の方は、この「借金返済のために」という認定は強きにすぎるとして、Ⓒから「借金返済」の部分を差し引いて認定したのである。

そうだとすると、借金返済のみを動機内容とするⒷは、まるまる嘘だということになる。なぜ、そんな嘘をつかねばならなかったのか。先の「競輪のため」という動機内容Ⓐについては、真に理由になっているかどうかはともかく、石川さんは嘘だと認め、そのうえでその理由を供述した。しかし、ⒷからⒸへの変遷については石川さんは、なんら理由をあげていないのである。

それに確定判決が認めた「東京に働きに出る」との動機内容Ⓒ（正確にいえば、そこから借金返済を除いたもの）にしても、これでもって《誘拐—脅迫》の大犯罪につながるほど強い動機となるかどうか、まったく疑わしい。先に引用したⒸの供述をみれば分かるように、石川さんは単身こっそり東京へ行って働こうと思ったのではなく、「板橋の姉のところへでも行って働こう」と思っていたという。これが《誘拐—脅迫》の犯罪を犯して金を手に入れようとする人間の考えることであろうか。

動機の逆行的構成

私はⒶⒷⒸのいずれが金銭的動機の中身としてふさわしいかを検討したいわけではない。いやその意味でいうなら、ⒶⒷⒸいずれもこの犯罪に対しては、あまりに重みに欠ける。問題は、いかにも軽微な動機が三転しているという供述変遷の事実そのものである。

そう思ってⒶⒷⒸを眺めなおしてみると、「競輪」「父への借金返済」「東京へ働きに出かける」はいずれも、その当時の石川さんの願望からいえば、まったくの嘘ではなかったといってよいことに気づく。つまり、

(イ) 金があれば
- 競輪をしたい
- 父に借金を返したい
- 東京に働きに行きたい

というのはいずれも間違いではない。しかし、この種の願望を

(ロ)
- 競輪をしたい
- 父に借金を返したい
- 東京に働きに行きたい

から《誘拐—脅迫》する

という犯罪の決意にすりかえるのは明らかに無理がある。取調官として求めたのはもちろん「〇〇だから《誘拐―脅迫》した」の〇〇の部分であった。つまり(ロ)タイプの供述を求めた。ところが、石川さんの口から出てきたものは、いずれも大犯罪に見合わない、切迫感に欠けたものばかりであった。彼が供述した動機内容は、むしろ、(イ)タイプの「金があれば〇〇をしたい」という発想にふさわしい程度のものでしかなかった。

真犯人は脅迫状を書いて金をとろうとした。これは残された証拠から明らかなところである。では何のために金が必要であったのか。取調官は当然そう考える。真犯人が捕われ、自白に追いこまれたならば、それにふさわしい切迫した金銭的動機が語られてよさそうに思う。ところが、石川さんの場合、およそ切迫感のない動機内容が三つも、コロコロと入れ変わっている。これは全面自白して真犯人に扮するを余儀なくされた彼が、取調官の尋問に対して、「もし自分に金が入れば〇〇したいだろうから」というふうに考えて供述した結果ではなかったか。つまり、(イ)タイプの仮説的な願望を、「〇〇したいから《誘拐―脅迫》した」という(ロ)タイプの供述にすりかえた結果ではなかったか。

切迫感の希薄な、形だけの動機内容が三転してあらわれてくるという供述変遷から、私たちはここにも逆行的構成の可能性を読みとることができる。真犯人だとすれば金が必要だったはずだ、とすれば何のための金だったのか、というふうに、与えられた証拠から逆行して事件筋書を描いたからこそ、こういう奇妙な供述変遷が出てきたのではないか。そのように解釈してはじめて、私たちは石川さんのこの部分の供述を納得することができる。

分析その2

見知らぬ女子高生の誘拐

Ⅲbの自白では、とりあえず誰ということを念頭におかず、ただ吉展ちゃん事件に触発されて、脅迫状を書き、もち歩いていて、事件当日の五月一日、たまたま路上で出会った女子高生を誘拐して、身代金を取ろうとした、という筋書になっている。ここにもまた私たちは、体験の流れのうえではあるまじき論理的な再構成の痕を見ることができる。

1 幾重もの賭

人を誘拐して脅迫し、身代金を奪おうとする犯罪においては、当然、誘拐する当の相手の居宅を知っていることが大前提になる。加えて、その被害者宅が脅迫して身代金をとれるだけの家であるかどうかについても、あらかじめ知っていることが通常、前提となる。当時の二〇万円といえば、それなりの大金である。現在の貨幣価値に換算すれば、数百万円になるはずである。これを即日用意できる家は、それほど多くはない。とすれば、あらかじめその家の経済状態について見当がついていなければ、金を奪取できる可能性は小さい。ところが、石川さんは被害者、善枝さんと見ず知らずの間柄だったというのである。

初めて出会った被害者をつかまえて脅迫の種にしたというのだから、この経済状態云々の問題は、供述のうえでもおよそとりあげようがなかったという以外にない。二〇万円を現実的に奪取できる家であったかどうかについては、石川さんはいわば「奪取できる家である」という方に賭けたということになる。しかし、これは大変な賭である。そもそも、経済状態が豊かで、大金を払えるだけの家であるとの目星がついていてさえ、誘拐―脅迫して成功するかどうかは大きな賭である。少なくともうまくいけば大金が手に入るかもしれないという餌がぶらさがっていてこそ、この大きな賭に身をゆだねようとの気持ちにもなる。それが誘拐事件の通常である。ところが、本事件のばあい、その比喩でいえば、餌がぶらさがっているかどうかも不明のまま、餌がぶらさがっているかもしれないという可能性に賭け、さらに餌がぶらさがっていればうまく手に入れられるかもしれないという可能性に賭けたことになる。つまり、二重に賭けているのである。そもそもこんなことがありうるであろうか。

経済状態を知らずに誘拐―脅迫の犯行に及ぶことは、このように二重に不確実で、二重に危険なことである。しかし、この賭を決行することが心理的にはきわめて不自然としても、論理的に不可能とまではいえない。一方、被害者の家の所在の方は、これを知らずに誘拐―脅迫を行なうことは論理的に不可能である。

そこで、この家の所在、およびその家の当主の名前だけはなんとか知らねばならない。供述上、この点については

①被害者本人から家の所在、父親の名前を聞いた

②家の所在については、脅迫状をもっていくさい、近所で聞いた

という二つの供述によって処理されている。この二つの供述によって初めて、「被害者と石川さんとは未知の間柄である」という事実と、「この石川さんが被害者を誘拐し、家人を脅迫した」との事件筋書が結びつくのである。

これで理屈のうえでは犯行筋書が可能になるのだが、それでもやはり脅迫状を書いてその実行を計画している人間が、偶然出会った見ず知らずの女子高生を誘拐するという流れは、体験の流れとしては理解に苦しむ。その出会い時点に身をおいて考えてみれば、その女子高生から家の所在や父親の名前を聞き出せる保証はないし、その家をうまく探して脅迫状を投げ入れる保証もない。にもかかわらず誘拐したのであれば、ここでも石川さんは聞き出し探せるという方に賭けたことになる。先の二重の賭は、さらに三重、四重の賭になる。

実は、この点には先に大変遷のところでとりあげた犯行動機の問題が絡んでくる。いま述べたとおり、未知の人間を金銭的動機でもって誘拐―脅迫するという筋書が、どうにも納得しにくい

ことからすれば出会い地点での犯行動機を金銭的動機におくのは、すっきりしない。未知の女子高生という線から考えれば、むしろ性的動機の方が浮かびあがる。ところが前述のとおり、脅迫状をあらかじめ書いていたという線から考えれば、性的動機の方は引っ込んで、金銭的動機が浮かびあがる。そもそも、「未知の女子高生」という条件と、「脅迫状をあらかじめ書いていた」という条件が、動機の上で折り合わない。そのような矛盾が最初から内在していたからこそ、Ⅲaから Ⅲbに定着するまでの間、供述が両方の動機の間でふらついたのではなかったか。そのようにして供述がふらついたということ自体、被疑者であった石川さん自身が、取調官と同じ矛盾にさらされたということを表わしているわけで、そこに私たちが、彼の体験にもとづく供述ではなかったことの証をみたのである。

ただ、心理的には非常に不自然な流れではあっても、先にあげた「家の所在、父親の名前を聞いた」(①)、「家の所在はさらに近所の人に聞いた」(②) の二つの条件が満たされれば、論理的には不可能ではない。とすれば、ここに再び、事件と石川さんとを結ぶために事後的に論理的構成がなされた可能性が示唆される。

問題は、こうまとめられる。すなわち、石川さんの体験の流れのなかで①も行なわれ②も行なわれて、それによって現実にこの犯行をなしえたのか、それとも反対に、石川さんを事件と結びつけるための論理的要請として、①②がむしろ逆行的に構成されたのか、そのいずれであるかを分析することである。①②それぞれについて検討しよう。

2 被害者から家の所在、親の名前を聞いたこと

三人犯行自白期

被害者の女子高生の立場からみたとき、見ず知らずの若い男に山に連れ込まれ、親の名前、家の所在をきかれて、素直に答えるものかどうか、また正直に答えるものかどうか、非常に疑問だといわざるをえないが、その疑問はいちおう横において、供述自体の分析をすすめてみよう。まず、石川さんが被害者の親の氏名等を知ったいきさつを、三人犯行自白のところから、遡ってみることにする。

ここでは共犯の二人のうちの一人が被害者と知り合いであったという設定になっているために、その氏名・住所は最初から分かっていることになっている。ただ石川さん本人は未知の間柄だし、家の所在も知らないので、脅迫状を持っていくとき近所で中田家がどこにあるのか聞いたという②の過程は必要とされ、後述のように、この時期の六月二一日員③で供述されている。

単独犯行自白期（Ⅲa）

単独犯行となると、石川さん自身は被害者を知らないのだから、当然、どこかの時点で親の氏名・住所をきかねば脅迫状は出せない。この時期はまだ《強姦―殺人》を基調としていて、脅迫を思い立つのは殺してからという筋書になっている。死体に氏名・住所を聞くわけにはいかないから、この筋書で事件が成立しうるためには、論理的に考えて強姦に至るまでの過程で氏名・住所を聞いていなければならない。そして現に供述では、山の中に連れ込むときに聞いたことになっている。ところが、体験の流れとしてこの筋書をみれば、脅迫のことなど頭にはなかった強姦までの時点で、被害者から親の氏名・住所を聞く必要はまったく存在しない。ドン・ファン的に誘惑して山の中に連れこんだというのなら本人の氏名•住所を聞くことはありえたかもしれないが、親の名前まで聞く理由はない。実際には被害者本人の名前を聞いたという供述は、調書上のちの七月一日検②にしか現われておらず、その他では親の氏名を聞いたとしか述べられていない。しかも、この筋書ではドンファン的な誘惑のニュアンスはなく、むしろ脅して連れ込んだことになっている。とすれば、なぜ石川さんは、山の中に連れ込み強姦に至るまでに親の氏名・住所を聞くなどという気持ちになったりしたのか。まるで強姦の結果、殺して、のちに脅迫状をもっていくことを最初から予想しているかのようではないか。そう考えると、これは「事件が成立するためには筋書のうえで強姦前に親の氏名•住所を聞いていなければならない」という論理的要請によって構成された、逆行的構成の典型例といえる。実際、六月二三日員②の調書に記載された供述をみてみても、そうしたニュアンスが強く感じられる。

問：それで君はこの娘が中田栄作の娘ということが何時わかったか

答：私がこの娘の自転車を停めてこの山に来る時歩きながらきいたのです。いやきいたと思うのです

こうした問答がはたして、石川さん自身の体験的記憶として出てきたものといえるだろうか。はっきりいって、これは取調官からの論理的要請を石川さん自身も受けいれざるをえなかったことをあらわしているのではないか。この六月二三日時点のⅢａの筋書は、確定判決の認定でも嘘の自白とされている。その意味では、この種の逆行的構成があっても別に不思議とはいえないかもしれない。しかし、この逆行的構成は、確定判決が真実と認定するⅢｂの筋書のなかにも残っていくのである。

単独犯行自白期（Ⅲｂ）

犯行筋書の基調が《誘拐—脅迫》に移って《強姦—殺人》が付随的になった六月二四日以降は、出会い地点で最初から脅迫が頭にあることになる。それゆえ、この筋書では見ず知らずの女子高生を誘拐した以上、計画を実行するためにはその親の氏名・住所を必ず聞いておかなければならない。問題は、これをいつ聞くかである。この筋書になってからも、これを聞いた時点には変動がある。以下、供述の順を追って、その変化をまとめてみよう。

六月二四日員②と六月二五日員①では、親の氏名・住所をいつ聞いたかはっきり明示しないま

ま、脅迫状は殺してから訂正したとなっているのだが、これが次の六月二五日検①で大きく変わることになる。

（山の中に連れ込み松の木に縛ってから）私は女を殺すつもりで連れ込んだわけではなくその女高生の親父さんに脅迫状を出して金を取る計画でした。その為に四月二十八日頃、私方のテレビのある部屋で脅迫状を書き封筒に入れて持っておりましたので、それを使おうと思い、女学生に私が首に巻いておいたタオルで目隠しをしました。そうして女学生に

お前の家はどこだ、親父さんはなんというかと聞いたところ、その女学生は、堀兼の落合ガーデンの手前の煙草屋の近くで、親父さんは、

中田栄作、だと言いました。

私は、前に言ったように堀兼のI豚屋に三ケ月位居たので落合ガーデンやその手前の煙草屋の附近は大体の事は知っておりました。それで封筒に、持っていたボールペンで

中田江さく

と書きまた封筒の中の脅迫状の文も日時を五月二日夜の十二時佐野屋の門の前に来いというように書きなおしたりしました。

この六月二五日検①は、前述したように、出会いから連行までの動機を金銭的動機のみにおいた最初の供述である。その点で、松の木に縛り、目隠しをしておいて（つまり被害者が十分おびえる状況にしてから）親の氏名・住所を聞いて、ただちに脅迫状の宛名や身代金受取りの日時・場所を訂正したというこの筋書は、誘拐―脅迫の線で首尾一貫している。前日二四日員②や二五日員

に比べてみて、金銭的動機が明確になった分だけ、筋書がその線で整理されているといえる。

六月二二五日検①の矛盾

ところが、一見非常に一貫し整理されたこの筋書には、大きな矛盾があった。それは強姦の前に脅迫状を訂正したという点である。誘拐―脅迫の線で考えると、相手を縛り上げてでもとにかくまず相手の氏名•住所を聞いて、手持ちの脅迫状をそれに合わせて訂正するというのが筋の通った話になる。しかし、そうなると問題は、身代金受取りの日時・場所をどう訂正するかである。いま犯人は被害者を松の木に縛りつけておいて、すぐにでも金を取りにいこうという気持ちになっている。時は五月一日午後四時ごろ。ここで脅迫状を書き直すとすれば、身代金受取りの日時・場所を、はたして脅迫状にあるように「五月2日夜12時、さのヤの門」とするだろうか。場所の点はともかく、日時はこれでよいのか。その日の真面では、「縛っておいて金を取りにいくつもりであった」と明記されている。それなのに「五月2日夜12時」、つまり縛った時点から一日と八時間後に受取り時間を指定するというのは、どういうことであろうか。これでは明らかにおかしい。

Ⅲbの自白では、誘拐ののち、衝動的に強姦したい気持ちになって、その結果、被害者を殺してしまうことになる。つまり《誘拐―脅迫》の流れのうえでは《強姦―殺人》は予定外の行動であった。したがって、犯人が被害者を木に縛った時点で、あらかじめ身代金受取りの日時・場所を想定していたとしても、この予定外の行動が行なわれた結果として、当初の予定は大幅に変更せざるをえないはずである。つまり、この予定外の行動以前に脅迫状文面を訂正したのでは、どうやってもつじつまが合わなくなるのである。実際、右の原検事の六月二五日検①以外の調書では、いずれも殺害後に訂正したことになっている。同日の青木・遠藤による六月二五日員①でも、強姦—殺害後、「檜の木の下でしばらく考えているとき」となっていた。

《誘拐—脅迫》の線のみで考えれば、六月二五日検①は非常に合理的な筋書になっている。ところが、そこに《強姦—殺人》の流れが入りこむと明らかな矛盾に逢着する。そのためであろう、松の木に縛ってから強姦するまでの間に氏名・住所をきき、脅迫状を訂正したとの筋書は、この調書にしかなく、その後の供述では、親の氏名・住所を聞いた時点も、脅迫状を訂正した時点も変更されていく。それではいったい、この六月二五日検①供述は何だったのか。全面自白してしまった石川さんには、こうした罪状の軽重に関わらない細かな点でもはや嘘をつく理由はない。また、もし石川さんが真犯人であったとすれば、こうした犯行筋書の中心に関わる部分で記憶間違いをおかすことはありえない。

ここに私たちは、虚偽自白の仮説演繹の失敗を見ることができる。しかも、それは石川さん個人の仮説演繹ではなく、取調官との共同の仮説演繹である。ここのところで、私が前に犯行動機について指摘したところを想起していただきたい。警察側の取調官である青木・遠藤が全面自白以降もなお、出会い地点から性的動機があったとのII—IIIa筋書を引きずっていたのに対して、検察側の取調官原検事は、この六月二五日検①において、出会い地点ではもっぱら金銭的動機のみで動き、性的動機の方は被害者を縛ってからのことだとの供述を聴取していた。犯行動機については原検事聴取の筋書が最終確定自白となっていくのだが、いま問題にしている親の住所・氏名を聞き出した時点と、脅迫状を訂正した時点については、原調書は、いわば勇み足の形になっている。《誘拐―脅迫》を前面に押し出して考えた筋書が、出会い地点の犯行動機を整合化した一方で、これらの点については明らかな矛盾を生み出すことになったのである。これが、その後どう修正されたかをみてみよう。

矛盾の修正①――脅迫状訂正の時点

脅迫状訂正の供述変遷からみてみよう。六月二五日検①ののち、次にこの点に触れた供述がとられたのは六月二九日員である。

六月二九日員　善枝ちゃんをあなぐらのそばに運んでから今度は大きな杉の木の下に行って善枝ちゃんの家へ届ける手紙を書きなおしましたがこの時はまだ明るい時間でした。その時はもう雨が大分降って居りました。

青木・遠藤の聴取した員面は、この調書以前に、二五日段階ですでに、殺害後に訂正したとなっていた。いや、さらにそれ以前の、三人犯行自白IIでも、また最初の単独犯行自白IIIaでも脅迫状作成は殺害後となっていたわけで、その意味ではこの供述の筋書がIIIbにも持ち越されて、脅迫状訂正がそのまま「強姦・殺害後」という筋書に引きつがれたといってよい。

ところが原検事の検面の方は、員面のこの流れを引きつぐことなく、二五日検①で「強姦・殺害前」となってしまっていたのである。検面においてこれが修正されるのは七月一日検②である。

七月一日検②　（死体を芋穴にかくすつもりで近くまで運んでおいて杉の木の下へ戻ってから）ズ

ボンの後のポケットから脅かしの手紙を出して封筒に、中田江さく、と書き中の手紙も月日を書きなおし、家の門とあるのを

さのやの門

と書きなおしました。その女学生が

中田善枝

である事や親父さんが

中田栄作

で堀兼の落合ガーデンの手前の煙草屋の附近である事は善枝ちゃんを殺す前に聞いて覚えておりました。

こうして原検事の聴取した六月二五日検①が、彼自身の手で修正されることになる。しかし、この供述変更の理由について調書上なんら触れられていない。石川さんはそんなところで嘘をついてもなんの得にもならないし、また供述の流れのうえで六月二五日検①だけが他の調書と食い違っていることから考えて、石川さんの記憶の変化とも言えない。とすれば、この供述変遷は先に指摘したように、二五日検①供述が筋書のうえで明らかな矛盾を含んでいたからにほかならない。つまり矛盾解消のために供述変更が行なわれたのである。このこと自体、供述が体験の記憶にもとづくものではなく、論理的構成の産物であることを示しているというべきである。

ところで、この供述変更を行なった同じ七月一日検②のなかには、先の二五日検①調書との食い違いを取り繕っていると思われる供述がある。供述分析上、興味深いものなので、そのまま引

用する。

問：女学生に顔を見られておれば脅かしの手紙で家の人から金を取っても直ぐ発見されるのではないか。

答：私は木に縛っておき、直ぐに脅しの手紙を女学生の家に届けてその晩（五月一日の夜十二時）金を持って来るように命じて金を取ったら女学生をはなして直ぐに東京へ逃げる心算でした。

私が、善枝ちゃんに目隠しをしたのは、手紙を届けるのに「俺は近くで見張っているから、騒いだり声を出したりするな」と言っていかにも私が附近で見張っているように見せかけて手紙を届ける心算で目隠しをしたわけです。それで相手が女学生であっても殺さないで金を取って逃げる心算でした。

最初の予定では脅かしの手紙を届けてから四、五時間後に金を取る予定でしたが、娘の事に関することではあり、二十万円位は直ぐつくって渡してくれると思っていました。然し善枝ちゃんを殺してしまったので、その晩の内に善枝ちゃんをいけたりして隠す必要があるので、金を取るのを二日の晩にしました。

最初、誘拐したその日に金をとる予定であったが殺したのでそれを翌日にしたとの供述は、第一審法廷でも維持されることになる。六月二五日検①では強姦―殺害の前に脅迫状を「五月二日夜十二時」に金をもって来いと訂正したとなっていたのに対して、右の供述では強姦前には「五月一日夜十二時」にもって来させようと考えてたが、殺してしまったので予定を一日ずらしたというわけである。しかしこのように弁解しても、二五日検①で「強姦前に脅迫状を訂正した」と供述していたことの言い訳にならない。

　そればかりではない。いま引用した七月一日検②供述を、事の流れに即して読んでみると、またひとつ明らかな矛盾が浮かびあがってくる。

　石川さんが善枝さんと出会ったのは四時前とされている。この点は、自白後一貫している。そして右の供述の筋書でいえば、つかまえた善枝さんを木に縛りつけて、「直ぐに脅しの手紙を女学生の家に届けて」、それから「四、五時間後に金を取る予定でした」となる。このとおりに勘定すると、四時すぎに善枝さんを木に縛って「直ぐに」出かけ、中田家まで一時間足らずとして五時ごろ脅迫状を投入、それから「四、五時間後」に金を取る予定だったことなり、その時刻は夜九時か一〇時となる。ところがこの同じ供述の中に、金は「夜十二時にとる予定だった」と明記されている。明らかに時間関係が食い違うのである。

　これはどういうことなのか。考えられることは、この供述のさい取調官と石川さんは脅迫状が中田家に「七時半ごろ」投入されたという事実を前提していたであろうことである。これを基点にして考えれば「四、五時間後」はちょうど「十二時」前後になる。しかし、そうだとすれば善枝さんを「木に縛りつけておき、直ぐ」脅迫状を届けるつもりだったという供述は、いったいどうなるのであろうか。これでは四時から七時半までの間に二時間余りの空白ができてしまうことになる。いずれにしても、つじつまが合わないのである。ここでも事後的に与えられた証拠(七時半に脅迫状投入)を前提に、そこから逆行的に筋書を構成したことが示唆される。

矛盾の修正②――父親の氏名・住所を聞いた時点

順序が遡るが、次に父親の住所・氏名をどの時点で聞いたことになっているかをみよう。六月二五日検①では善枝さんを木に縛って聞いたとなっていたが、その後の員面調書では次のようになっている。

六月二七日員①　（出会い地点でつかまえて山の方へ行って）それから私は善枝さんの家をきいたがこの善枝さんの家をきいた場所は善枝さんをつかまえて倉さんが首っこをして死んだ山へつれこむ時であったか山へつれこんで松の木へしばる時であったかはっきり覚えていないが、何しろしばる前です。その時私は

「何処だ家を教えろ」

と言ったら

「堀兼」

というので更にきいたら

「落合ガーデンまで行く方のガーデンへ行く道の煙草屋のそばの中田栄作という家だ」

と言ったから中田栄作の家だということがわかったのです。

六月二九日員　（松の木のところへつれて行ってから）

問：本当にその時君が脅かしも何もしないで黙って縛らせたか

答：私は脅かしもしないし何も話しません、その前に私は善枝ちゃんの家をきいたら

「落合ガーデンへ行く手前の煙草屋のそばの中田栄作だ」

ということを聞きました。

この二つの調書では、親の氏名・住所を聞いた時点が、六月二三日員②の供述に戻って「山の中に連れ込んで松の木に縛る前」になっている。ところが、次の検面調書ではこの員面調書(いずれも青木・遠藤が取調べたもの)の内容を受けたうえで、なお原検事自身が聴取した先の六月二五日検①の内容を否定はせず、曖昧にぼかしている。

七月一日検①

私が善枝ちゃんの住所や名前を聞いたのは、前に松の木に縛りつけてからだと言いましたが、或いは山道を歩きながら聞いたような気もします。

この検面調書は、「縛ってからだった」とする六月二五日検①の筋書を否定しきらず、なお引きずって、曖昧なまま言葉をにごしている。ここでも、取調官によって供述に違いが認められる。この供述変遷を石川さん自身の記憶がふらついたためだということはできない。つまり、六月二七日・二九日の員面と六月二五日・七月一日の検面を比べ、その変遷の流れをみたとき、ここに取調官の心証(供述聴取時点の仮説)が強く反映していることが読みとれるのである。

問題はこれだけではない。員面においても検面においても、いずれにせよ「縛る前後」つまり、少なくとも《強姦—殺人》までには親の氏名・住所を聞いたことになっている。しかし、それはなぜであろうか。こういうふうにいうと、あたり前ではないかと思われるかもしれない。つまり、殺してしまったのでは聞きようがないから、というわけである。しかし、この推論は石川さんを真犯人としたときの論理的要請であって、体験の流れのうえで自然に出てくることではない。

実際、体験の流れにおいて考えなおしてみよう。いま石川さんは誘拐・脅迫の計画をもって、見ず知らずの女子高生を山のなかに連れ込んだ。計画を実行するためには相手の家のことを知らねばならない。このことは確かである。しかし、いつ聞くかは任意であるし、すぐ答えてくれるという保証はない。普通に考えれば、かなり脅さないと言ってはくれないように思える。その意味では、縛りつけて詰問する方が自然にも思える(これが先の六月二五日検①の供述である)。それに、被害者の方で親の氏名・住所を答えてくれれば、ひとまず名前くらいはひかえておきたいと思うのが自然ではないか。なにしろ、初対面である以上はじめて聞いた名前である。その意味でも先の六月二五日検面は、聞いてすぐ宛名を書きなおしている点でもっともな流れといえる。それに対して死体を芋穴まで運んでから脅迫状を訂正したという最終確定供述では、聞いてから一時間余りたって宛名を書きかえたことになるし、しかもその間強姦・殺人という大変なことをやってのけたことになっている。はたしてそういう状況で「中田栄作」という名前を正確に記憶しておれるものかどうかも疑わしい。先に引用した七月一日検②(二四三頁)に、ことさら「善枝ちゃんを殺す前に聞いて覚えておりました」とあるのも、かえってわざとらしい。

それに、体験の流れのうえで考えるかぎり、そもそも強姦する前に聞いておかねばならない理由は、どこにもなかった。石川さんの自白では、強姦しても殺すつもりはなかったことになっている。つまり強姦が結果的に殺人につながったにすぎない。そうだとすれば、脅迫のためにはいずれ親の氏名・住所を聞いておかなければならなかったにしても、その前に、突如湧き上がった性的動機に身をまかせることも十分ありえたはずである。強姦前に氏名・住所を聞いていなければ犯行自体がなりたたないというのは論理のうえでの話であって、体験の流れのうえにおのずと出てくる話ではない。ここでも、供述が逆行的に構成された可能性を、私たちは否定することができないのである。先に見た六月二三日員②調書では《強姦—殺人》が基調であったためにその前に親の氏名・住所を聞いたことは、あからさまな逆行的構成であったのだが、基調が、《誘拐—脅迫》に変わった最終供述においても、なおこの逆行的構成の疑いを拭いきれない。

3 中田家の所在を近所で聞いたこと

見ず知らずの女子高生を誘拐し身代金を取ろうとしたということ自体、前代未聞のことだが、そのうえに脅迫状を当の中田家に持って行くとき、家の所在が分からなくて、近所で聞いたということも荒唐無稽なことである。真犯人の心理、体験の流れとして、これがいかに奇妙なことかを分析し、ここにも「こうでなければ石川に犯行は不可能だ」とする論理的な逆行的構成の入り込んだ可能性がなかったかを検討してみたい。

問題の供述は、六月二一日員③である。

私は中田さんの家は大体知っていましたが夜のことでよくわからなかったので大体の見当をつけたこの辺と思われるところできいてみました。私がきいた家は道の南側の家で両隣はチョット離れた家でした、そしてその家の入口は東側から入るようになって玄関は南側でした。はっきり覚えていないが私は乗って行った自転車はその家までは乗っていかず道に立てかけておいて歩いて玄関に行きました、その家はガラス戸がしめてあったと思いますが雨戸があったかどうか覚えて居りません。私はその家の外で

「今晩わ」

と言ったら家の中から（五十七、八くらいの）小父さんが出て来ました。……中略……私はその人が戸をあけたので

「中田栄作さんて家は何処ですか」

と尋ねたら

「四軒目だ」

と教えてくれました。御礼は言わなかったかも知れません。

この時私は白っぽく見えるジャンバーを着てゴム長靴をはいていたが傘もさしていないし帽子も冠っていなかったので頭から雨に濡れていました、私がこの家に行った時は午後七時頃で家の中にはその人の他には誰も見えませんでした。それから私は教えられた通り善枝ちゃんの家の南側から屋敷の中に入って家の前の物置の中に善枝ちゃんの自転車のハンドルを南向きにして入れ、自転車のスタンドは立てておきました。その時中田さんの家のその物

置には小型の自動車が入っていたので自転車はその自動車の西側に置きました。それから私は中田さんの庭の西側の端を通って家の西端から玄関の方へしゃがむようにこごんで行きガラス戸とガラス戸の合わせめの下の方から三尺位の高サのところへ手紙をさしこんで来ました。

これはまだ、三人犯行自白時点での供述である。しかし、ここに供述されている点については、細かい部分で多少変動があるものの、大筋においては単独犯行自白までそのまま維持されていく。

供述内容自身の奇妙さ

この供述を読んでまず感じられることは、その緊迫感のなさである。まるで、なんでもない手紙を人に頼まれて持っていくのと同じではないか。つい先ほど、若い女性を強姦し、殺した男が、次には脅迫状を投げ入れるべく目当ての家を目指しているようには思われない。そもそも、すでに強姦―殺人という罪を犯し、さらにこれから脅迫して身代金を奪おうとしている人間ならば、自分の顔を他人から見られることをなにより恐れるはずではないか。ところが、この供述によれば、たまたま誰かからその場を目撃されたというのではなく、のこのこと自分の方から顔を出して、中田家の所在を聞いたというのである。こんなことが真犯人の行動として信じられるであろうか。いかなる人間であれ、強姦―殺人から誘拐―脅迫という重大な犯罪の真只中でこんな馬鹿げたことをやってのける可能性は、万に一つもないというべきではなかろうか。

おかしいのはこれにとどまらない。右の供述引用部の最初のところには「中田さんの家は大体知っていましたが夜のことでよくわからなかったので大体の見当をつけたこの辺と思われるところできいてみました」とある。これまたまったく馬鹿げた話である。もし見当をつけたその家が、当の中田栄作であったら、いったいどうしたのであろうか。はいこれが脅迫状ですと言って渡したとでもいうのであろうか。表札があってそれが読めたならばそうした事態を避けられたかもしれないが、なにしろ夜であり、表札を確かめることも難しかったであろうし、また供述上ではその点に気をつかったような気配はどこにもない。とすれば、中田家をたずねて、あてずっぽうに家の門を叩くことは、あまりに危険な賭ではないか。どんな間の抜けた犯人でも、こんな馬鹿げたことはやるまい。

さらに、たずねた家で、中田栄作宅は、「四軒目」だと教えてくれたのだと言うが、これだけの指示で、はたして正確に中田家に行けるかどうかも問題である。実際、このたずねた家は証拠上「U宅」ということになっているのだが、中田家はこのU家とは道路を隔てた向こう側にU家のちょうど真向い側にある家から数えれば西へ五軒目、西すじの家から数えれば四軒目である。またU自身、第一審で自分の家から中田家まで家数で四、五軒離れていると証言している。とすれば「四軒目」というだけで中田家に正しくたどりつけるものであろうか。石川さんの先に引用した供述によれば、「四軒目」と教えられただけで、なんのためらいもなく中田栄作宅におもむき、物置に自転車まで入れて、それから玄関へ行き、脅迫状をガラス戸の間から差し入れたというのである。石川さんはいったいこのとき、これが中田栄作方であることを、どのようにして確かめたのであろうか。調書上には、この点がいっさい触れられていない。もし間違って脅迫状を他の家に入れたりすれば、これは笑い話にもなるまい。

このようにみてくると、この供述はどこをどうとっても真犯人の体験をあらわしたものとは思いがたい。とすれば、なにゆえ、こんな供述が出てきたのであろうか。

供述の源

石川さんのこの供述に対応するU供述が聴取されたのは、六月五日のことである。つまり、石川さんが三人犯行自白に入る二週間以上も前に、捜査本部は「五月一日夕方、中田家をたずねてきた男がいた」との情報を得ていた。ただ、この情報がどこまで正確かは疑問である。第一、ごく近所に住んでおり、それまで捜査本部に伝える機会も十分あったであろうに、Uがなぜ一ヵ月間誰にも告げなかったか不明である。またこの供述が事件後すでに一ヵ月以上たっていることを考えると、記憶の間違いもからんでくる。事件後、当然ながら「中田家」周辺では、捜査にあたった警察官やマスコミ関係のなかに中田家の所在等を聞きに行った人間が多数いたであろうし、事件当夜にも、知らせを受けた警察官や親戚の人などが中田家をたずねた可能性は高い。さらにUの供述した内容自体が、他人に目撃されるのを恐れる真犯人の姿とは相いれない。そもそもこの供述を真犯人像と結びつけること自体が、きわめておかしいことだというべきである。

ところが石川さんを逮捕し、彼を真犯人と思い込んでいた捜査陣は、このU供述と彼とを結びつけようとする。ここでU供述の信用性についてはこれ以上問うまい。ただ、六月二一日員③段階で捜査官たちが入手しえていた情報としては、

・三人犯行の一部自白であるにせよ、石川さんが脅迫状を書き、これを中田家に持って行ったと認めたこと（六月二〇日員）
・石川さんは被害者と見ず知らずで、中田家についてもその所在を知らぬこと
・Uから事件当日の夕方中田家の所在を聞きに来た男がいたとの情報を得ていたこと

の三つがあったことは間違いない。いずれも真実として合わせれば、六月二一日員③供述がおのずと帰結する。前述のように、体験の流れとしては、およそありえない供述が、石川＝真犯人の筋の上で論理的に構成されることになるのである。

供述の変遷

六月二一日員③の供述は、単独犯行自白に入って六月二九日員で、一部訂正されることになる。

それから善枝さんの家の近所で善枝さんの家をききました。この前話したとき私は自転車を道に立てかけて置いて私だけが入って家をきいたと言いましたが、唯今きけば向うの人は私が自転車を持っていたということだそうですが、よく考えてみると、そうであったと思います。私はこの時人を殺したりこれから手紙を届けるという時でしたからいくらか気持ちも落ちついていなかったので思い違いをしていたと思います。

先の六月二一日員③はまだ三人犯行自白の段階であり、この調書自体としてみれば、脅迫状を書いて持っていくだけの役割だから、その緊迫感のなさはやや免除されようが、単独犯行を全面自白したあととなると、先に列挙した供述のおかしさが、さらにはっきりと浮かびあがる。おま

けに、右引用部のように、「人を殺したり、これから手紙を届けるという時でしたから」などとはっきり供述されると、それで思い違いをしたという言い訳より、そのうえでのこの道をたずねに来たということのほうが際立って、さらにこっけいさがます。

それに、自転車をもったまま道をたずねたのか、自転車を立てかけておいて道をたずねにいったのかなどという記憶は、「よく考えてみたらそうであったと思います」などという調子で訂正しうることであろうか。先の供述は六月二一日であるから、その時点ですでに事件からは二ヵ月近くたっている。とすれば、この供述が記憶にもとづいたものであるかぎり、記憶としては固定していると考えるべきである。しかもこの記憶自体、文脈上さして意味のあるものでない。とすれば、よほどこれと関連の深い脈絡を喚起させられて、その中で記憶が再来するのでもないかぎり、そんなに簡単に訂正しうるようなものではない。むしろ、相手から自分の記憶とは違うことを言われ、質されたときには、「分からない」と訂正するのがせいぜいであろう。

そう考えてみると、ここでの訂正は、石川さんがよほど被暗示性が強いか、あるいはもともとの供述が記憶によるものではなく、諸情報からの逆行的構成であったか、いずれかである。実際には、他の供述からみても、石川さんがことさら被暗示性が高いとはおよそいえない。他方、六月二一日時点で逆行的構成があったとすれば、U供述はそのときの構成の要をなしたはずであり、そのU供述が自分の供述と食い違うということなら、当然、自分の方を「よく考えて」なおす以外にない。こう考えれば、六月二九日員でのこの訂正も納得がいく。

ここでも再び、石川さんの供述が体験記憶によるものでなく、論理的に構成されたものである危険性が強く示唆される。

以上みてきたように、石川さんが見ず知らずの被害者を誘拐して身代金を取ろうとしたという筋書は、実に種々の点で破綻している。そして、その綻びを繕うために、事件の後に残された諸証拠・諸情報をつなぎ合わせ、事件が石川さんと結びつくように逆行的に再構成した痕跡を、私たちはあちこちに見ることができるのである。

分析その3

強姦と死体——手拭、タオル、ズロース

善枝さんは、農道から掘り出されたとき、図9（四五頁）でも示したように、両手を手拭で後ろ手に縛られ、顔をタオルで目隠しされ、首に木綿細引紐がかけられていた。着衣は登下校時の制服のままであったが、ズロースが膝まで下げられ、足は両足首のところを木綿細引紐でくくられ、これにかなり長い荒縄がつなげられていた。また、足首を縛った細引紐にはビニール風呂敷の切れ端がついていて、これに符合するビニール風呂敷が、近くの芋穴の中から発見されている。

石川さんが犯人であるなら、こうした死体の状況を一つひとつ説明できなければならない。そしてこの説明は、事件とは無関係の人間が事後的に諸証拠を見せられて、そこから論理的に構成したというようなものではなく、これまで何度も述べてきたように、犯人としての体験の流れに沿ったものでなければならない。

石川さんの最終自白Ⅲbによれば、善枝さんを誘拐して山の中に連れ込んだのちの行動は次のようになる。まず、松の木を背に両手を後ろ手に手拭で縛り、タオルで目隠しする。それから、

突如、性的衝動に駆られて、いったん手拭をほどいて善枝さんを松の木から離し、再び後ろ手に縛りなおす。そこから数歩あるかせたところで、押し倒し、ズロースを膝までおろしてのしかかり強姦する。こういう次第である。このような描写が、はたして、真犯人の体験の記憶を自然に語ったものといえるだろうか。最終自白に至るまで個々の部分で小変遷を繰り返して、最終的にこの筋書におちつくのだが、この変遷過程をも含めて、検討、分析してみよう。

1 手拭で両手を後ろ手に縛ったこと

まず死体を後ろ手に縛っていた手拭の説明からみてみよう。手拭について言及した供述が出てくるのは、六月二三日員①の単独犯行自白（Ⅲａ）からである。

それから無理に両手を後ろ手にしばっておまんこをしました。

同じく六月二三日員②では、もう少し詳しくその状況が説明される。

私がこの娘を山の中に連れて行こうとしたわけはおまんこをしようと思ったので若し言うことをきかなければ腕づくで無理にでもやってしまおうと考えてつれて行こうとしたのです、それから私は倉さんが首っこしたという山の中に入って私は娘に立ったままで、「やらせろ」といいました。すると「嫌だ」と言って逃げようとしたので、手拭かタオルで娘の手を後ろ手にしばりました。この時その娘は大して騒ぎもしないで嫌だ嫌だと言っただけでした（それから仰向けに倒して強姦することになる）。

こういう供述を読むと、嫌がる相手を強姦しようとして、まず手を縛るというようなことが現実にありうるだろうかと首をかしげたくなる。最初から押し倒す方がよほど自然であろうし、そもそも嫌がる被害者を長い紐ではなく、短い手拭で後ろ手に縛れるものかどうかも怪しい。また、後ろ手に縛った被害者を地面に仰向けに倒して、その上にのしかかるような形で強姦したばあい、被害者の両手にかなりの傷が残るのではないか（死体の両手には傷はない）、これらの点も問題となる。しかし、これらの問題点は一応横において、供述自体の変遷を、「縛ったことの意味」という点にしぼって、考えてみることにする。

縛った動機のすりかえ

この点でいえば、六月二三日供述の「縛り」は、唯一「強姦のため」ということになる。このことは、この時期、性的動機が前面に出ていて、金銭的動機の方は殺害後の付随的なテーマにすぎなかったことに呼応している。翌日の六月二四日、脅迫状をあらかじめ書いていたとの自白が出て、金銭的動機が前面に出る。つまりⅢbの筋書に入る。しかしまだ、出会い地点で性的動機があったことになっている。そんななかで、次のような供述がなされる。

六月二四日員③　時計は善枝ちゃんが生きていたときで両手を後ろに縛る前に善枝ちゃん

の左の腕に嵌めていたものを私が外して私のジャンパーのポケットにしまいました。

ここにも「後ろ手に縛った」との供述が出てくる。しかし、なぜ縛ったのかについては説明されていない。前述の供述の延長で読むかぎりは、「強姦のため」に縛った筋書が引きつがれているという以外にない。

ところが、翌日の六月二五日員①の供述では、被害者を「二度縛る」ことになり、「縛り」の意味も二つに分かれていく。

そこでは、「今までの調べの時話をした中で間違っていたことや話したりなかったことがありますからつづいて話します」とことわったうえで、次のような供述がなされている。

私は善枝ちゃんを山の中につれこみ、持っていった手拭で善枝さんの両手を後ろ手に縛ったといいましたが、この時ただ後ろ手に縛ったのではなく、この位の（この時親指と親指、中指と中指をつなぎあわせて輪を作ってみせる）太さの松の木に善枝さんの背中をよせつけ善枝ちゃんの左右の両手でその松の木を後ろへ抱えさせてその両手を持っていって手拭でしばって善枝ちゃんを松の木にしばりつけました。

それから被害者をタオルで目かくしして

私はそうしておいて金を取りに行くことにしようと思ったのですがこの時急に気が変っておまんこを先にしたくなってしまいました……中略……私は一度松の木にしばりつけた善枝ちゃんをほどいて松の木から外し今後は手だけ後ろ手にしばって仰向けに山の中に押したおしました。

ということになる。結局、石川さんは被害者を二度、後ろ手に縛ることになる。一回目は金銭的動機にもとづいて被害者宅へ「金をとりにいく」ため、二回目は急に気がかわって被害者に対して「おまんこをする」ためであったという。

このように、被害者を手拭で縛ったとする供述は、一回縛ったという六月二三日員調書から、六月二五日以降には二回縛ったという供述に大きく変遷する。この変遷が、犯行動機についての供述変遷と連動していることは明らかである。つまり、六月二三日員①②では、まだ犯行筋書の基調が《強姦―殺人》にあって、《脅迫》はその後に付随しているにすぎなかった。それゆえ被害者を縛るということがあるとすれば、それは《強姦》のため以外にはない。ところが、六月二四日に脅迫状をあらかじめ書いていたと認めたあとに、筋書の基調が《誘拐―脅迫》に転換すると、ここの所で「縛る」ことの意味が変化せざるをえなくなる。そうして「金を取りに行くために縛る」のと「強姦するために縛る」の二つに分かれることになる。

ところが、犯行動機についての供述変遷自体がなし崩し的な奇妙なものであったのと同様、一度縛りから二度縛りへの変遷も実に奇妙なものになっている。

ここで仮りに石川さんが真犯人で、IIIbの筋書が真実であると考えてみよう。とすれば、IIIaにあたる六月二三日員①②では、「強姦するために縛った」点のみ認め、「金を取りに行くために縛った」ことは隠していたことになる。実際、自白筋書の基調からして、こうならざるをえない。

ところで、そのように二度縛りを体験記憶としてもっていたとして、まず一方のみを供述し、他方を隠している段階から、次にこの両方とも認め、二度縛りを自白するとすれば、供述はどう

いうふうに変遷していくであろうか。細かい点はケースによって種々考えられるが、大まかな筋としては、

Ⅲaの自白では、「強姦のために縛った」ことしか言えなかったけれども、実はそのまえに「金を取りに行こうということで松の木に縛った」のだ

ということになるはずである。これを図式的にあらわすとすれば、

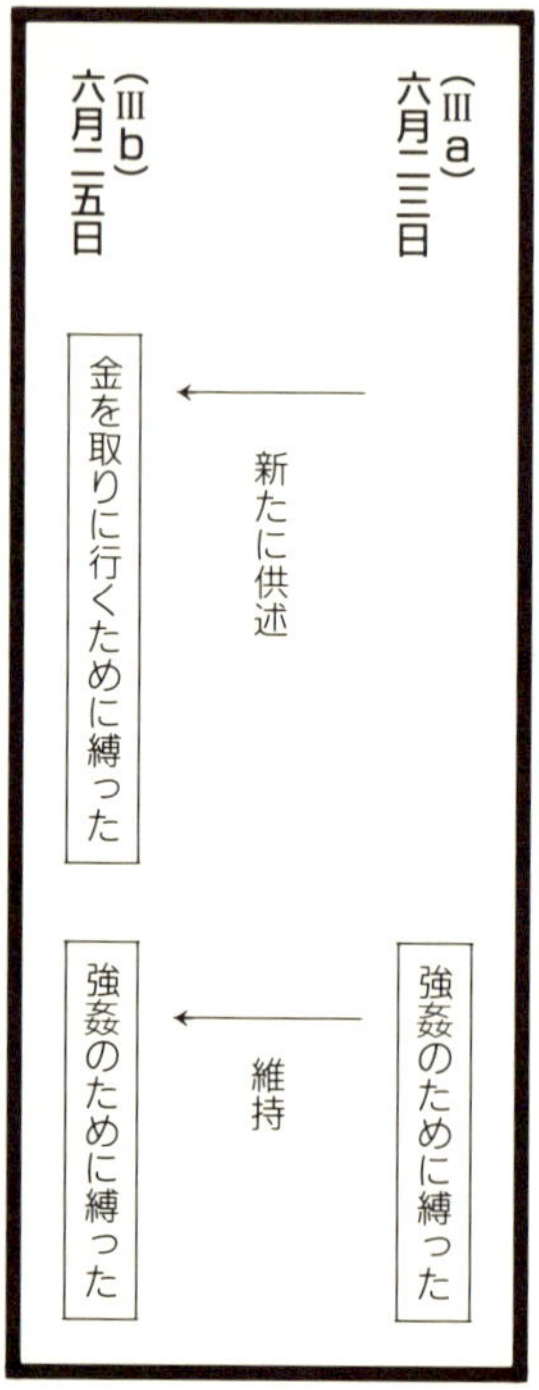

というふうになる。ところが石川さんがこの点の供述を変更した当の六月二五日員①をみてみると、そのような形の訂正にはなっていないのである。

先に引用した冒頭部分に注目してみよう。そこには「私は善枝ちゃんを山の中につれこみ、持っていった手拭で善枝さんの両手を後ろ手に縛ったと言いましたが、この時ただ後ろ手に縛ったのではなく……(松の木に縛った)」とある。この部分が二三日の供述を念頭においたものであること

は明らかである。そこでの縛りは「強姦のため」であった。ところが二五日供述では、「この時」の縛りが、「金を取りに行こうと思ったからだ」というふうにすりかえられ、そのうえで、「その時急に気がかわっておまんこを先にしたくなり」、善枝ちゃんをいったん松の木からほどいて、あらためて後ろ手に縛るということになる。この供述訂正を図式化すれば、次の図のようになる。

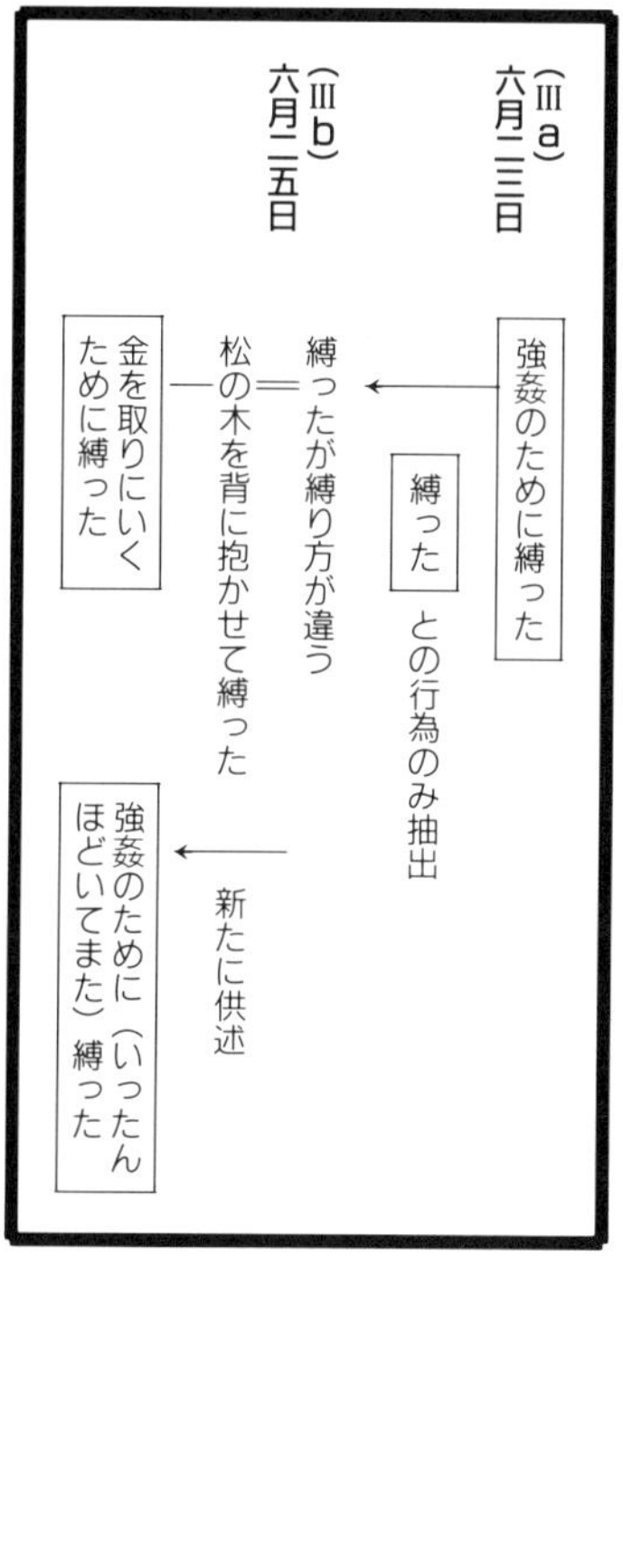

先の図式と異なって、明らかに屈折している。つまり、一部を隠していた真犯人がその隠していた部分を隠しきれずに吐露したというのとは、およそ異なる供述変遷であると考えざるをえないのである。

　通常私たちは、自分のある行為を記憶からたぐりよせて供述するとき、その行為は単に物理的な行為ではなく、「〜のために〜した」という心理的な動機を必ず背景にもっている。つまり行為は単なる行動としてではなく、必ず何らかの意味をもつものとして体験され、記憶され、再生されるのである。今の例にあてはめれば、「縛る」ことそれ自体が記憶にとどめられるのではなく、つねにそこには「縛った」理由、あるいは意味がつきまとっている。たとえば本件で、石川さんがⅢｂの筋書で犯行を行なったとすれば、「金を取りに行くために縛った」という記憶と「強姦のために縛った」という記憶が、それぞれひとかたまりになっているはずである。そのうえで最初前者を隠して、後者のみを供述していたのが、次には前者をも供述したというふうであれば別に不自然ではない。ところが、石川さんの実際の供述変遷では、「強姦のために縛った」ということがまず供述され、次にそこから「縛る」行為自体がとりだされて、縛り方が訂正され、それに「金を取りに行くために」という別の動機がくっついて、そのうえであらためて「強姦のために（いったんほどいてまた）縛った」という供述が加えられている。

これは通常の記憶法則に反したきわめて奇妙な供述変遷であって、どう考えても、真犯人の供述が真実に近づく過程であると解釈することはできない。「動機」と「行為自体」とを、まるで化学での分子の化合のように、離したりくっつけたりすることは、真実の体験記憶にはありえないことである。そこにも、あとに残された証拠から、事後的に事実を論理的に再構成しようとした明白な痕跡をみることができる。

縛る行為と動機が有機的に結びつくか

それにまた、ここで「縛る」という行為は、そこに付された「金を取りに行くため」、「強姦のため」という二つの動機と、それぞれ体験的に有機的に結びつくといえるであろうか。むしろ論理的に結びつけられた可能性が強いのではないか。

まず、「縛る」という行為と「強姦」という動機の結びつきについていえば、強姦のために最初から縛ってかかるということはかなり不自然である。相手が自分の手中にあると思えば、まず強引に押し倒す方が先であろう。「強姦」という衝動的行為にあたって、まず「縛る」という間接的手段をはさむということは、慎重といえば慎重だが、行為そのものからみると不釣合いの感を否めない。それでも、「強姦」と「縛る」行為とがまったく結びつかないとまではいえないかもしれない。強姦するためには相手の抵抗を抑圧せねばならないから、そのために相手を後ろ手に縛るということがありえないわけではない。

しかし、「金をとりにいく」という動機と、「縛る」という行為はさらにうまく結びつかない。たしかに具体的な場面を考えず言葉のうえだけで考えれば、両者は結びつきそうにみえる。ところが、ことを具体的にすすめる犯人の立場に身をおいて考えると、本件のばあいなど、「縛っておいて金をとりにいく」という筋立ては、荒唐無稽という以外にない。

まず第一に、「金をとりに行く」のにどれくらい時間がかかる見通しだったのであろうか。七月一日検②によれば、最初の予定として、「脅かしの手紙を届けてから四、五時間後に金を取る」つもりだったという。そのような短時間で二〇万円もの金が用意できると真犯人が本当に思うかどうか怪しいが、それはそれと認めたとして、それでも数時間は被害者を松の木に縛っておかねばならない。その数時間のうち、脅迫状をもっていく時と、金を取りにいく時の二回は最低、石川さんは被害者のもとを離れなければならない。

このとき犯人ならばどう考えるであろうか。時刻は午後四時すぎということになっていて、まだまだ明るい。雨が降っているとはいえ、山奥どころか畑のすぐ近くの林の中である。そばの農道を通る人がいないとはいえない。大声を出して助けを求めれば近くの人家、道路を通る人に聞こえる。供述によれば、松の木に縛ったうえでタオルで目隠ししたことになっていて、

「騒ぐんじゃねえ、騒いでも俺がすぐそばにいるからすぐわかるぞ」と言ってその時脅かしました。私が善枝さんに目かくしをし、しばりつけたのはそうしておいて善枝さんの家へ金取りに行こうと考えたからです（六月二七日員①）

とは言っているが、こんな脅かしだけで脅迫状をもって行って帰るまでの一時間余、被害者がおとなしく木に縛りつけられたままでいるだろうか。

タオルの目隠しなどは、松の木に頭をこすりつけてずらせばすぐに落ちる。とすれば、自分がいないことにすぐ気づく。人が通れば気づいて助けを求める。後ろ手に縛ったのも手拭ならば、きつくは縛れないし、すぐほどける可能性が高い。となると、脅迫状を投入した頃には、人質が逃げてしまっているということにもなりかねない。

当然、こうした不安を抱くはずである。脅迫状で身代金をとろうとしている以上、人質は人目につかぬところに閉じ込めておかぬかぎり、安心して動けない。真犯人ならば当然そう考える。とすれば、いま述べたような状況で、被害者を「手拭で松の木に縛りつけて金を取りに行く」などということが、正常な判断として考えられるであろうか。真犯人ならば、そのように考える可

能性は万に一つもない。昼間、他人に見つかる可能性のある林の中に縛りつけることのおかしさは別にしても、せめて木に縛るならば手拭ではなく、ほどけようのない何かをさがしてきて、しっかり縛るはずである。

こう考えると、「金を取りに行く」という動機と「手拭で縛る」という行為とは、およそ結びつかないという以外にない。それに、死体を後ろ手に縛っていた手拭は、直接的には、「後ろ手に縛って強姦した」結果として説明されているのであって、それ以前にもう一度縛っていたとの筋書は石川さんの自白に出てくるのみで、残された客観的証拠から直接推論できるものではない。

取調官が石川さんを追及するさい、死体が後ろ手に手拭で縛られていたという事実を前提としていたことは明らかである。そこからは、いろいろな推測が可能である。後ろ手に縛って強姦したなどというのは、そのうちの一つの推測にすぎない。実際、後ろ手に縛って強姦したとすれば死体に抵抗傷が残っていなければならないが、死体にそうした傷は残っていない。さらに丈の短い手拭で縛っていることからすれば、善枝ちゃんが生きていたとき縛ったと考えるより、むしろ死後なんらかの目的で縛ったと考えるほうが自然であるように思われる。もしも石川さんが犯人ならば、体験の流れのなかで、これこれの場面で、これこれの理由で両手を後ろ手に手拭で縛ったということがあって、その結果おのずと、発見された死体は後ろ手に両手が手拭で縛られていたというふうにならねばならない。ところが、体験の流れのなかで考えるかぎり、供述が述べるような形で被害者を縛ったということは非常に考えにくい。とすれば、ここでもまた、結果として発見された証拠から出発して、どこでどうして「両手が後ろ手に手拭で縛られる」ことになったのかというふうに、遡って事件を再構成した可能性が強い。

死体が手拭で縛られていたという事実から、その動機はともかく「犯人が被害者を手拭で縛った」という行為だけは推論できる。だからこそこの行為自体がその動機如何とは別にとりだされて、あるところでは「強姦のため」という動機に結びつけられ、またあるところでは「金を取りに行くため」という動機に結びつけられることになって、「一度縛り」から「二度縛り」への奇妙な供述変遷が生まれたのではなかったか。

2 強姦の仕方――タオルの使い方とズロースの下げ方

最終自白で目隠しに用いたとされるタオルも、最初からそうなっていたわけではない。六月二三日員②の最初の単独犯行自白におけるタオルの使用法をみてみよう。

(手を後ろ手に縛って押したおしたとき) 善枝ちゃんは

「キャー」

と大きな声を出しました。私は

「騒ぐんじゃあない」

と言ったがキャーキャー騒ぎ
「助けてー」
と言ったので私は
「騒ぐと殺すぞ」
と言いながら自分の首に巻いていたタオルで夢中で善枝ちゃんの首をしめてしまいました。騒がれたので私は夢中で首をしめたのですが始めは両手でしめその端を自分の右手で押さえ私の左手で善枝ちゃんのズロースを膝の辺りまでおろし自分のジーパンのチャックをはずしてチンポッコをパンツの右側から出して善枝ちゃんの上に乗りおまんこにさしこみました。腰を動かしてそして完全にやりました。その時私は右手でずっとタオルの両端を持って首をしめていました。私がよくなって、やり終ってから気がついたら善枝ちゃんは動かなくなって死んでいました。

ところが、六月二五日員①には、タオルの使い方がすっかり変わってしまう。

（松の木に縛りつけて）それから私は目かくしをしましたが持って行ったタオルで善枝ちゃんの目を覆って頭の後ろでしばりめかくしをしました、そのタオルは私は自分の首にまいていたものを外して使いました、タオルは四ツ折位の広さでした。……中略……
　私はそうしておいて金を取りに行くことにしようと思ったのですがこの時急に気が変わっておまんこを先にしたくなってしまいました。これは若い娘だからやりたくなったのです。私が善枝ちゃんを松の木にしばりつけていた時は善枝ちゃんは立ったままでした。尻をつけて座っていたのではありません、私は一度松の木にしばりつけた善枝ちゃんをほどいて松の木から外し今度は手だけ後ろ手にしばって仰向けに山の中に押したおしました。そして私が善枝ちゃんのはいていたズロースを両足の膝の辺りまでおろしましたがその時善枝ちゃんが「キャーあ」

と騒ぎ出したので善枝さんの両足の間に自分の身を入れ私の右の手で善枝ちゃんの首を上から押さえつけ自分の左の手でジーパンのチャックを外し、はいていたパンツの右側からチンポッコを出して善枝ちゃんのおまんこの中に入れ腰を動かして完全にやりましたがその時ずっと右手で善枝ちゃんの首を上から押さえつけていました。そして私が、押さえつけていた右手を外したのは、私がおまんこをやっていい気持ちになる前でした。そしてやり終ってみたら善枝ちゃんはまだ暖かかったけれどももう死んでいました。

被害者を松の木に後ろ手に縛ってからタオルで目かくしをしたことは、この日の供述で固まり、これ以降、変遷はない。また、タオルを用いず、手で首を押さえたという強姦の態様についても、この後、ほぼそのまま維持される。しかし、六月二三日員②から六月二五日員①へのこの変遷は小さなものではない。

タオルの使い方

まずタオルの使用法についてみよう。六月二三日には、被害者が騒いだので夢中で首をしめるのにタオルを用いたと言い、六月二五日には、松の木に縛りつけておいて目隠しをするのにタオルを用いたと言う。これは記憶から逸するような微妙な変化ではない。しかも六月二三日などは単にタオルで首をしめたというのみでなく、最初は両手でしめ、ついでタオルの両端を右手でおさえて、強姦する間ずっとそうして首をしめつづけていたとまで詳しく供述しているのである。

もし確定判決の認定したように、六月二五日以降の「タオルで目かくしをした」というのが真実ならば、六月二三日のこの供述は明らかに嘘だということになる。これだけ大きく異なる以上、思い違いとか記憶違いということは考えられない。しかし、ではなぜ六月二三日に、そのような嘘をつかねばならなかったのであろうか。すでに単独犯行を自白したあとなのである。首をタオルでしめようと手でしめようと、情状の点で差異はない。石川さんが真犯人であるとして、彼がこのような嘘をついて得になることはなにもない。

こうした供述変遷に意味があるとすれば、六月二三日員②供述では死体とともに発見されたタオルの状況が説明できず、六月二五日員①のように「タオルで目かくし」をしたと供述してはじめて、死体の客観的状況と供述とが合致するという点のみである。このように供述が死体の客観的状況に合致するように変遷しているということはどういうことであろうか。真犯人の供述変遷ならば、そこに嘘の理由とか誤解の原因がなければならない。石川さんの場合、単独犯行を自白した六月二三日の時点で、もはや嘘をつく理由はない。また、これだけ歴然とした違いを思い違いすることも、記憶間違いすることもありえない。こう考えてくると、結局これは、死体の状況を念頭において取調べをすすめた取調官によるなんらかの誘導の結果であり、そしてまた死体状況について取調べのなかで知りえた情報を念頭において供述した石川さん自身の自発的構成の結果であると考える以外にはないのではなかろうか。

また強姦の態様についても六月二三日から二五日にかけてはっきりと変遷している点に注目せねばならない。

二三日には、両手でタオルの両端をもち首にまきつけて絞めてから、タオルの両端を右手でもちかえて、左手で被害者のズロースを膝あたりまで下ろして、強姦したことになっているのに対して、二五日には、被害者を縛って(二度目)から、杉の根元で押したおし、さきにズロースを膝あたりまで下ろしたところ、騒いだので首をしめながら強姦したことになる。二三日と二五日とでは手順がすっかり変化している。この点の供述変遷についても、二三日員②で石川さんは嘘をつく必要はないし、また思い違いや記憶違いをする可能性もまずない。そう考えると供述変遷の理由は、ひとつに、当時の死因判定では「扼殺」となっていて、二三日の供述では合わないこと、さらに二三日供述のいう態様では、犯行が難しいということにあったのではないだろうか。

実際、二三日供述のように暴れ騒ぐ被害者の首を右手でおさえて、左手でズロースを膝あたりまで下ろして姦すのはかなり困難だと思われる。相手が協力でもしないかぎり片手で首をしめ、片手でズロースをぬがすのは至難というべきである。その意味で、押したおしておいてまずズロースを両手を使って脱がす方がずっと簡単であろう。二五日調書はまさにそのとおりの供述であり、その後、この線で固められていく。

ズロースの位置

ここで、ひとつ問題が出てくる。二五日員①では、両手でズロースを下ろしたとなっているのに、これを「膝あたりまで」しか下ろしていない。なぜ全部足から脱がしてしまわなかったのであろうか。のちに、

ズロースは白い色で割に大きいズロースでしたので、膝の附近まで下げただけで両足は相当両方に開くことが出来ました。足先が五、六十糎位になる迄股を拡げて善枝ちゃんの足の間に割込み……（七月五日検）

と供述している。はたしてそれくらい股が開いた程度で暴れもがく被害者を強姦できるかどうかあやしい。この点やはり釈然としない。その後の供述を追ってみよう。

先に引用した六月二五日員①では、ズロースを膝まで下ろしたとき被害者が「キャー」と騒ぎだしたので、のっかかって首をおさえて強姦したというふうになっている。つまり叫び声を押えるために、ズロースは途中まで下ろしただけで首をしめたというつながりになっている。一見もっともらしくも聞こえる。ところが、三人犯行自白期の六月二三日では、この叫び出した時点が、押したおしたときになっていて、この供述と合わないし、その後六月二五日検①、六月二九日員の供述は、六月二五日員①と同様の供述がなされているものの、七月一日検②では、再び変遷している。

（松の木から離して再び後ろ手に縛ってから）杉の根本附近に連れて行きいきなり足を掛けて女

学生を仰向けに引っくり返し直ぐにスカートを腹の方にはねあげてズロースの左右を両手でつかんでいっきに膝の附近迄引き下げました。その女学生は倒れた時、痛いとかキャッとか言いましたが、それ程大きな声ではありませんでした。ズロースに両手をかけて引き下げた時も声を出しましたが私はすぐさま女の足を左右に広げズロースが膝の附近にかかっているので、女の両足の間に割り込み私の膝でズロースを押えつけるようにして女の上に乗りかかりました。女学生はそれ迄は押し倒してから数回声を出しましたが乗りかかっておまんこをしようとすると大声で

助けて

と叫び、更に大声を出して騒ぎ出しました。それで私は大声で騒がれては人に知れると思い直ぐに前に言ったように右手で女学生の首を絞め声を出さないようにしました。

ここでは、乗りかかって強姦しようとしてから大声をあげたことになっている。とすると、ズロースを膝までしか下げなかった理由は再び分からなくなってしまう。つまり、これではこの行為を体験の流れとして理解できなくなる。

このような供述になってしまったのは、結局、こうでなければ死体のズロースの位置を説明できなかったからではないだろうか。体験の流れを記憶に従って語れば、そこに語られる行動の意味はおのずと見えてくるはずである。ところが、「ズロースを膝まで下ろした」とするこの供述の行動には意味のつながりがみえない。ここのところに、事件後発見された証拠・情報から犯行の筋書を逆行的に構成した可能性が強く示唆されている。

3 供述が客観的状況と一致するわけ

石川さんの最終自白にみられる手拭、タオルの使い方、ズロースの下ろし方は、少なくとも外見上は、死体の状況と一致する。この一致をもって、石川さんの自白は真実らしいと思う人は多いかもしれない。しかし、右にみてきたように、この一致は最終自白になって初めて到達できたものであって、最初からみられたわけではない。むしろ徐々に客観的証拠に一致していく方向に収斂していくこと自体に、取調官の誘導性（意図的とは限らない）と、また真犯人に扮した石川さんの自白構成性をみるべきではなかろうか（もっとも、現実には死体の客観的状況と一致しない部分が数多く残されていることも忘れてはならない。たとえば、強姦に伴って手足その他に抵抗傷が認められてよさそうなものだが、死体にはそれがない。ただ、これらの点は供述分析の射程からははずれるので、あえて取り上げなかった）。

ここで、以上述べてきた手拭、タオル、ズロースの下げ方の三つの供述について、客観的証拠と一致していること自体の意味を再考してみよう。これまでと同様、石川さんの供述の流れを、事件の流れの上において、これが体験記憶の自然な表現でありうるかどうかを検討することになる。ただ、ここで注意せねばならないことは、「供述と客観的証拠とが一致する」などといっているが、実際には、石川さんが供述で、「手拭で縛り、タオルで目かくしし、ズロースを膝あたりまで下ろした」と語っているのは、事件の流れでいえば、「五月一日午後四時すぎ」のことであるのに、死体の客観的状況の方はそれから三日後五月四日に見出された結果だという点である。もちろん、土の中では死体の外形上の状態が変化するはずはない。しかし、少なくとも土中に埋めるまでの間には、種々の変化が予想される。つまり、石川さんの自白によれば五月一日夜九時ごろに死体を農道に埋めることになるのだが、そうだとすると午後四時からそれまでの間、死体が身につけた手拭、タオル、ズロースなどはいろんなかたちで変化しうるはずである。

ところが先の「供述と客観的証拠との一致」という言い方は、五月一日午後四時すぎから九時ころまでの五時間の間に、手拭、タオル、ズロース等の状態にいっさい変化がなかったということを前提にしている。しかし、石川さんが供述した犯行筋書によれば、手を手拭で縛り、タオルで目隠しし、いったん手拭をほどいて再び縛り、押し倒して、ズロースを膝まで下ろしてから、被害者の抵抗にかかわらず首をしめながら強姦し、さらに殺害後、死体を運び、芋穴に吊して、また引き上げ、運んで埋めているのである。ところが供述のうえでは、この経過のうち、ズロースを下ろした時点ですでに死体の客観的状態と同じ状態ができている。

では、この時点以降、供述において、石川さんが被害者にどういうことをやったことになっているのか。その自白を順を追ってまとめてみると、次のようになる。

① 暴れ騒ぐ被害者をおさえつけ強姦殺害する。

② 殺害現場から芋穴まで約二〇〇メートルの間を両手で抱いて運ぶ。
③ 足首を紐でくくり荒縄につないで芋穴に吊す。
④ それから約二時間後、今度は芋穴から引き上げる。
⑤ そこから二五メートルほどの農道まで運んで、掘っていた穴に投げ入れる。

これだけのことをやっているわけである。この間、手拭、タオル、ズロースの状態に手を加えたとの供述はなされていない。しかしその間に、これらのものの状態が変化しないという保証はない。いやそれどころでなく、これだけ激しい動きにさらされた被害者・死体について、これらのものの状態がその間まったく変化しないなどということは、可能性としてもありえないといわねばならない。

とくに①の強姦の過程では、当然ながら、被害者は死にものぐるいの抵抗をしたはずである。その間に、手拭がゆるむとか、ほどけるとか、あるいはタオルがずりおちるとかズロースの位置が変わるとか、そういうことがない方が不自然である。目隠ししたタオルなど、どれほどきつく縛ったつもりでも、地面に頭をすりつけられ、抵抗して頭を振ったり動かしたりすれば、縛ったときの状態のままでとどまるはずはない。ズロースにしても、足をジタバタさせれば、当然、膝あたりからずれてくるはずではないのか。

被害者がまったく無抵抗であれば、強姦—殺害後の状態が強姦前と同じということもありうるかもしれないが、そのようなことは考えられない。ところが、七月一日検②には、殺害直後の死体の状況を次のように供述している。

女学生はその侭にしておいたので、後ろ手に縛られ、仰向けに倒れてスカートを腹の方にまくられズロースは膝附近まで引き下げ、足を左右に広げた侭杉の木の下に転がしていたわけです。

そもそもこういうことが考えられるだろうか。しかも①の過程以降も、死体は②〜⑤の激しい扱いをうけねばならなかった。軽いものをそっと扱い、運ぶのなら、死んだときの状態を変化させずに、最後に埋めるところまで到達しえるかもしれないが、五〇数キロもの死体を、いかに力持ちの石川さんといえども、軽々と扱うわけにはいかない。とすれば多少手荒に扱わざるをえないわけで、その間に手拭、タオル、ズロースの状態がそのままである可能性はまずないというべきであろう。

死体の状態と一致した供述を行なうということが、このように、犯行の流れのうえではきわめて不自然な結果をもたらしている。石川さんの供述は、真犯人が自らの犯行の体験をその流れに従って供述して、その結果、おのずと死体の状態と一致したというふうなものではおよそないむしろ、死体の状態についての情報から出発して、逆に犯行態様が構成されたものとしか解釈できないのである。「供述と客観的証拠の一致」が、時の流れのなかにおいてみたとき、実はきわめて不自然であることが判明する。これまた、石川さんの自白調書に数多くみられる逆行的構成の一つだといわねばならない。

確定判決の次の認定もまた、同じくこの逆行的構成にとらえられたものといわざるをえない。

前記のとおり被害者の外陰部に生前の損傷があり、膣内容から形態完全な多数の精虫が検出されたことのほか、死体には多数の生前の損傷があること、死因が扼頸による窒息死であること、被害者の死体がタオルで目隠しされ、かつ手拭で後ろ手に縛られまたズロースも下げられた状態で発見されたことなどを総合して考察すると、被害者は死亡の直前強いて姦淫されたものと推認するに十分である。

この点につき、被告人は自ら員及び検調書中で、身分証明書そう入の手帳一冊を強取した際、にわかに劣情を催し、後ろ手に縛った手拭を解いて同女を松の木から外した後、再び右手拭で後ろ手に縛り直し、次いで数米離れた四本の杉の中の北端にある直径約四十糎の杉の立木の根元付近まで歩かせ、同所であお向けに転倒させて押さえ付け、ズロースを引き下げて同女の上に乗りかかり姦淫しようとしたところ、同女が救いを求めて大声を出したため、右手親指と人差し指の間で同女の咽頭部を押さえ付けたが、なおも大声で騒ぎ立てようとしたので、右手に一層力を込めて同女の咽頭部を強圧しながら姦淫を遂げた、姦淫を遂げた後に被害者が死亡したことに気付いた旨の供述をしているのである。

してみれば、被告人の自白と死体の状況との間に矛盾するところはないと認められる。

事後的に発見された証拠状況だけから考えたとき、人はえてして諸証拠が成立するまでの時間の流れを忘却する。右引用の確定判決もまた、手拭、タオル、ズロースがたどったであろう時間的経過をまったく考慮に入れようとしていない。

論理的構成は、このように時の流れ、体験の流れをとかく忘失するがゆえに、過去の出来事を逆行的に構成して間違うのである。

分析その4

死体の逆さ吊り――芋穴とビニール風呂敷

強姦・殺害ののち、死体をどう処置したかについて、石川さんの供述を追ってみると、ここにも体験記憶にもとづいたものとはいえぬ奇妙な点が浮かびあがる。

1　ビニール風呂敷

死体発見時に警察は、死体の足首が木綿細引紐で縛られ、その先に荒縄がつながれ、さらに細引紐の一端にビニール風呂敷の切れ端が付いていたこと、そしてこのビニール風呂敷の切れ端と合致するビニール風呂敷が死体から二五メートルのところにある芋穴の底から発見されたことを、証拠として採取していた。これらの証拠を組み合わせたとき、いかなる犯行態様が考えられるかが、取調官の側にとって問題であったはずである。ここでとくに注目すべきは、ビニール風呂敷を犯行筋書のなかにどう位置づけたかである。石川さんの供述はこの点でいろいろ変動して、定まらない。その供述変遷をまず整理しよう。ビニールの風呂敷について供述で言及しているのは、六月二四日員③が最初である。つまり、最終自白Ⅲbの筋書に入ってからのことである。

・六月二四日員③　被害者からとったもののなかにビニール風呂敷があって、これについては「後で話します」としている。

・六月二五日員①　ビニール風呂敷は善枝ちゃんの足をしばるとき縄に足してつないで使いましたが切れてしまったので私がポケットに入れておきました。善枝ちゃんを埋めてからその風呂敷が残っていたことに気がつき穴ぐらの中にその風呂敷を投げこみ、その後で穴ぐらの蓋をして来ました。

・六月二五日検①　ビニール風呂敷が善枝ちゃんの自転車のハンドルについている篭の中にありましたので、それを紐の様に引きしぼって善枝ちゃんを穴に吊す前に足の方を縛りましたが、それは切れてしまったので、藷穴の中に捨ててしまいました。

・六月二八日員　　私が死んだ善枝ちゃんを穴ぐらの中に入れるときは善枝ちゃんの足をしばって中に入れたのですが私はその時足をしばるところだけは特別に丈夫なものを使わないと普通の縄では切れてしまうと思いました。そこで私は善枝ちゃんの自転車の前の篭についていたビニール風呂敷を使おうと思って縄につなぎ善枝ちゃんの足に巻いて強くひっ

表7　ビニール風呂敷の用い方

	六月二五日員①　検①　二八日員	六月二九日員
用いた時点	芋穴に吊すとき	死体を芋穴に運ぶとき
用途	足を縛るとき縄にたして使った。	足が開かないように両足を縛った

ぱったら切れてしまったのです。ですからビニールの風呂敷の切れ端が縄にしばりついたまま少し残っていたと思います。このビニールの風呂敷を篭の中から取り出したのは何時かというと善枝ちゃんを縛ってめかくしをしてから取りに行って来たと思います。何のためにこのビニールの風呂敷を取って来たのか思い出せません。

・六月二九日員　それから私は善枝ちゃんをこの前話したようにあなぐらのそばへ運んでおきました。その時私は善枝ちゃんの両足を開かないようにビニールの風呂敷でしばったように思います。このビニールの風呂敷は私が自転車のスタンドを立てて善枝ちゃんを山の中につれこむ時自転車の前についていた篭の中から取り出して来てポケットに入れて持っていたが善枝ちゃんを殺してしまって檜の下に考えている時そのビニールを冠っていたと思います。そのビニールの風呂敷は白っぽい色をしていたがどのような柄がついていたのか覚えて居りません(この供述では、このように死体を芋穴のところまで運んでから、再び杉の木の所まで戻り、そこで脅迫状を訂正し、それから縄を探しに行って、芋穴に死体を吊すことになる)。

・七月七日検①　その麻縄（木綿細引紐のこと）の端にビニールの切れ端がついておりますが、このビニールの切れ端は善枝ちゃんが持っていたビニールの風呂敷の端が切れたもので、最初はビニールの風呂敷を引きしぼって縄の様に丸めそれで善枝ちゃんの足首を縛りビニールの端を麻縄に結びましたが、一寸引っ張ったらビニールが切れたので、やりなおしたものです。

ビニール風呂敷の使い方に関するこの供述変遷は、非常に細かい微妙な違いのようにみえるかもしれないが、体験の流れのうえではけっして小さくない問題である。ビニール風呂敷を用いた時点とその用い方という二点に分けて整理したとき、六月二五日員①、同日検①、六月二八日員の三通と、六月二九日員とでは供述の中身がすっかり変化している（表7）。なお七月七日検①は、縛り方のみを詳しく供述していて、用いた時点と用途については不明である。

まず六月二四日員③からはじまって六月二八日員までの流れをみてみると、六月二四日員③でビニール風呂敷をとったことを供述し、ついで二五日員①、同日検①ではいずれもこれを死体を吊すとき足を縛るために用いたが切れたのだと供述していて、六月二八日員でこれをさらに詳しく述べたという供述の流れになっている。しかしビニール風呂敷の使い方を詳しく説明する段になって、なぜ足首のところに縄ではなくビニール風呂敷を用いようとしたのかが問題となったはずである。これに対して石川さんは「足をしばるところだけは特別に丈夫なものを使わないと普通の縄では切れてしまうと思いました」と供述することになったのである。ところがこの説明はあまりに不自然である。ビニール風呂敷というものを知っている人間なら、これが荒縄や木綿細引紐よりも丈夫だと思うだろうか。

足を縛るところは特別丈夫なものを使わねばならないものと考えた真犯人が、いま手元に、ビニール風呂敷、縄、木綿細引紐を持っているとすれば、彼はどれを用いるだろうか。これは問うも愚かな問題である。まず百人中百人までが木綿細引紐を用いるだろう。ビニール風呂敷を用いようと思うものは、万に一人もおるまい。

ところが供述の流れのなかでは、六月二五日のところで、ビニール風呂敷を足を縛るのに用いたと供述してしまっている。この供述を前提にして、「なぜそこにビニール風呂敷を用いたのですか」ときかれて答えに窮した石川さんは、結局右のような屁理屈を立てる以外になかったのであろう。体験の流れのうえではおよそ考えられないことだが、突きつけられた証拠と前回までの供述を前提にすれば、とりあえず、そのように言い逃れるより仕方なかったのである。真実これを体験した真犯人の供述としては、考えられないことである。ここにも歴然たる逆行的構成の痕がのこっている。

しかし、このような屁理屈は、やはり納得しがたい。これを聴取した取調官にしても同じ思いであったはずである。そこで翌六月二九日には、この供述が訂正されることになる。ビニール風呂敷がとくに丈夫だから吊すさいに足を縛るのに用いたのではなく、「死体を運ぶのに足が開かぬよう用いた」というのである。これであればビニール風呂敷の強度に見合った使い方だといえよう。その意味では納得できる。しかし、そうだとすれば前日二八日の供述はいったいなんであったのだろうか。この供述変遷は、いったん記憶間違いしていたことが訂正されたということではない。そうした体験記憶レベルの訂正の問題ではなく、むしろ前回供述では理屈に合わないから、訂正せざるをえないという形の論理レベルの訂正であって、ここにも逆行的な構成が影をおとしているといわねばならない。

そして一週間後の七月七日の検面調書では、どの時点で足をビニール風呂敷で縛ったのかの明記はなく、文脈上は吊す前と読めるような供述になっていて、六月二八日員に揺り戻していると思われる。ただ、「特別に丈夫なもの」として使ったといった六月二八日員のニュアンスは消えて、「一寸引っ張ったらビニールが切れたので……」となっている。この点、六月二八日員では「強く引っぱったら切れてしまったのです」という言い方と、はっきり異なっている。石川さんの供述が、このように都合よく変遷しているのを見るとき、これを体験の自然な供述だとどうしていえるだろうか。

加えて、ビニール風呂敷をどの時点で自転車のかごから取ったのかについても疑問がある。六月二八日員では、被害者を松の木に縛り、目隠しをしてから取りに行ったのだという。ところが六月二九日員では、被害者を山の中に連れ込むとき取ったという。ここにも食い違いがある。前者ではわざわざ「取りに行った」ことになるが、そうだとすれば当然、その理由が問題になる。ところが理由を聞かれても石川さんは答えられず「何のためにこのビニール風呂敷を取って来たのか思い出せません」と言う以外になかった。そして翌二九日には、わざわざ「取りに行った」のではなく、犯行現場近くまで自転車でやってきて、自転車を立てて山の中に連れ込むさいに「取った」ことになり、その供述のすぐうしろでは、殺したあと檜の下で考えるときこのビニール風呂敷をかぶっていたとして、雨をしのぐためという含みをもたせている（六月二九日員）。

ここにも体験の流れのうえで記憶を訂正したというより、理屈のうえの不合理を訂正するという論理的構成の臭いが強い。

2 死体の逆さ吊り

石川さんの自白のなかでとりわけ特異なのは、死体を芋穴に逆さに吊して隠したとする供述である。おそらくこういう隠し方は、犯罪史上でも例がない。猟奇的な犯罪小説ならともかく、現実の犯罪行為としては非常に無理の多い筋書である。はたして石川さんは、この筋書どおり体験をして、これを記憶にもとづいて供述したのであろうか。ここでも私たちは、体験者の供述とは考えられない構成の痕をみることができる。

被害者の死体を芋穴に一時隠しておいて、のちに農道に埋めたとする供述は六月二五日員①にはじまる。それによれば、

それから死んだ人をそのまま放っておくことは誰かに見つかってしまうから一時あなぐらの中にかくしておこうと考えました。あたりが薄暗くなった頃ですから大体午後六時頃と思

います。私は死んだ善枝さんを頭を私の右側にして仰向けのまま私の両腕の上にのせ、前へささげるようにしてそこから四〇米から五〇米位はなれた畑の中のあなぐらのそばまで運びました、そこは私があなを掘って善枝ちゃんを埋めたすぐそばです。そこを図面で書くとこのようですから図面に書いて出します。……中略……

私が善枝ちゃんを埋めた場所とそのあなぐらとは五米位はなれていました。この頃雨は少し降っていました。私が善枝さんをここまで運んだのは死んだ善枝さんを人にみつからないように運んだのですがそこは人の通るところではないから見付からないと思ったのです。

私はこのあなぐらのそばへ善枝さんを運ぶ前から善枝さんの身体を土の中へ埋めてしまって人に見付からないようにしようと考えて居りました、そのことを考えたのは善枝さんを殺して夕方までどうしようかと考えていたときです。

それで私はそこから縄を探しに行きました、これは善枝さんを縄でしばって穴の中へ下げておいてこんど出す時にその縄をひっぱれば引きあげられるようにするため善枝ちゃんを下げておく縄を探しにいったのです。

私は縄を探すためには人の住んでいる家の方がよいと思って家のある方へ行ったのです

（そこで縄や麻縄のような縄——木綿細引紐のこと——を取ったり拾ったりした）。

私はその麻縄のようなものや縄をつなぎあわせ縄の方は二本か三本あわせて切れないようにし善枝さんの両足を揃えて足をしばってあなぐらのセメントの二枚の蓋を外し、善枝ちゃんを穴の中に逆さにつり下げておきました。そしてその縄の端はそばにあった桑の木にしばりつけておいたと思いますがよく考えておきます、それからあなぐらの蓋をしておきました。そういう風にして善枝ちゃんの身体をかくしておきました。私がこのあなぐらのことを話せなかったのはこんなことがわかるとその穴ぐらはもう使えなくなってしまうと思ったからです。

死体を芋穴に逆さ吊りしたという供述は、これ以降何回も供述され、それぞれに微妙な変遷が認められるが、ここでは細かい点については触れず、逆さ吊りという行為そのものについてだけ分析を加えることにしよう。

右に引用した供述によれば、石川さんの行為の流れは、次のようになる。

① 死体を芋穴近くまで運ぶ
② 縄を探しに行く
③ 死体の足をしばって芋穴に吊し、縄の端を桑の木にしばりつける。

この順序自身、その後の供述においても変化はない。ここで問題にしたいのは、死体を芋穴のなかに吊して一時隠し、のちにこれを農道に埋めるという行動そのものの奇妙さである。五四キロもある死体を芋穴に吊すという作業は、石川さんがいかに力持ちとはいえ、並たいていのことではない。その大変な作業を行なって隠してしまうということならまだしも、芋穴に隠すのはほんの一時で（供述によると隠しておいた時間は六時半から八時半くらいまでの二時間ほどにすぎない）、すぐに引き上げて農道に埋めたというのである。しかも、なりゆきでそういうちぐはぐな行動になったのではない。右引用の供述にもあるように殺害後死体を芋穴に運ぶ前から、あらかじめ埋めようと計画していたという。おまけにのちの七月二日検①によれば、その時（檜の下で考えていたとき）すでに「I豚屋のスコップを盗んで使う」ことまで計画していたというのである。一時的に隠すだけならば、わざわざ芋穴に吊さず殺害現場に放置しておいても、見つかる危険はほとんどなかったといってよい。もし二、三日でも隠しておかねばならぬ事情があったのなら、畑の近くの林の中では日中人に見つからぬとも限らないから、まだしも芋穴の方が危険性が少ないともいえようが、実際に隠しておいたのが、薄暗くなった六時半ごろから八時半ごろで、しかもかなりの雨が降っていたのであるから、林の中に人が通る危険性はまずなかった。むしろ、林のなかから畑の方へ出て、農道を通って芋穴まで死体を運ぶことの方がずっと危険ですらある。その意味で、芋穴吊しの行動自体、心理的にみて矛盾を孕んでいるといわざるをえない。実際、供述のうえにもこの矛盾がはっきりとあらわれている。たとえば七月一日検②には、こうある。

　色々考えましたが殺した善枝ちゃんをこの侭にしておけば直ぐに判ってしまうので、一先ず善枝ちゃんを藷穴に隠して脅しの手紙を善枝ちゃんの家に届けて戻って来てから善枝ちゃんを埋めて判らないようにしようと思いました。

　それで又、杉の下に戻り死んでいる善枝ちゃんを両手で首のところと足の方に下から手を入れて抱えて藷穴の所迄運びました。その時は薄暗くなり雨も降っているので附近に人影もなく人に見つかる心配もありませんでした。藷穴の附近に善枝ちゃんを仰向けにしておき、杉の木の下に戻ってそこで、ズボンの後ろのポケットから脅かしの手紙を出して封筒に、中

田江さく、と書き中の手紙も月日を書きなおし、家の門とあるのを

さのやの門

と書きなおしました（こうしておいて、縄を探しに行くことになる）。

この供述によれば、殺害現場から芋穴の方へ死体を運ぶさいには、「このままにしておけば直ぐに判ってしまう」と考えて死体を運び、次に芋穴近くに死体を仰向けにしておいたときには「薄暗くなり雨も降っているので附近に人影もなく、人に見つかる心配もありませんでした」ので、死体をそこに放置したまま杉の木の下に戻って脅迫状を訂正し、それから民家の方へ縄を探しに行くことになる。殺害現場で考えたことと芋穴のところで考えたことは明らかに矛盾する。この間二〇〇メートル（石川さんは六月二五日員①でこの距離を四〇〜五〇メートルとしているが、実測では約二〇〇メートルである）の距離を死体をかついで運んだことになっているが、これが時間にしてせいぜい数分とすれば、ほとんど同時刻といってよく、薄暗さにおいて差はない。殺害現場の林の中より、開けた畑の中の芋穴近くの方が見つかりにくいということは、まずない。そうだとすれば、林の中（殺害現場）にいて、

㋑このままにしておけば直ぐに判ってしまう

と考え、芋穴近くで

㋺薄暗くなり雨も降っているので附近に人影もなく人に見つかる心配もない

と考えたというのは明らかな矛盾である。実際の体験の流れのなかでは、このような矛盾はありえない。

ではなぜ、こんな矛盾した供述が出来あがってしまったのか。結論的にいえば、それは、この供述の時点で石川さんは、「芋穴に死体を吊す」ことを前提にしてしまっていたからである。この行動を前提にするならば、まず死体を芋穴まで運ばなければならないし、次に死体を吊すための縄を探しに行かねばならない（探しに行く以上は、死体を一時放置する以外にはない）。そして、この前者の「死体を運ぶ」理由としては、当然㋑をあげねばならないし、後者の「死体を放置する」理由としては㋺をあげざるをえないのである。つまり、死体を芋穴に吊して隠すかぎりは、㋑と㋺の相矛盾する理由をともにあげざるをえないのである。このことは、この供述がどれほど体験の流れからほど遠いものであるかを示唆している。

そもそも真犯人ならば、林の中で夕刻薄暗い中で死体を前にしてどう考えるであろうか。夜中にこんな林の中をうろつく人間はいない。まして雨が降っているのだ。あとで農道に埋めるつもりなら、せいぜい林の中で下草の繁ったところとか、へこんだところとか、人目につきにくいところとかを探して隠して、真暗になるまで待てばよい。それ以上のことはかえって危険ではないか。

わざわざ民家のある方へ歩み出て、畑の中に死体をおいて縄を探しに行ったうえで、なおかつ大変な労力を費やして芋穴に死体を吊す者がどこにいるだろうか。おまけに二時間後にはまた引き上げねばならないのだ。どこからどう考えてみても、無理な筋書である。体験者の供述とはおよそいえまい。

考えてみれば、石川さんが自白をはじめたとき、彼の前には

・死体が農道に埋められていた事実
・死体の足が細引紐で縛られ長い荒縄につながれていた事実
・細引紐の一端にビニール風呂敷の切れ端がついていた事実
・その切れ端に符合するビニール風呂敷が近くの芋穴から発見された事実

これらの事実が突きつけられていたはずである。犯行の体験者ならぬ石川さんが、真犯人に扮して犯行筋書を考えねばならぬとすれば、これらの事実をすべて説明すべく、苦しまぎれに死体の逆さ吊りという筋書を構成してもおかしくはない。いや、そう考えなければ、私たちはこの矛盾だらけの供述を理解することはできない。

なお、五四キロもの死体の足首を細引紐でくくって逆さ吊りにすれば、足首に明らかにその痕跡が残るはずだが、善枝さんの死体にはそうした痕跡が残っていない。そればかりか芋穴に血痕や荒縄のワラクズもなかった。

分析その5

鞄の処分——鞄、教科書、ゴム紐

石川さんの自白によれば、善枝さんを殺害してのち、中田家へ脅迫状をもっていく途中、善枝さんの自転車にゴム紐でくくりつけていた鞄を捨てる。事件の後、ゴム紐は五月三日、山狩りによって発見され、鞄の中にあった教科書・ノート類は五月二五日、ゴム紐から約二〇〇メートルのところで発見されていた。そこで残る鞄本体が問題となる（のちの図23を参照）。

1 鞄の捨て場所の供述は「秘密の暴露」でありえたか

石川さんは、六月二〇日員の最初の三人犯行自白のなかで自分が鞄を捨てたことを認めて、翌

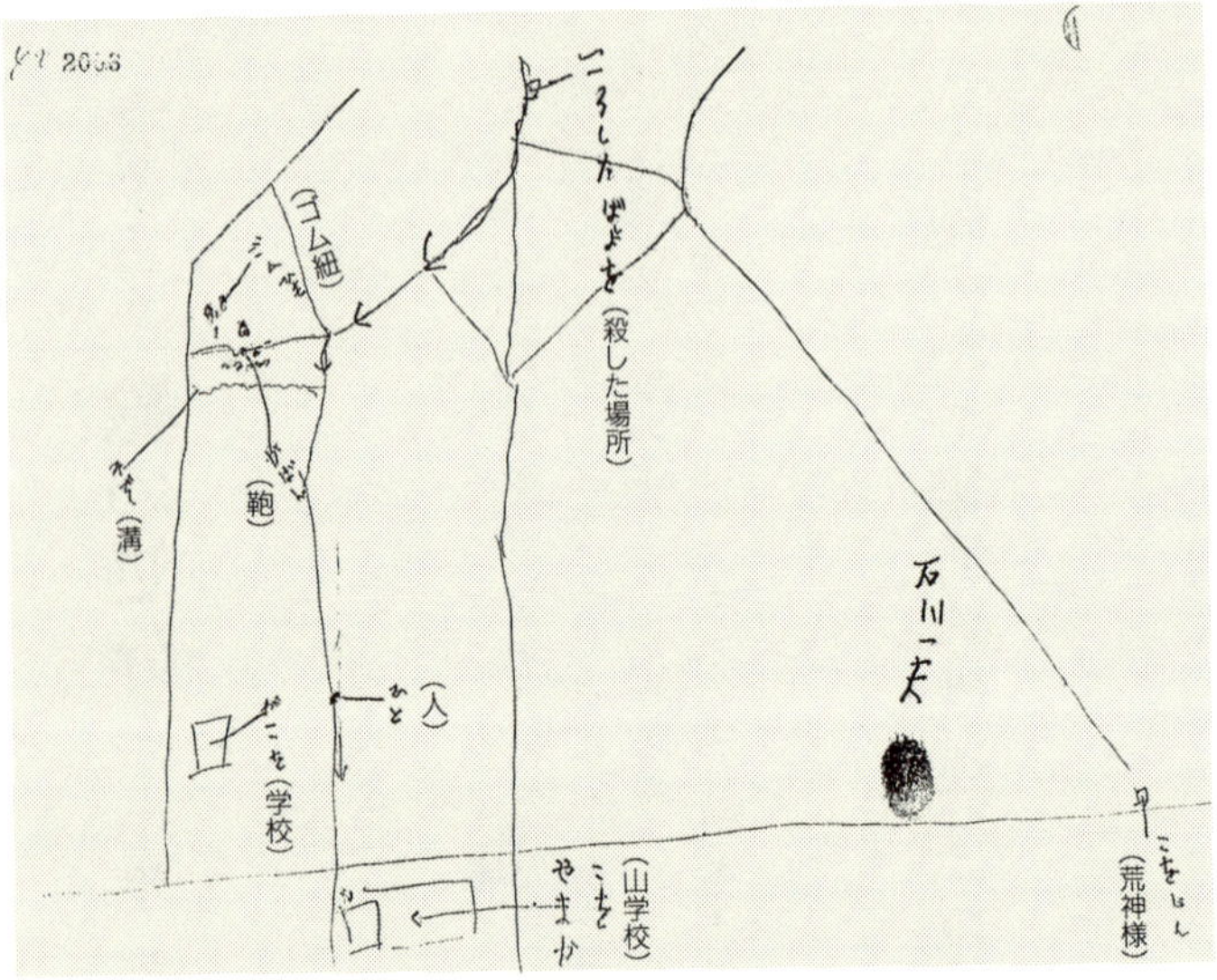

図22　２回目に描いた鞄投棄地点（６月21日員②添付の略図）

二一日には供述とともにその捨てた場所の地図を二度描いて示した。そして取調官たちによれば、最初の地図では鞄は見つからず、書き直させた二回目の地図によってはじめて鞄を溝の底から発見できたのだという。

取調官の主張するとおり、それまで入手しえなかった物証が、自白にもとづいて発見されたというのであれば、それは自白の真実性を証明する強力な証拠となる。第二審確定判決は、取調官の主張をそのまま採用して、石川さんが最初描いた地図は嘘で、二回目で本当の地図を描いたので、これによって鞄が見つかったのだと認定している。判決文にはこうある。

六・二一員関調書で、初め鞄を捨てた場所として嘘の略図を書いて渡しておきながら、「なおよく考えてみたら思い違いであったと思います。」といって、別の略図を書いて渡し、その略図によって捜索したところ、鞄が発見されるに至った。

このように、これを真犯人しか知らぬ、「秘密の暴露」だと認めれば、石川さん＝真犯人の決定的証拠とみられることになる。しかし、この点についての石川さんの自白が、はたして「秘密の暴露」であったといえるだろうか。石川さんの供述をたどってみることにしよう。

六月二〇日員　（三人でやったことを認め、自分が脅迫状を書き、もっていったと供述したうえで、どの時点とは特定せずに）鞄は俺がうっちゃあったんだけど今日は言わない。今度関さんが来たとき地図を書いて教えるよ。

一部自白にせよ、ともかく最初の自白がでた日のことである。これまで否認を通していたのが崩れ、一部にせよ緊張の糸が切れたその時の供述である。石川さんはそこで鞄を捨てたことを認めながら、その場所を教えていない。それはいったいなぜなのだろうか。この調書を採ったのは知り合いの関巡査部長である。その関に向かって彼は「今度関さんが来たとき地図を書いて教える」という。石川さんが真犯人ならば、その場で地図を書いて教えられるところを、あえてその時は教えなかったということになる。取調官の側からすれば、当然、聞き出せることなら、出来るだけ早く聞きたいと思うはずである。それなのに石川さんは教えない。これはどういうことであろうか。石川さんはほんとうに知っていて、この時、あえて教えなかったのか。いやむしろ、自分が脅迫状を書いて持って行ったという役まわりを引き受け、犯人に扮したものの、実際には何も知らなかったので、教えられなかったのではないのか。問題の二一日の二通の調書をみてみよう。

六月二一日員①　（前日の調書を受けて）昨日関さんが来た時鞄を捨てた所を話すって言ったから此れから地図を書いて教える……（中略）……其れは善枝ちゃんが死んじゃってから堀兼へ行く前に入間川の奴が「お前通る道だからあすこいらへすっぽうっておけ」と言ったので……（中略）……其の鞄を自転車のけつへくっけて手紙を善枝ちゃんの家へ持って行き乍ら捨てたんだね。自転車のけつには紐がついて居たんだ。どんな紐だかはっきりした事はわかんなかった。其れで善枝ちゃんが死んだ所から、山の中を山学校の方へ行って、山を出はずれる所の畑から二〇米位で山の中から行くと道の左側で三〇米位の所へ捨てたんだ。鞄の中には帳面と本があったのは知ってるけど、其の他何かあったと思うけどわかんなかった。其れを自転車からおろして鞄ごと山の中へおっぽうっちゃったんだ。其れから山学校の方を廻って善枝ちゃんの家へ手紙を持って行ったんだ。自転車の紐も鞄と一緒におっぽうちゃったんだ。其れっきり行かないから鞄がどうなっているかしらない。

六月二一日員②　（この調書は、右の調書①とそれに添付した地図にもとづいて鞄を捜したが見つからなかったとして、あらたに聴取されたもの。通常、調書には日付は書いても時間までは書かないものだが、どういうわけか、この調書には聴取時間が「午後五時頃」と記載されている）私は今日の午前中鞄を捨てた場所について話しましたがその時はその鞄を本などを入れたまゝただ放りなげて来たように話しましたが、おまわりさんが探したところ見つからないといわれましたのでなおよく考えてみたら私の思い違いであったと思います。私は五月一日の夕方うす暗くなった頃善枝ちゃんの乗って来た自転車に乗って、善枝ちゃんの家へ手紙を届けに行く途中山と畑の間の低いところへその鞄を捨てたのです、この場所はわかりにくいから略図を書いて説明します（図22）。……（中略）……この場所は新しい学校より南の方へ三―四百米位よったところです。私はその時その学校の方へ向かって行きました、そうすると私の前を黒っぽい服を着た男が、歩いて行くのでこの人を追い越してはまずいと思って、一寸右へそれて約三十米位山の中へ入って行って善枝ちゃんの自転車についていたゴム紐を放り投げそれからその近くの山と畑の間の低い所の土を少しばかり、はいていたゴム長靴でかっぱき本は鞄から出して鞄だけその土をかっぱいたところへ放り出しそのそばにあったわら一束位をかけて置きました、その時は土をかけなかったが今ではいくらか土がかゝっていると思います。……（中略）……それから私が鞄から出した本もそのそばへ放り出し長靴で泥をかけておきました。

この二通の供述で石川さんは、鞄を捨てた場所を自白している。その場所は、供述でも、それに添付された地図でもきわめて曖昧なのだが、一応現場付近地図のうえにおおよそプロットすれば**図23**のようになる。この供述時点では殺害現場がA地点とされており、石川さんはBの山学校の方へ向かって、A―Gの道をたどったとされている。そして、一通目調書では途中「山から出はずれる所の畑から二〇米くらい」のところを左に曲がって三〇米くらいのところ（地図上C地点あたり）に、鞄、教科書・ノート類、ゴム紐を一緒に捨てたと言う。ところが、二通目の調書では、AからGへたどる道で「私の前を黒っぽい服を着た人が歩いて行く」のを見て、先の供述と反対

図23　犯行現場から鞄等投棄場所への経路

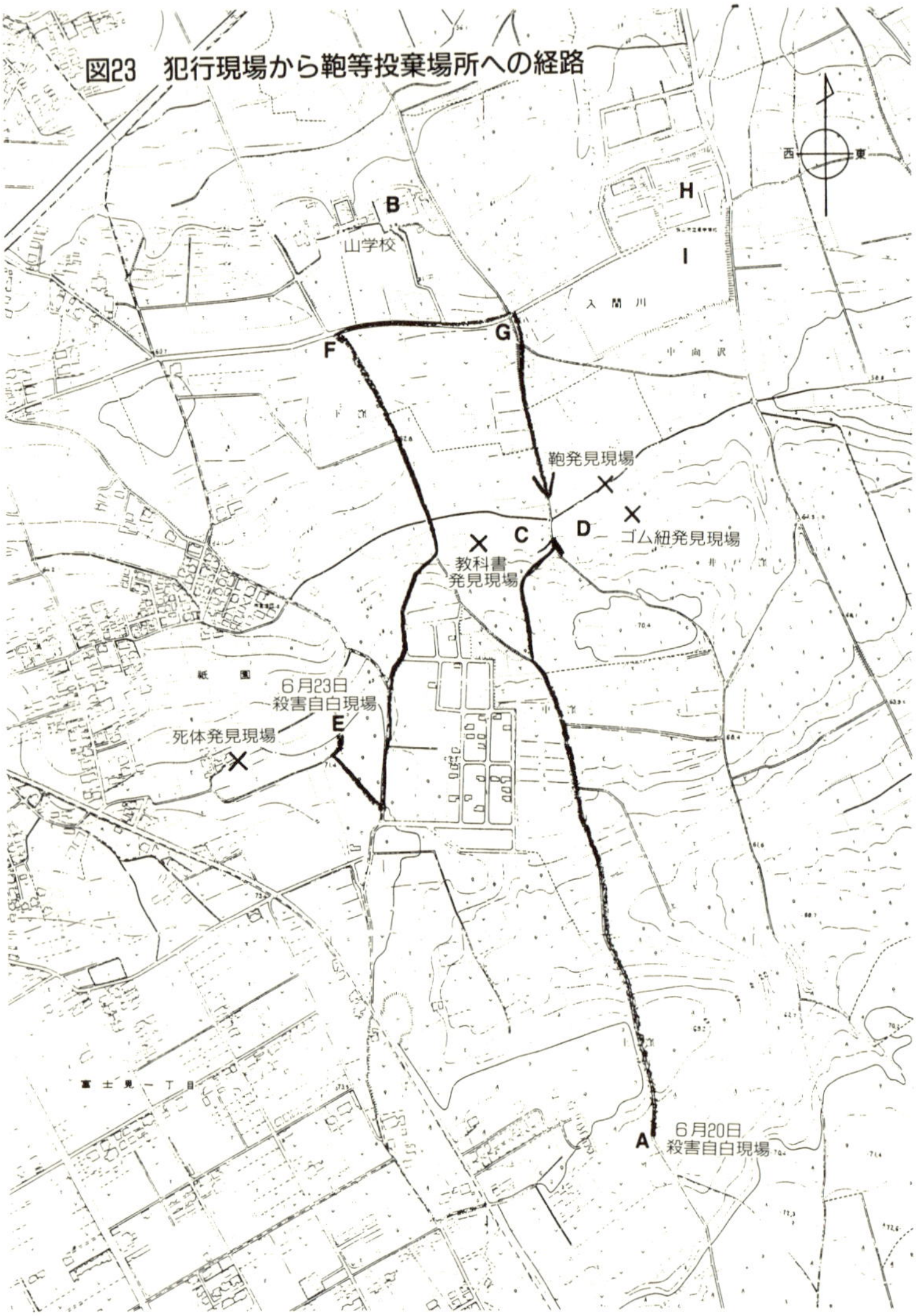

に右へ曲がって、地図上D地点あたりの「山と畑の間の低い所」に捨てたという。捨て方も一通目とは変わって、まずゴム紐を放りなげ、本を鞄から出して、鞄だけを放り出し、本は「そのそば」に放り出して泥をかけておいたとしている。

このように二通の供述では、捨てられた場所も捨て方もまったく異なっている(**表8**を見よ)。これについて確定判決は、前に引用したように、一通目が嘘であり、二通目で本当のことを言ったのだと認定している。しかし、鞄を自分が捨てたと認めた石川さんが、この期に及んでなぜその捨て場所や捨て方を偽らなければならなかったのであろうか。明らかに嘘の階層性の法則に反する。それにまた、教科書類を鞄に入れたまま鞄ごと捨てたという一通目の供述は、すでに取調官

表8　鞄等を捨てた位置と状況

	鞄などを捨てた位置関係	鞄を捨てた場所の状況	捨て方
六月二一日 員① 供述	A→G経路の途中で左(西)に曲って三十米ほどのところ	触れず	ゴム紐も鞄(教科書の入ったまま)も一緒に捨てた
六月二一日 員② 供述	A→G経路の途中で右(東)に曲って三十米ほどのところ	山と畑の間の低い所(溝ではない)	ゴム紐をまず放り投げ、鞄から教科書類を出して、鞄だけ捨て、そのそばに教科書類を捨てる
現実の発見状況	A→G路の山ぎわ西側に教科書類、東側に鞄、ゴム紐があった	溝の底	道の西側に教科書類、そこから道をはさんで一三五米のところに鞄、さらにそこから山の方へ五六米のところにゴム紐。(ただし発見時点はそれぞれ異なる)

が入手して熟知している状況、つまり教科書類がすでに発見済みで、鞄だけがまだ見つかっていないという状況と明らかに矛盾するものである。相手が知っている客観的状況に逆らって嘘の強弁をするなどということは、通常の嘘の心理からしてありえないことといわねばならない。

加えて、捜査側は訂正した二通目の供述と添付地図とによって鞄が発見されたというのだが、この点にも重大な疑問がある。というのも表8でも示しているように、六月二一日員②と現実の発見状況との間に決定的食い違いがあるからである。たとえば供述では、鞄を捨てた場所を「山と畑の間の低い所」と指示し、添付の略図でも、「かばん」と記されているのは、山と畑の境目とおぼしき所であって、明らかに「みぞ」と記されたところではないのに、現実に発見されたのは溝のなかであった(図22参照)。しかも、鞄、教科書・ノート類、ゴム紐は、一通目では一緒に、二通目ではバラバラに捨てたとなっていて、この点二通目の方が現実の状況に多少近いとはいえ、この二通目でもほとんど同一場所に捨てたとしか読みようがない。ところが実際には、鞄と教科書とは一三五メートルも離れ、しかも道を間に反対側である。この点で供述は現実と、あまりにかけはなれている。もし、教科書を「そば」に捨てたという供述内容を信じて、すでに発見されていた教科書を基点に捜したり、あるいは「みぞ」ではない「山と畑の間の低い所」を指示した地図を信じて捜索したとすれば、現実の鞄発見地点にたどりつくことができたであろうか。二通目の供述と略図がこのように現実とあまりにかけ離れていることをみれば、どうしてこれをもって「秘密の暴露」などといえるのであろうか。

判決自身、教科書を捨てた場所と鞄を捨てた場所についての石川供述が実際の発見現場と大き

くずれることを認めており、このことを

これらの物の埋没行為は「四本杉」での兇行後中田栄作方へ脅迫状を届けに行く途中に行われたもので、被告人自身も言っているように、精神的に興奮しており、しかも薄暗い中で急いで行われたことであってみれば、記憶自体が不正確となり、あるいは事実の一部を見落とすことも考えられ、……

と解釈している。しかし、そうだとすれば、石川さんはどのようにして鞄の埋没場所について正確な地図を書きえたというのであろうか。確定判決は一方で、最初嘘の地図を書き、ついで本当の地図を書いた結果、鞄が発見されたといい、他方で鞄の埋没行為について記憶自体が曖昧だったという。これは自己矛盾以外の何ものでもない。人に無期懲役という重刑を課す判決が、こうした明らかな自己矛盾をおかして、事実認定の曖昧さを糊塗しているのをみるとき、私たちは驚きを通りこして、恐怖さえ禁じえない。

しかしともあれ、六月二一日員②によって鞄が発見されたといいながら、その供述が現実の鞄の発見状況と合致しない点を多く含んでいたことは、判決自身も認めざるをえないところであった。この食い違いは何によるのであろうか。とくにゴム紐、鞄、教科書類の三つが、二一日員②の供述ではほぼ同一箇所に捨てられたとしか読めないのに、現実にはこの三つが大きく離れていたという事実について考えてみよう。

現実の証拠状況を念頭からはずして白紙で、「鞄をゴム紐で自転車にくくりつけて脅迫状をもっていく途中にこれらを処分した」という状況を想像してみれば、途中で適当なところを見つけて、まずゴム紐をはずして、鞄をおろし、埋める。厚くて埋めにくければ、中身を出して別々に(ただしほぼ同じ位置に)埋めるというのはごく考えやすい流れである。非体験者が想像するならば、ほぼこういう筋書の供述が自然に出てくると考えられる。その意味ではむしろ、三つの物がてんでんバラバラに捨てられていたという現実の状況の方が特異であるといわねばならない。石川さんの供述の言うように、一連の行動のなかで三つの物をバラバラに捨てたといった状況はむしろ考えにくいというべきであろう。

処分方法が特異であればあるほど記憶には残りやすい。石川さんがもし真犯人であれば、三つの物をこれほど距離をはなして処分したことを、ほぼ同一場所に埋棄したなどと記憶間違いする可能性は、まずない。それに、すでに犯行への関与を認め、鞄等の処分を行なったと供述している石川さんに、処分の方法、場所を偽る理由はいっさいない。しかもゴム紐、教科書類についてはすでに取調官たちの関知しているところであって、あえて嘘を言いつのる理由は存在しないというべきである。

そうだとすれば、ここにまったく別の可能性が示唆される。つまり、事件にいっさい無関係な石川さんが、取調べの圧力に屈して、自ら犯人に扮し、与えられた証拠から、「自分が脅迫状を持って行く途中、自転車にくくりつけた鞄を処分したとすれば……」と考えて事件筋書を構想した、その結果が六月二一日員②の供述ではなかったか。このように考えたときはじめて、この供述と現実証拠状況の食い違いの謎が氷解する。

2 徐々に客観的証拠に近づいていく供述

この供述と現実の食い違いは、その後の供述で次第に埋められていく。そうした様子をみると、この供述が石川さんの虚偽構成であるとの疑いはますます深くなる。ここで、六月二五日以降この供述が、発見事実に合うよう徐々に変遷していくさまを跡づけておこう。それは体験者が間違った記憶を正していく過程ではなく、むしろ発見事実から逆行的に処分態様を再構成していった過程であることを疑わせるのに十分である。

捨てた場所

六月二五日検①は、六月二一日員②の内容を確認しただけで、それ以上の進展はない。ところが、同日二五日検②には地図が添付されていて、そこでは本(教科書)と鞄とがはっきり隔てられ、ゴム紐はこの鞄よりさらに東方、かつ山の中に描かれている。この三つの物の間隔については供述で触れられていないが、三者が離れていることだけははっきり意識された地図になっている(図24)。そして六月二九日員で教科書類と鞄が三〇メートル、鞄とゴム紐が一〇メートルということになり、教科書類と鞄との距離は七月四日検①で、「あるいは五〇メートル」というところまで延びる。そのようにして、一緒に捨てられたものが、別々になり、さらにかなり距離をおくようになっていくのだが、このような供述変遷の理由は調書上に少しもあらわれていない。「ここがこう思い違いであったから」というような訂正理由がいっさいないのである。この変遷過程をみるかぎり、石川さんが発見事実に合うように供述を誘導されたと考える以外にないのではなかろうか。自白を維持していた第一審法廷での石川さんの次のような供述は、この誘導の事実を示唆するものといえる（昭三八年一一月二一日第七回）。

カバンの中に入っておった教科書はどうしました。

教科書も一緒にうめました。

同じところですか。

同じところじゃないです、別です。

どのくらい離れているところですか。

五十メートルぐらいだと思いますけどね。

どうして別々にうめたんですか。

最初はね、おれそばだと思ったんだけど。

いや中に入っている教科書と、カバンとを別に埋めた理由は何かあるんですか。

いや別になかったです、あわてたから遠くになっちゃったかもしれないです。

鞄と教科書との距離が五〇メートルというのは、距離についての最終供述である七月四日検①

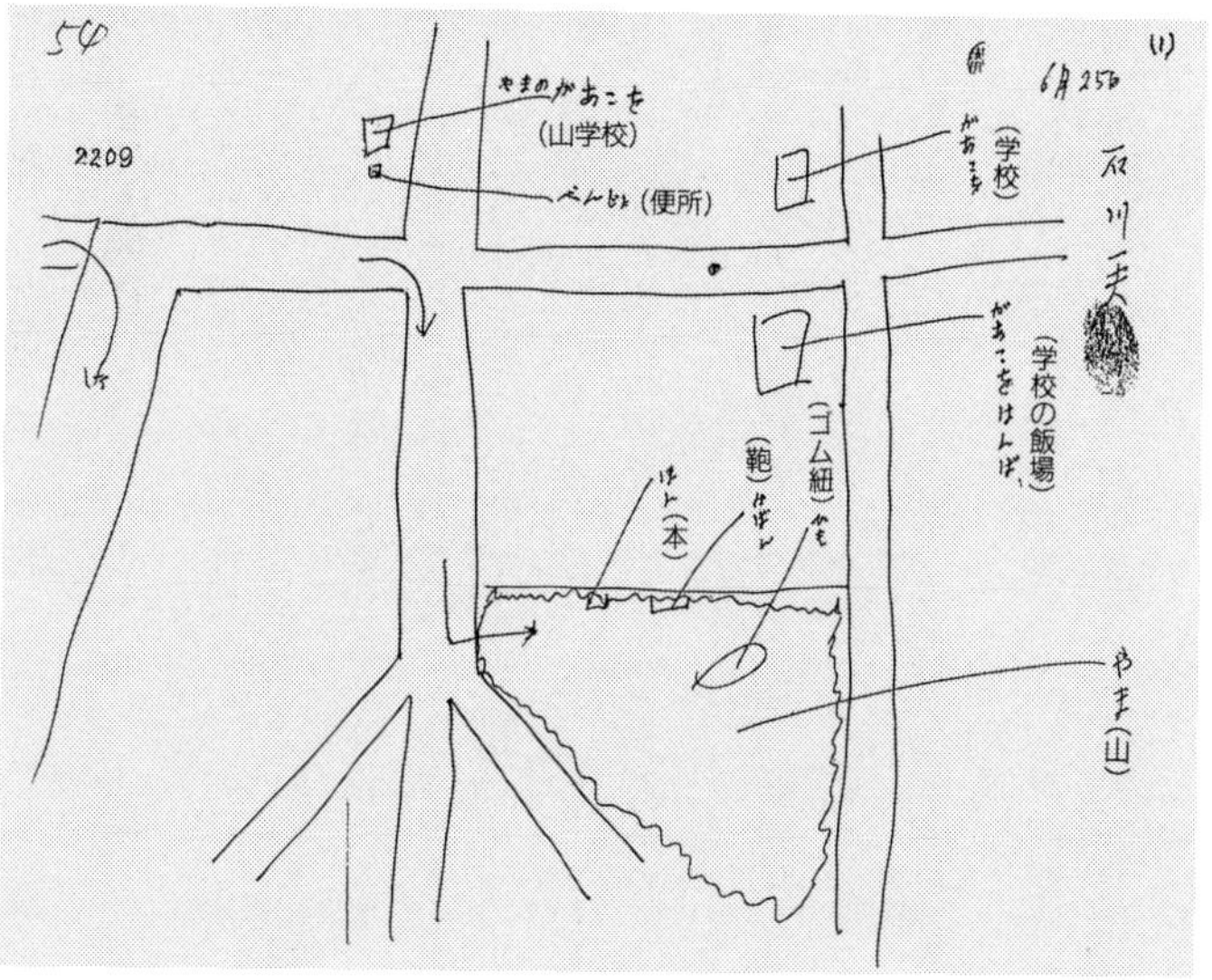

図24　本、ゴム紐、鞄が離れていることが意識された地図（6月25日検②添付）

に従ったものだが、それでもなおここで石川さんは「最初はね、おれそばだと思ったんだけど」と六月二一日段階の供述にこだわっていることを吐露している。おまけに別々にした理由について、彼は「別になかったです」と言い、さらには「あわてたから遠くになっちゃったかもしれないです」と、およそ理由にもならないことを述べている。

教科書と鞄は一三五メートルも離れていた。とすれば、そのように離した理由が当然なければならない。ところが石川さんには、これらを遠く離した理由が分からない。最初「そば」だと言っていたものを、「五〇メートル」離れていると思うようになった理由も分からない。六月二一日段階の供述を、その後訂正していった過程について彼自身まったく説明できないのである。これでは、結局、発見事実の態様に合うよう供述を誘導されたと考える以外にはないではないか。

捨てた順序

六月二五日以降の変遷で注目されるのは、三つの物の距離が発見状況に合うように次第に訂正されていった点だけでなく、この三つの物を投棄した順序も問題となる。

六月二一日員②では、まずゴム紐をほどいて捨て、次に鞄から教科書類を出して、鞄を捨て、最後に教科書類をそばに捨てるという順序になっている。移動せずにほぼ同一場所に捨てるとすれば、これはこれで合理的である。しかしこの順序が、距離と同様、現実に発見された三つの物から推測される順番と齟齬する。三つの物の位置関係からして、これを一連の行動で捨てるとすれば、西から東への経路をとるなら教科書類→鞄→ゴム紐の順序、あるいは反対に東から西への経路をとるならその逆の順序になると予想される。そして六月二五日検②添付の地図に描かれた順序は、西方から教科書、次いで鞄、最後にゴム紐というふうに修正されている。教科書類が道を隔てて向う側で発見されたという事実をのぞけば、これで供述と発見事実との食い違いは少なくなっているといってよい。ではそのような修正がなされた理由は、どこにあるのだろうか。

この点の理由も、調書上いっさい触れられていない。たしかに教科書類と鞄とが一連の経路で、しかもかなり距離をおいて捨てることを前提にして考えれば、バラバラになりやすい教科書類をまず処理したうえで、鞄をさげて自転車をおしていくというのが自然ではある。別々にかなり離して捨てるという供述になった時点で、この順序になったのは、この点で理屈にかなっている。

しかし、この理由でもって、以前六月二一日段階の供述を訂正したのだとすれば、それは体験にねざしたものとは言い難い。つまり、六月二一日の供述自体が非体験者でも容易に想像しうるものであった(つまり、その場面の条件さえ与えられれば論理的に容易に組み立てられるものであった)が、これに教科書類と鞄とがかなり離れていたという条件を加えれば、教科書↓鞄という順序がおのずと組み立てられることになるからである。実際、この順序を逆にすればバラバラになった教科書・ノート類を自転車で運んで捨てるというやっかいなことをやらねばならぬことになる。そして、体験的なレベルで訂正理由があげられない以上、この供述変遷を、右のような論理的再構成と考えるか、あるいは発見事実に合うよう誘導されたものと考える以外にはない。

ゴム紐を捨てた順序の変遷はさらに奇妙である。六月二一日員②では、まず最初に捨てたことになっていたのに、六月二五日検②では、「教科書類と鞄を捨てたあと最後にその所から少し、山の方に入った所に」捨てたことになる。これはどういうことであろうか。鞄を自転車にくくりつけていたとすれば、最初にはずすのは、このゴム紐でなければならない。だからこそ、六月二一日員②でも、ゴム紐が最初に捨てられたことになったのであろう。ところがこの六月二一日員②で自白したように、A↓Gの途中から東に曲がって行ったのだとすれば、ゴム紐が一番東方に発見されたことからして、ゴム紐を捨てるのが最後にならねばならない。つまり、六月二一日員②供述は、その点においても、明らかに矛盾を孕んでいたのである。そして、結果的には、六月二五日検②では、ゴム紐発見場所に合うように供述が変更されたわけである。

体験の流れとして考えるかぎり、ゴム紐を最初に捨てるのが自然なはずなのに、この点に変更があるとすれば、それなりに納得のいく理由があげられねばならないはずである。その理由は、四日後の六月二九日員で供述される。それによると「ゴム紐をもって帰るつもりでいったん自転車のかごに入れ」、教科書、鞄を捨てた後に、このゴム紐をあらためて捨てたという。女子高生を強姦・殺害し、そのうえ脅迫状をもっていこうとしている犯人が、その途中で教科書や鞄を捨てながら(鞄の中を物色したという供述すらないのだ!)、ただのゴム紐をもって帰ろうと思ったというのである。しかも、その思いつきもすぐに消え、教科書・鞄を処分したのち、ただちにこれを山の中に放り捨てたという。これでは、まるで鞄を埋めたあとに捨てるために、わざわざ取っておいたようなものではないか。もちろん、人間は、瞬間瞬間で、気持が変動しうるものではある。しかし、石川さんがあげたこの理由は、あまりにとってつけた感が強く、およそ体験の自然の流れから出てきたものとは思えない。

ここでもまた私たちは、石川さん自身の体験の記憶から供述を汲み出すのではなく、客観的に発見された物的証拠の方から仮説を組み立て、これに従って供述を構成していったあからさまな痕跡を見つけることになる。

逆行的構成にみる虚偽の痕跡

まことに細ごまとした、くどくどしい供述分析はこれで終る。ここまでおつきあいいただいた読者諸氏には、あらためて敬意を表さねばならないほどのしつこさであったかもしれない。供述が体験の記憶から自然に汲み出されたものか、それとも結果として与えられた諸証拠から論理的に組み立てられたものかは、素直な読み手にはおおよそ直観的に把握できることであろう。ところが専門家たる検察官や裁判官には、なかなかこの直観が通用しない。したがって彼らの間違った供述解釈を正し、反撃するために、私たちがこの恐しく煩瑣な分析をしこしこ繰り返さざるをえないのも、残念ながらやむをえないひとつの現実である。なにしろ、彼らの論理は、屁理屈であれ何であれ、権力でもって裏づけられ、無力な被疑者、被告人たちの生死を左右しつづけているのであるから……。

ともあれ私たちは、石川さんの供述、とくに自白以降の供述について、その小変遷のいくつかを詳細にそして執念深く分析してきた。そのなかで明らかになったこと、それは、彼の供述が結局のところ、

事件後収拾された諸証拠を論理的に組み合わせ、つなぎ合わせて逆行的に構成したものでし
かない

ということであった。真実の体験ならば、

その体験の流れに沿って、言わば順行的に供述を記憶からくり出して、その結果がおのずと
証拠と一致する

ということになるはずなのだが、石川さんの供述にはこうした特徴を見ることができないのである。

私たちはもはや、これまで析出してきたいくつもの逆行的構成の痕をあらためてたどるつもりはない。これだけ数多くの逆行的構成の痕を見出した以上、これを偶発的なものだとはいえまい。彼の供述の小変遷もまた、これが虚偽自白でしかないことを明白に物語っているのである。

エピローグ——裁く者と裁かれる者

石川さんの自白は虚偽である。否認から自白にいたる供述の大変遷の過程そのものが、彼が事件に関与していなかったことを証明しているし、また単独犯行自白に至ってからの供述の小変遷は、その自白が虚偽の論理的構成でしかなかったことを明示している。

私たちは、最初に述べてきたように、物的証拠への評価を控えて、もっぱら供述のみによって供述を判断してきた。そのなかで、できるかぎり予断を排して、論理的に推論をすすめてきたつもりである。もちろん指紋のように、それだけで事件への関与を直接示す物証があがっているのであれば、このような供述分析そのものが不必要であったろう。しかし狭山事件のばあい、石川さんを事件と直接結びつける物証は脅迫状しかなく、この脅迫状筆跡についても、石川さんのものとする鑑定には弁護側から大きな疑問が提出されていた。そしてその他の証拠はどれも、自白を抜きにしては、事件との関連を示しえない。つまり、石川さんを犯人とする証拠構造は自白を要に縫合されたものであって、この自白の糸を抜き去ってしまえば、バラバラにほどけてしまうのである。その意味で、彼の供述調書七五通は、事件の謎を解く最大の証拠だったといってよい。

私たちは、この最大の証拠を読み解く作業において、これが石川＝真犯人を示すどころか、まるで反対に、石川＝無実の明らかな証拠になることを示してきた。しかし、こうして語りおえてみて思うに、ここまで微に入り細に入り、くどくどしく分析せずとも、偏見なく石川供述の全体を読み通してみさえすれば、ただちにそこからこれが虚偽であると直覚できるのではないか、そんな思いにもとらえられる。ここに偏見というのは、「自白すれば死刑になるかもしれぬ場面で無実の人間が自白するはずがない」との思い込みである。自分のことを犯人と思い込んだ警察官に捕えられて、長期間勾留され、連日長時間にわたって取調べられ、自白を迫られるということが、どういうことなのか、このことを身をもって体験したことのない人間は、とかくこのような偏見にとらえられる。そして、この偏見にとらえられたものの目には、自白はただちに真犯人の証となり、そこに含まれる変動の矛盾、欠落は見過ごされてしまうことになる。

事実認定の専門家であるはずの裁判官も、残念ながら例外ではない。偏見なく白紙から論理を通して読むならば明々白々に読みとれるはずの自白の虚偽性が、これまで何人もの裁判官の目をくぐりぬけてきた原因のひとつは、ここにある。とくに寺尾正二裁判長による第二審確定判決は、この偏見にとらえられた者の虚偽の論理を典型的に示すものといってよい。

くどくどしい本論に加えて、なおこの判決を取りあげて、その論理構造のおかしさを指摘するのは気がひけるが、いま少し我慢してもらいたい。判決の論理を反面教師として見てもらえれば、本書で用いた供述分析の方法の意味を、より鮮明に把握していただけるようにも思うからである。

1 寺尾判決の論理

寺尾判決も、石川さんの自白に多くの変遷・変動・矛盾・欠落があることは、否みようのない事実として認めている。問題は、これをどう解釈するかである。判決は、供述そのものの中に踏み込んで、これを理解しようとするかわりに、これらの問題を①ひとつに、自白聴取の過程で取調べる側の捜査活動が拙劣であったからであり、②またひとつに、取調べられる石川さん自身の供述能力や供述態度に問題があったからだとしている。判決のいうところに従ってこれを整理してみよう。

取調べる側の問題——捜査活動拙劣論

捜査活動も人間の営みであり、また事件究明に向けての試行錯誤である以上、完璧な捜査活動などというものはない。間違いのない結論を得るに至った捜査活動でも、その結論までの過程には大なり小なり問題があるものである。ところが、本事件の捜査についてはことさら問題が多かったと、判決は指摘する。

一件記録を精査しこれを通観すると、本被告事件の捜査活動はとかく統一性を欠き、被告人の取調べに当たる捜査官に物的証拠その他あらゆる情報を時々刻々に集中させる体制が不十分であったという点である。……中略……時々刻々に集まってくる物的証拠、鑑定結果、押収捜索・検証・聞き込み等によって獲得された証拠や情報を集約し、これを精密に検討したうえで、被告人の取調べに臨み、被告人に証拠物等の客観性に富む証拠を示してその意見弁解を求めるという方式が採られた形跡を発見することは困難である。

とくに、七五通もの調書を聴取していながら、その聴取の姿勢・方法に大きな問題があったと

いう。たとえば、

被告人が自白するようになってからも、被告人を事件の関係現場に連れて行って直接指示させること、いわゆる引き当たりという捜査の常道に代え、取調室において関係現場を撮影した写真を被告人に示して供述を求めるという迂遠な方法を採ったことは、その間どのような障害があったにせよ、不十分な捜査といわざるを得ないのであって、このことが後日事件を紛糾させ訴訟遅延の原因となっていることは否定することができない。殊に最も重要と思われる脅迫状・封筒についてさえ、被告人に原物を示したことがあるのかどうか疑わしく、むしろその写真を常用していたことが窺われるのであり、……

あるいはまた、こうも言う。

はなはだしいのは、同じ取調官が同じ日に二通も三通も調書を作成し、しかもそれらの調書の内容が食い違っていたり、翌日の調書の内容と食い違っている箇所が随所に散見されるのは、弁護人らが詳細に指摘しているところであって、このようなことからすると、取調べに当たった捜査官において事件の大筋についてはともかく、微細な点について果たしてどのような心証をもっていたかすらこれを推測することが困難な状況である。かように考えてくると、捜査官は、被告人がその場その場の調子で真偽を取り混ぜて供述するところをほとんど吟味しないでそのまま録取していったのではないかとすら推測されるのである。（傍点は筆者）

本事件の捜査活動がもしここにいうとおりだったとすれば、たしかにこれはひどい。しかし、捜査活動がいかにひどいものだったとしても、被疑者の供述のなかの変遷・変動・矛盾・欠落を、そのせいにしてしまうことはできない。いかなる供述であれ、供述者自身のなかから出てきたものである以上は、そこに「取調べの場のなかにおかれた供述者」自身の姿が反映しているはずだし、それなりの心理的一貫性があるはずだからである。たとえば右の引用文中には、脅迫状・封筒の原物を石川さんに直接示すことなく、供述を聴取したという指摘があるが、引きつづいて、判決文は、次のように述べている。

> そのため、当審に至って鑑定の結果明らかになった脅迫状等の訂正箇所の筆記用具はペン又は万年筆であって、被告人の自供するボールペンではなかったことにつき捜査官が気付いた形跡がないこと、そのため被告人のボールペンを使って訂正したという供述をうのみにし、このひとことがひいては犯行の手順に関する原判決の認定の誤りを導いているのである。

たしかに、取調官が脅迫状・封筒の原物を示していたならば、取調官自身、訂正箇所がインクであることに気づいて、「ボールペンを使って訂正した」という間違いはその場でチェックできたかもしれない。しかし、そうした捜査のうえでの手落ちとは別に、なぜ石川さんがこの点について間違った供述をしたのかを問題にしなければならない。「その場その場の調子で」供述したことを取調官が「うのみにして」録取したからこうなったのだとしかいわないのでは、供述分析そのものを放棄したという以外にない。

実際、この脅迫状訂正部分の筆記用具について、私たちはこれまでの分析のなかで、これをボールペンとする石川自白が単なる記憶間違いでありえぬこと、また真実を知ったうえで意識的についた嘘でもないことを詳述した。そもそも単独犯行を全面自白した段階でこんな細部のどうでもよい嘘をつく理由はまったくない。間違いでも、嘘でもないとすれば、いったい何なのか。そう考えてくれれば、石川さんは実は犯人でないのではないかという疑いが出てきそうなものだが、寺尾判決はこれを石川さんの供述態度と取調官の捜査の拙劣さに還元してしまう。

寺尾判決は、要約してこういう。

要するに、本件の捜査の全般なかんずく被告人の捜査段階における供述調書からして窺い知ることのできる取調べは、拙劣かつ冗漫で矛盾に満ち要点の押さえを欠いていることは確かにあるけれども、それだけにかえって、供述の任意性に疑いがあるとは認められない。

供述聴取の仕方がどれほど拙劣であったとしても、供述が被疑者の供述である以上、それは、被疑者自身の意味の脈絡のなかで了解されるはずのものである。判決のいうようにその供述が「任意」のものだったとすれば、ますますそうでなければならない。「任意」とは、被疑者がほしいままに勝手に供述するということではない。まして、石川さんは強姦・殺人・脅迫の重罪で取調べられているのである。真実を誠実に供述するにせよ、偽って言い逃れるにせよ、供述自体は真剣である。ふざけてでたらめなことが言えるはずはない。

取調べられる側の問題

石川さんの供述、とくに自白をはじめて以降の供述に、種々の変遷・変動・矛盾・欠落が存在する原因として、寺尾判決は捜査活動の不十分さをあげるとともに、被疑者の側にもいくつかの要因があると指摘する。第一に、被疑者というものは一般に、自己の利益・不利益を考えて供述を偽るものだし、また第二に、被疑者の能力や精神状態によっては、事件の知覚、記憶、表現に誤りが入り込む可能性がある。さらに第三に、とくに本事件の石川さんのばあい意識的・無意識的に虚実をとりまぜて供述する傾向があるというのである。以下、順次検討しよう。

①　自分の利益のために供述を偽る傾向

まず、判決の言い分を引用しておこう。

実務の経験が教えるところによると、捜査の段階にせよ、公判の段階にせよ、被疑者若しくは被告人は常に必ずしも完全な自白をするとは限らないということで、このことはむしろ永遠の真理といっても過言ではない。……中略……また、実務の経験は、被疑者または被告人に事実のすべてにわたって真実を語らせることがいかに困難な業であり、人は真実を語るがごとくみえる場合にも、意識的にせよ無意識的にせよ、自分に有利に事実を潤色したり、意識的に虚偽を混ぜ合わせたり、自分に不都合なことは知らないといって供述を回避したりして、まあまあの供述(自白)をするものであることを、常に念頭において供述を評価しなければならないことを教えている。……中略……被疑者や被告人が捜査官や裁判官に対して述べるのは、神仏や牧師の前で懺悔するようなものではない。否、懺悔にすら潤色がつきまとうものであって、これこそ人間の自衛本能であろう。大罪を犯した犯人が反省悔悟しひたすら被害者の冥福を祈る心境にある場合にすら、他面において死刑だけは免れたい一心から自分に不利益と思われる部分は伏せ、不都合な点は潤色して供述することも人情の自然であり、ある程度やむを得ないところである。しかるに、所論（弁護側の主張のこと）は自白とさえいえば、被疑者や被告人は事実のすべてを捜査官や裁判官に告白するものだ、これが先験的な必然であるというかのような独断をまず設定したうえで、そこから出発して被告人の供述の微細な食い違いや欠落部分を誇張し、それゆえ被告人は無実であると終始主張している。これは全く短絡的な思考であって誤りであるといわざるを得ない。

犯人が真実を語って自白するばあいにも、「自分に有利に事実を潤色したり」、「自分に不都合なことは知らないといって供述を回避したり」して、「常に必ずしも完全な自白をするとは限らない」ことは、判決のいうとおりかもしれない。そうだとすれば、自白のなかに変遷・変動や食い違い、欠落があるからといって、それだけでただちに自白を虚偽だといえないことはたしかである。この点で判決の指摘は、一般論として間違ってはいない。それゆえ、もし弁護側が「自白とさえ言えば、被疑者や被告人は事実のすべてを捜査官や裁判官に告白するものだ、これが先験的な必然であるというかのような独断をまず設定したうえで、そこから出発して被告人の供述の微細な食い違いや欠落部分を誇張し、それゆえ被告人は無実であると終始主張している」とすれば、（弁護側はけっしてそんな主張をしているわけではない）、そのような供述分析もまた明らかにおかしいといわねばならない。しかし、寺尾判決のように「被告人は常に必ずしも完全な自白をするとは限らない」という一般論を強調して、「このことをむしろ永遠の真理といっても過言ではない」といったとしても、この一般論の指摘だけで、供述と事実との具体的な食い違いを片づけてしまうわけにはいかないのも明らかである。

ここでは、「真犯人の自白なら事実をすべて完全にかたっている」のか、それとも「真犯人の自白だからといって必ずしも完全な自白になるとは限らない」のかという一般論が問題なのではない。変遷・変動・矛盾・欠落など、供述の個々の問題点について、その理由・原因を究明し、あくまで供述者の心的一貫性のなかに位置づけて理解することが問題なのである。そのうえで初めて、供述の真偽を公正に判別できる。

たしかに供述者が「自分にとっての利益・不利益」によって供述を偽ることがあるという点は、一つの解釈原理として、私たちとしても考慮に入れねばならない。しかし、問題はこの解釈原理でもって、石川さんの自白の個々の問題点をどこまでどう解釈できるのか、あるいはできないのかという点なのである。

② 知覚・記憶・表現に関わる問題

二つめは、供述者が事件を知覚し、記憶し、表現（供述）するにいたるまでの過程で、意図せざる間違いが入り込む可能性を考慮せねばならないという点である。判決文は、まず一般論としてこう述べている。

過去の人間行動（事実）はただ一回演ぜられてしまって観察者の知覚から消え去った後は、記憶の影像としてのみ残るに過ぎない。しかも、その観察者の知覚・表象・判断・推論を条件付ける精神過程は極めて区々である

そして個々の供述の問題を分析・解釈するなかで、たとえば次のような指摘が行なわれている。

・これらの物（鞄や教科書類、ゴム紐）の埋没行為は「四本杉」での兇行後中田栄作方へ脅迫状を届けに行く途中に行なわれたもので、被告人自身も言っているように、精神的に興奮しており、しかも薄暗い中で急いで行なわれたことであってみれば、記憶自体が不正確となり、あるいは事実の一部を見落とすことも考えられ……、

・犯人の心理状態からいって時間関係やことの手順についてしかく正確に記憶していると
も考えられない。

・また、恐怖心にかられて一見不合理な行動に走ったとしても不思議なことではない。

・この点に関する被告人の捜査段階における供述に微細な点で多くの食い違いがあることは所論が克明に指摘するところであるが、この点は先にも触れたことがあるとおり、被告人の知覚し、表象し、表現する能力が低いうえ、……

・実務の経験に徴すればとっさの出来事で、しかも興奮状態にある犯人が、被害者の表情までも気にとめたり、記憶しているという方が、かえって不自然ではないかと考えられるところ、本件についてみると、当時の被告人は必ずしも表現能力に富むものとは認められないのであるから、経験事実をさほど詳細に供述したものとは思われない。

事件そのものの具体的な状況やそこでの犯人自身の心理状態、またその知覚・記憶・表現の能力によって、自白に間違いや欠落がでてくることは一般論としていえば、ごく当然のことである。しかし、他方で供述と客観的証拠との間に食い違いや間違いがあるとき、これをすべて真犯人の特殊な心理状態や心理能力の低さによるものと即断するわけにはいかない。それは、無実の人間

が取調官に迎合して供述した結果であるかもしれないからである。無実の人間ならば、実際にやっていないことを既知のマスコミ情報・伝聞・取調べのなかで得た知識をもとにして、自分の想像でつなぎあわせて供述するしかないのだから、そこには当然種々の変遷や変動・矛盾・欠落が出てくることになる。

それゆえ、寺尾判決が右に引用したような誤謬要因をもち出したのは、一般論としては十分容認できても、これを個別事例にあてはめることは容易ではない。実際に寺尾判決が行なったのも、たかだか供述の問題点を供述者の心理状態・能力によって解釈しうるという一般論の提示にとどまるもので、その指摘だけでもって、それが無実の人間の虚偽の自白だった可能性を排除することは、およそできない。

③ 供述者の虚偽供述傾向

右の二要因は、実際にこれでもって供述の問題点を具体的にどこまで説明できるか別にして、少なくとも一般論として供述を歪める要因となることは否定できない。ところが、寺尾判決が石川さんの自白と事実との食い違いを説明するために持ち出した第三の要因は、供述分析をすすめるうえで非常に危険なもので、とうてい認めるわけにはいかない。

たとえば、寺尾判決には「被告人は捜査段階において真相を語らず、又は積極的に虚偽の事実を述べていることを考え合わせると」とか「被告人の捜査段階における供述の内容には他にも不明な点があり、記録によって窺われるその供述態度を考え合わせると」といった言い方がしきりに出てくる。ここにいう「記録によって窺われるその供述態度」が、「意識的に虚偽の供述をする」態度、あるいは先に引用した箇所にあったように「その場その場の調子で真偽を取り混ぜて供述する」態度を意味していることは、判決全文の論の流れから明らかである。平たくいえば、「石川さんは嘘つきだ」というわけである。

供述分析にあたって、供述者の心理的特性を知ることは意味のないことではない。しかし、その心理的特性をどのように判定し、これを分析にどう使うかには十分慎重でなければならない。たとえば、ある人間が性格テストの結果「正直だ」と判明したとしても、その人物の供述が真実だという保証はない。逆に、性格テストで「嘘つき」と判定された人物の供述が、ただちに嘘だということにはならないはずである。

当り前のことだが、たとえ人びとから「嘘つき」だと言われている人であっても、その人が嘘をつくのは彼が「嘘つき」だからではない。どんな「嘘つき」でも、嘘をつくときには理由がある。精神病理学的に虚言癖があると言われる人でさえ、その嘘はその人の心性のなかでそれなりの意味があり、理由がある（もちろん、石川さんにそうした虚言癖あるというわけではない）。それを「嘘つき」だから嘘をついていても当然であるかのように考えるのは、供述分析を行なううえできわめて危険な姿勢だといわねばならない。

供述には嘘がありうる。しかし、嘘だという指摘だけで供述分析が終わるのではない。いやむしろ、嘘だとすれば、なぜそのような嘘をつかねばならなかったのかという点にまで分析をすすめて、その嘘を供述者の心性のなかに一貫した形で意味づけねばならない。そうした嘘や変遷を

図25　供述と事実との不一致の説明

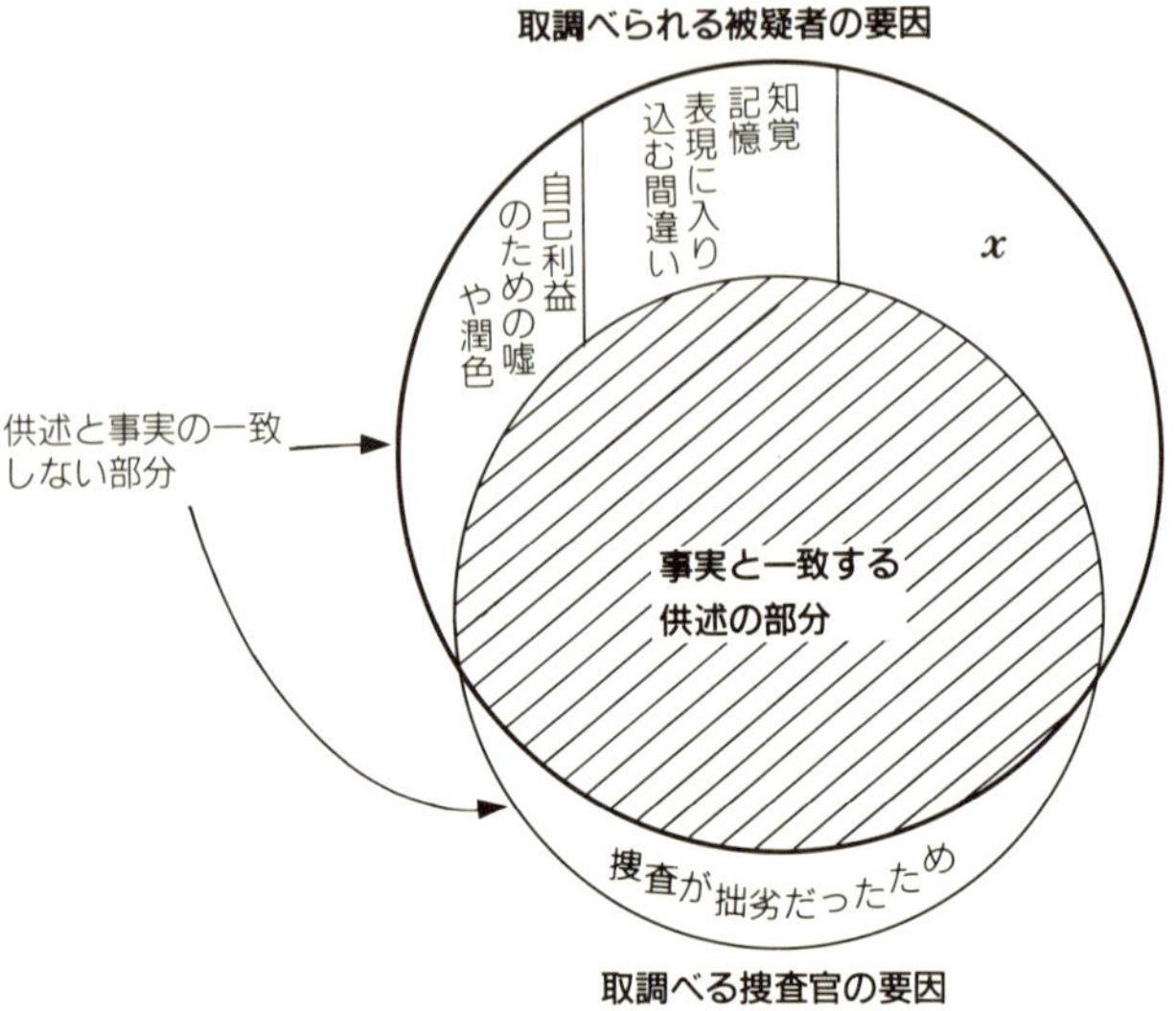

含めて供述全体の流れを解釈、了解できたところで初めて供述分析は完結するのである。その意味で、石川さんの供述態度に虚偽傾向がみられるということを供述解釈の前提として、これを供述の変遷・変動・矛盾・欠落にあてはめていく分析姿勢は、あまりに恣意的な姿勢であり、これこそ寺尾判決を過ちに導いた最大の原因であった。

実際、先の要因に加えてこの供述者の虚偽供述傾向の要因を入れると、供述全体のなかで客観的事実からはみ出す食い違いや欠落部分は、形のうえですべて解決できることになる。たとえば**図25**のように図式化してみよう。この図では供述と事実との合致する部分が斜線部分で表わされており、そこからはみ出す部分が供述と事実との不一致部分を表わしている。そしてこの不一致のうち、一部は取調べる捜査官の側の要因に帰せられ、他の一部は取調べられる被疑者の側の要因に帰せられる。そのうえで後者については、自白したうえでなおかつ自己の利益をはかろうとする嘘や潤色、また犯行から自白までの全過程につきまとう知覚・記憶・表現上の誤謬という二つの要因をあげることができる。個々の供述の具体的な分析はともかく、一般論というかぎりでは、この点、異論はない。ところが、以上の三つの要因で説明できない不一致Xが出てきたとき、寺尾判決は、これを「被疑者の嘘」のせいにしようとする。しかも、これは自己利益のための嘘や潤色とは違って、何の理由もなく「その場その場の調子で」つく嘘なのである。こういう要因をもちこめば、供述と事実の不一致のうち理由、原因の説明がつかないものは、すべてそのせいにして片づけられてしまう。なぜ嘘をついたのかと問われたら「それは彼が嘘つきだからだ」と答えて、それで済まされるならば、被疑者はもはや逃れようがない。供述のなかに含まれた虚偽はこれでもってすべて解決され、被疑者は真犯人になる以外ないことになる。

もちろん、こんな馬鹿げたことがあってはならない。ところが恐るべきことに、寺尾裁判長の第二審判決は、ほとんどこれに等しいことをやってしまっている。なぜ、こんな馬鹿げた、しかし恐ろしいことがおこってしまうのだろうか。

2　両刃の人間性同一論

寺尾正二裁判長は、判決のなかでこう書いている。

そもそも、刑事裁判において認識の対象としているものは、いうまでもなく人間の行動である。人間の行動は、その感覚や思考や意欲から発生するものであり、その発現の態様は我々自身が日常自らの活動において体験するところと同様である。この一般的な経験則を根底に持っている人間性は同一であるという思考が、過去の事実の正しい認識を可能にする根本原理であって、人が人を裁くことに根拠を与えている刑事裁判の基礎をなすところのものなのである。

裁く人間、裁かれる人間の両者が、ともにその人間性において同一であることが刑事裁判の基礎だという。この主張は間違ってはいない。同一の人間性をもつがゆえに、人はお互い理解できるのだし、人が人を裁くためには、なによりまず相手の行動が理解されねばならない。とすれば人間性の同一が裁判の大前提という主張は、当然の主張である。

ところが、この主張を現実の刑事裁判にあてはめるとき、これが逆に裁判を誤らせるものにもなる。実際、人間性は同一だといって、裁判官が自分のものさしをそのまま被告人に押しつけてしまえばどうなるであろうか。そのとき人間性同一論は、傲慢な自己正当化の主張となる。

人間性同一論が正しい裁判の基礎になるためには、逆説的なようだが、人と人とは違うものだという認識がなければならない。人はみな互いに異なる生活史をもち、異なる心性を育くみ、異なる生活世界に生きている。まして裁判官と刑事被告人との間には、多くのばあい、住む世界が違うといっていいほどの落差がある。それゆえ、人間性は同一であると主張するだけではすまない。理解とは単に自分のものさしに相手をあてはめることではない。理解とは、まず自己と相手との違いをはっきりと認識したうえで、それでもなお根本においては同じ人間であるはずだとの思いのなかから、相手の生きている場に自ら身を寄せてみることなのである。

このように考えたとき、寺尾正二裁判長をはじめ、狭山事件に関わった数多くの裁判官たちが、はたして本当の意味でどこまで石川さんのことを理解しようとしたのだろうかと、考えこんでしまう。彼が被差別部落に生まれ育ったことの重みは、いかほど裁判官たちに浸透しえたであろうか。どの判決もこのことに一言も触れていない。おそらく裁判官たちは、石川さんの生い立ちはたかだか情状に関わる程度のことにすぎず、事件の事実認定そのものには関わらないと考えたのであろう。

たしかに過去の生活史が、直接、事件の事実認定に関わることはないかもしれない。しかし問題は、単に過去の生活史を考慮に入れるか否かということではない。むしろ、被告人の生活史をも含めて、裁かれる者の側に身を寄せて、その行動と言葉を、その人の側から理解しようとするかどうかなのである。この理解の姿勢に立つかどうかは、事実認定に大きく影響する。物的証拠はともかく、自白を含めて、被疑者、被告の供述をどう判断するかというところでは、なによりこの姿勢こそが問われる。

高みに立って、人を見おろし、強引に自分のものさしに引き寄せて、事を判断するのが人間性同一論であるとすれば、これほど恐しいものはない。相手の側に身を寄せることを忘れた判断は、必ず過つ。寺尾判決の「石川＝嘘つき論」はその典型である。寺尾正二裁判長が、その判決で立派に主張したとおり、「人間性はみな同一である」のなら、どうして「理由なく嘘をつく」などという馬鹿げた理屈をデッチあげて、石川供述の変遷・変動・矛盾を糊塗できるであろうか。

本来の意味での人間性同一論は、裁く者が裁かれる者の立場に立つことでなければならない。取調べられ、裁かれる被疑者、被告人の立場に身をおいて、そこから供述形成・変遷のあとをたどって見るという姿勢をとれば、供述の意味はおのずと正しく読みとれていく。

私が本書でめざしたものは、まさにこれであった。供述者たる石川さん自身の立場に立って、取調官との相互作用の下に聴取された供述をたどり、そのなかに含まれる変遷・変動・矛盾・欠落をすべて、一人の人間の心性の流れのなかで理解する。そうすることによって、この供述変遷の流れは、石川さんが体験とその記憶にもとづいて徐々に露出していった真実の過程ではなく、突きつけられた諸証拠から逆のぼって犯行筋書を論理的に構成していった虚偽の過程であることが、明白に証明される。

これは単なる解釈ではない。つまり複数の解釈の可能性があってそのひとつを示したということではない。むしろ供述の心性の流れに身を寄せることによって、七五通の調書からおのずと浮かびあがってくる、疑うべからざる事実である。そしてこの事実が、石川さんの無実を証明しているのである。

3　裁く者と裁かれる者

これまで裁判官たちは、与えられた石川供述を前にして、もっぱら高みから裁いてきた。そうして不明の部分を、石川本人の不徳に帰して、それでよしとした。つまり彼ら裁く者たちは、結局のところ、裁かれる者の位置に立ちえなかったのである。この彼らの吐く「人間性同一論」は空しい。

考えてみればあるいは「人間性は同一である」という言い廻しにせよ、あるいは「人間はみな平等である」というスローガンにせよ、それはそれ自体で普遍的に正しいわけではない。その意味するところは、誰がどういう場で語るかによって、大いに異なる。たとえば、かつて天皇制の下にあった戦前の支配者たちが「一君万民、天皇のもとには全国民みな平等だ」と主張したときと、水平社の人びとが自らを「平等の渇仰者」と言うときとでは、その「平等」の意味は天と地ほどに違う。あるいは昨今マスコミのコマーシャリズムにのっかって「世界は一家、人類みな兄弟」というときと、水平社の人びとが「兄弟たちよ」と呼びかけるときとで、この「兄弟」の意味するところがどれほど異なることか。

人間性同一論や人間平等論などのスローガンには、実は、二つのまったく相異なる働きがある。ひとつはいうまでもなく、現実を告発し、相互に同じ地平に立って理解しあおうとする働きである。不平等な社会のなかで、その不平等のゆえに虐げられた人びとやその痛みを身に引きかかえた人びとが「人間は平等である」と言ったとき、スローガンはこの本来の働きをはたす。

ところがこの同じスローガンが同時に、現実を隠蔽する働きをもつ。「人間性は同一である」「人間は平等である」と主張することによって、現実の不平等に目をつむり、抑圧者、差別者としての自らの地位に目をつむる。「人はみなそれぞれ一個の人間として平等だ、同一だ」ということで、観念としての平等性、同一性に自足し、弱い立場におかれ、虐げられている人びとの具体的な状況を無視してしまうのである。

裁判官たちに、石川供述の真実が見えなかったのは、結局、彼らが裁く者でしかなかったからである。裁かれる者と同一の地平に立って、これを追体験し、理解しようと、ひとかけらでも努めていたならば、彼の有罪を認める自白そのものが、ただちに彼の無実を証す虚偽の証拠に反転しはじめるはずなのに、彼らは人間性同一論の空文句にすがるのみで、最後まで理解の努力を放棄してきた。彼らの陳腐で、しかし恐ろしい過ちの原因はここにある。

供述の意味は、供述者の心性に身を引き寄せて見ようとしないかぎり見えてこない。この単純でごく当たり前のことが、これまでの裁判のなかでどこまで認識されてきただろうか。裁く者の立場に固執して、裁かれる者の立場に身をおくことのできない裁判官の下で、これまでどれほどの人たちが故なき罪を背負わされてきたのであろうか。石川さんもその一人であった。供述分析を終えたいま、私はこのことをはっきり断言することができる。しかし同時に、この明々白々たる事実が、二五年もの間、最高の知的エリートである裁判官たちによって理解されずに来たという事実を前に、暗然とせざるをえない。知的な論理力という点では、私たちなどよりずっと優れているはずの彼ら、そして刑事裁判に幾十年もたずさわってきた大変なベテランでもあるはずの彼ら、この彼らにしてこの非論理は、いったいなにゆえか。

私は、本書で、石川さんの自白をくどいほど論理的に分析してきた。そして、石川さんの無実を論理的に証明しようとしてきた。しかし、この最後にまでたどりついて、あらためて、これが単に論理のみの問題ではなかったことに気づく。裁判官の過ちは、単に彼らの論理の過ちではなかった。それは、人を理解しようとする姿勢の問題であったのである。裁く者の権威にしがみついて、裁かれる者たちの生きているその姿に身を寄せることのできない裁判官たちに、人間性は同一であるなどとは言わせない。

彼らの過ちのゆえに、無実の石川さんはなお獄にある。人間性同一の主張によって裁かれるべきは裁判官たちではないのか。

あとがき

本書は、狭山事件第二次再審請求において東京高裁に提出した意見書、「自白供述の心理学的分析——とりわけその供述変遷に着目して——」を大幅に書きかえ、書き加えて、再構成したものである。ここで私が扱ったのは、石川さんが逮捕されてから起訴されるまでに行なった全供述、とくにそのなかの自白供述である。自白とは、もちろん、自分が罪を犯したことを自ら認める供述である。しかし、この自白が直ちに被疑者の有罪性を証明するものとはならない。むしろ、自白がその内容とは裏腹に、かえって彼の無実を証明することすらある。そういう意味で私は、石川さんの自白調書を一つの物的証拠として読み解くことに、徹してみたのである。

結論は、すでに、本書のなかで繰り返したとおり、「石川さんの自白は、彼の無実を証明している」という以外にない。判定者として高みから見下ろすのではなく、被疑者の位置に身をおいて見たとき、これ以外の結論はありえない。それは単なる憶測の問題ではなく、論理の問題である。しかし、それにもかかわらず、石川さんは六度にも及ぶ裁判所の判決や決定を経て、なお無期懲役のまま獄につながれている。

再審の門は狭い。針の穴にらくだを通すという古い比喩が、いまだに通用するほどである。再審がなされるためには、確定判決を覆すにたる「明らかな証拠をあらたに」提出せねばならないとされている。これが証拠の明白性と新規性と呼ばれている基準である。この基準はかつてはひどく厳密にとられていたが、一九七五年の最高裁白鳥決定以来、次第に緩和され、ここ数年来、免田、財田川、松山などの再審無罪判決が続いたのも、その傾向の現われだといわれる。しかし、現実には再審の門を固く閉ざされ続けている冤罪事件が、なお数多くある。

私は、狭山事件に関わり、その供述分析を自らの課題として考え続けながら、証拠の明白性と新規性という再審事由について、なにかしら釈然としない気持ちを感じ続けてきた。なにしろ、私の供述分析は、すでに判決の証拠標目のなかに入っている供述調書をあらためて読み解くにすぎない。その意味で、明白性はともかく、およそ新規性があるとはいえない。

判決を覆す「明らかな証拠をあらたに」提出しなければ再審できないという法の考え方の背後には、少なくともそれまで入手しえた証拠の範囲では、確定判決がつねに最大限に正しいという前提がある。しかし、これは法の建前にすぎない。たとえば狭山事件の確定判決（二審判決）は、新証拠を要求する以前に、それ自体の推論において決定的な間違いを犯している。少なくとも、石川さんの自白が虚偽の自白でしかないことを読み損なっている。

人が人を裁くかぎり、過ちを完全に免れることはできない。だからこそ、法において、たとえ狭くとも再審の道が開かれているのであろう。しかし、そうだとすれば、もう一歩踏みこんで、確定判決の論理自体に無視しがたい明白な誤謬があると認められたとき、これもまた確たる再審事由とならねばなるまい。人の判断に過ちは避け難い。裁判官とて同じである。しかし、裁判官たちは自らの過ちに気づいて、これを直し、謝罪することがない。裁判の威信というものがあるとすれば、それはけっして権力を笠に着て守るようなものではないはずである。法が正義でありうるのは、それが権力を背景にした威信を捨てたときではないか。

私は、まだ石川さんに会ったことも、手紙を交わしたこともない。しかし、石川さんの自白調書には十二分に付き合ったつもりである。おそらく今の石川さんには、この自白は慚愧に耐えないものかもしれない。しかし、この自白調書こそが彼の無実をはっきり示すものなのである。本書が再審の門を一日もはやく開く一助になればと願う。

＊

また、本書を出版するにあたっては、前回の甲山事件『証言台の子どもたち』にひきつづき成澤壽信さんにご苦労いただいた。前著同様に、しつこく理屈っぽい本書をこうしたかたちで出版させていただいたことを、ほんとうに有り難く思う。さらに、校正の詰めの段階では、内容の最終チェック、調書との照合や図版などについて、雛元昌弘さんとともに狭山事件再審弁護団事務局の島谷直子さんにお世話になったこと、あらためて感謝したい。最後に、今回もまた、なにかと生活面で皺寄せしたにもかかわらず、快く最初の読者たることを引き受け、忌憚ない意見を聞かせてくれたきよ子に重ねてお礼を言いたい。

一九八八年四月六日

浜田　寿美男

対談

冤罪の構造を考える

庭山英雄(弁護士)×浜田寿美男

司会=笠松明広(解放新聞社)

*この対談は、『部落解放』(二〇〇五年一一月号「特集 冤罪はなぜ起こるのか」)に掲載された。狭山事件などに触れながら、警察の取調べや刑事司法の問題点など冤罪を生み出す構造について論じており、本書の内容を補完するものと言えるので、本書新版の刊行に当たり、解放出版社の許諾を得て収録した。

なぜ虚偽の自白をするのか

笠松　本日の対談のテーマである冤罪《えんざい》事件は、今日もなお各地で起こっています。冤罪事件が起こる最初のきっかけは、逮捕、それに続く取り調べです。それは、いまだに「自白が証拠の王」といわれるように、自白が刑事司法のなかにあって大きな位置を占めているところに問題があると思います。そこでまず、自白の問題を考えていきたいと思います。一般的な疑問は、なぜ、やってもいない犯罪をやったと自白するのかという点ですね。

浜田　虚偽の自白をしてしまうということは、たしかに一般の人にはなかなか理解しにくいことかもしれません。しかし、実際にいくつもの自白事件を詳細に調べてみると、たいがいの人は、そういう取り調べの場面になってしまうと、たとえやっていなくても自白してしまうだろうなあというのが実感です。たとえば、最近問題になっている事件でいえば「痴漢事件」ですね。警察に連れていかれて、とにかく一時的にでも認めさえすればすぐに釈放されるかもしれない。だけどこのまま否認しつづければ帰してもらえない。そうすると職まで危うくなる。こうなると、たとえ取り調べる側に利益誘導をする気持ちがなくても、つい自白するというケースは多いと思うんですよ。つまり、身柄を拘束されているという状況そのものが利益誘導を引き出す構造になっているんですね。この点をまずしっかり認識しておく必要があります。

笠松　しかし、いったん自白して認めてしまうと、あとでひっくり返そうとしても、それは大変なことなんですよね。

浜田　そう。あとになって気づくんですけども、それが取り調べの最中だと見えない。実際の裁判では、狭山事件のような重罪事件だと「自白すれば死刑になるかもしれないとわかっていながら、自白するんだから、よほどのことがないかぎり、その自白は信じていいんだ」ということになってしまう。だけど、取り調べを受ける当事者は、自白すれば死刑判決を受けるなんて考えてもいない。なぜかというと、ひとつは、自分はやっていないんだから、死刑になることは理屈ではわかっていても、実感がわかないんですね。だから、死刑になるかもしれないということが歯止めにならない。それと、取り調べのきつさですね。たとえば、いくら「やっていない」って言っても聞いてもらえない。何を言っても否定される。そのうえで「おまえがやったんだろう」って、ガンガンせめられる。このときの無力感というのは、すごいものなんですね。たいていの人は、これでやられます。だから、とくに暴力的な取り調べなんか、別になくてもいいんですよ。本当は、同じ土俵に乗らなければいいんだけど……。

笠松　土俵に乗るも乗らないも、囲い込まれているんですからね。

浜田　そうそう。無視なんかできない。黙秘権というのは、黙っておく権利だといわれていますが、本当は、同じ土俵に乗らない権利なんです。無理やり土俵に乗せておいて、黙っていてもいいというのは無理ですよね。

それともうひとつ大きな点は、いつまで我慢をすれば釈放されるのかがわかっていれば、なんとか耐えられるんですけども、その見通しがなければ耐えられなくなる。狭山事件の石川一雄さんの場合でも、最初に別件の容疑で逮捕され、二十一日後に余罪で起訴されるんですね。その四日後にいったん保釈されるんですが、その直後に再逮捕される。そんな状況で、いつまでも耐えろといっても無理ですよね。事実、それまで無実を主張していた石川さんも、再逮捕から三日後に自白を始めています。

庭山　いまの浜田さんの発言で、たいへん重要な指摘をされているんです。黙秘権というのは、黙っていてもよい権利か、という点なんですが。『イギリス刑事裁判の研究』（グランヴィル・ウィリアムズ著／庭山英雄訳／学陽書房）のなかに、黙秘権とは“right not to be questioned”と記されています。つまり〝尋問されない権利〟ですね。これが本来的なあり方です。

じつは、警察学校でも、被疑者をどのようにせめるか、きちんと教えているんですね。ひとつは、善玉役と悪玉役を用意する。とても親切な取調官と非常に厳しい取調官が交互に被疑者に当たる。

これは世界的な取り調べ方法です。

浜田　この善玉・悪玉の話でいうと、なんだか、こういう取り調べ方法は、無実の人間を〝おとす〟ためにやっているように聞こえるけれども、実際は、捜査官は「コイツがやったんだ」と信じ込んでいる。証拠のない確信ですね。こういう確信は、捜査官の側に、「ひょっとすると、コイツは無実じゃないか」と考える可能性を捨てさせてしまう。これがいちばん大きな問題だと思います。

『犯罪捜査一〇一問』という本があるんですが、大阪高検の元検事長が書いた本で、警察官向けの実践的なマニュアル本です。そのなかに、頑強に否認する被疑者に対する取り調べ方が書いてあるんです。もちろん、「あらかじめ記録および証拠物等を検討して、事件の全貌《ぜんぼう》を把握し……」とは一応書いてあるんですが、そのうえで、確信をもって取り調べ、「もしかすると〝シロ〟かもしれないとの疑念をもって取り調べをしてはならない」と書いてあるんです。〝シロ〟と思って取り調べると追及が弱くなる。これは、いまの取り調べの実態をよく表していると思います。

冤罪をなくそうと思えば、本当は、シロかもしれないということを頭の片一方に置きながら捜査に当たらないといけない。しかし、シロだと思ってはいけないということになれば、チェック機能が働かない。

長期勾留と代用監獄

笠松　最近の事件を見ていると、別件も含めて小刻みに逮捕・勾留《こうりゅう》を繰り返し、自白に持っていくというケースが目立つように思うのですが。

庭山　別件逮捕も問題ですが、逮捕だけなら最大で七十二時間、なんとか耐え抜けるかもしれない。問題は、逮捕に続く勾留なんです。勾留請求が認められ勾留されると、最大で二十日、さらに起訴されるとその期間は原則二カ月に延びる。さらに理由があれば一カ月ごとに更新できる（刑訴法六〇条二項）。つまり、エンドレスです。これじゃあ、だれも耐えられません。

たしかに犯罪構成要件が違っていれば、Aの罪、Bの罪、Cの罪で逮捕・勾留しても形式上は違法ではない。しかし、実際は、本件の取り調べを目的に、とりあえず微罪の別件で逮捕・勾留しておいて、その逮捕・勾留期間を利用して、本件の取り調べをする。これはやはり問題です。

それと冤罪の温床となっているのが、代用監獄の問題です。本来、勾留されると被疑者は法務省の管轄する拘置所に移されるべきですが、監獄法では、警察署に付属する留置場を代用することができるとされています。これが代用監獄です。これによって、捜査側は、被疑者を二十四時間管理・監視下に置き、いつでも取り調べることが可能になります。これは被疑者にとって、ものすごいプレッシャー（圧力）です。あるとき学会に出席していた警察の幹部が、「警察は、取り調べをする課と、留置をする課を分けてやっている。どこが悪いんですか」って発言したんですね。しかし実際は、課が違うといっても、いつも連絡を取り合っていますし、弁護士の見るところでは、実態は変わらないですね。

笠松　なぜ警察が、こんなに被疑者を自分の監視下に置きたいかというと、それは自白を取りたいからなんですよね。だから、代用監獄がなくならない。

庭山　今年の五月に成立した受刑者処遇法により、既決者（有罪判決を受けた者）については少しは制度が改革されたんですけども、未決者の問題は残されたままになっています。そのために、いまだ代用監獄の問題は解決していない。二〇〇四年四月、日弁連のなかに「刑事拘禁制度改革実現本部」を設置しまして、代用監獄の問題など監獄法の改正をめざして活動しています。同年六月に第一回全体会議が開かれ、三者協議会（日弁連、法務省、警察庁）をつくって、討議しようということになりました。先日、法務省が覚書という形で見解を発表しました。法務省は、国際的な見地にもやや配慮した考え方のようですが、警察庁は強硬な姿勢で、この制度を廃止したら、日本の治安は保てないっていう立場です。

今回の司法改革でも、日弁連は代用監獄廃止の方向で動いたんですけども、警察・検察側は、「日本には冤罪はありません」という立場を崩さない。「誤判・冤罪がある」という前提なら、司法改革に応じないわけですよ。

浜田　冤罪の定義にもよりますが、たとえば、再審の結果、死刑台から帰ってきた人が、一九八〇年代に立て続けに四人も出ました。そういうものも冤罪だと認めないというのが検察側の立場なんですね。

庭山　あれは裁判所が間違っているんだと。

浜田　少なくとも、裁判の結果、いったん有罪判決を受けたものが無罪になれば、それは冤罪だと認めないと、話が進まないですよね。間違いを認めなければ、どこが間違ったかという検証もできないし、議論もできない。

自白者の心理過程

笠松　自白の過程については、浜田さんのとてもすぐれた研究があります。やってもいない人間がやったと自白してしまう心理過程については、さきほど伺いましたが、それではなぜ、やってもいない人が、さらに犯罪の細かい内容についてまで話すことができるのでしょうか。

浜田　私は、自白を、「やりました」という過程（自白への転落過程）と、そのあと犯行のストーリーを語るという過程の二つに分けて、そのメカニズムの違いや共通性を考えています。冤罪事件でも、多くの場合、捜査官は最初からでっち上げてやろうなんて思っていない。私は性善説の立場に立つものですから（笑い）、一応はそう思っています。コイツはクロだと信じ込んで、ガンガンせめる。その結果、被疑者は自白する。だけど、やっていないから、細かいことを聞かれてもわからない。しかし、「わからない」って言うと、また最初に戻る。冤罪事件の供述調書を見ていると、こういう行きつ戻りつということを繰り返している場合が多い。だけど多くの人はつらくて、結局、自分が犯人になったような気持ちになって話すしか仕方がない、という気持ちになるんですね。この部分が、一般の人には、なかなか理解してもらえないですね。

たとえば石川さんの場合でも、犯行後、被害者を畑のなかの芋穴（芋を貯蔵する穴）に逆さにつるしたと自分から言っているんですが、その際に、警察から、被害者の足首に荒縄や木綿のロープが結びつけられているとか、さまざまな証拠を見せられているわけです。それをうまく説明しないといけない。そうすると、結局、つるしたと言う以外にない。第二審の寺尾判決は、「自分から言っているんだから、石川が犯人だろう」という結論になる。しかし、よく証拠を見ればわかることなんですが、もしほんとうにつるしているなら、被害者の足首にもっと明確な痕《あと》が残らないといけないんですが、それがない。つまり、石川さんが「犯人になった」つもりで想像して言ったということの証拠なんですね。こういう無実の被疑者による自白の、非常に逆説的なところを、一般の人も、裁判官も知るべきですね。

庭山　もうひとつ、警察がよくやる手口なんですが、プランティング、つまり証拠の移植なんですね。浜田さんがおっしゃったように、被疑者は、いまある証拠に合わせて、なんとかつじつまが合うように自白していくんですが、それでもポロポロと穴があく。警察も合理的だと考える自白が得られても、それに対する裏付けがない場合、裏付けをつくってしまうんですね。狭山事件でいえば、いくら捜索しても見つからなかった被害者の時計が、それから二カ月近くたったある日、散歩中の男性が見つけるといった具合にね。そのほかにも、二回の家宅捜索でも見つからなかった万年筆が、突然鴨居《かもい》から見つかったりしています。

浜田　証拠の偽造ということは、弁護側が裁判所に主張してもなかなか通らないですね。取り調べは密室で行われていますから、証拠の偽造ということが行われやすい体質になっているんですね。本当は、裁判所はそのことをもっと認識して、厳しくチェックするという姿勢でないといけないんですけどもね。しかし、日本の裁判所はそういうチェック機能を果たしてこなかったから、警察のほうも高をくくっている。

庭山　最近では、元裁判官で現在は著名な学者が、かなり厳しい意見を言っていますね。捜査官憲が証拠を偽造することだってありえるんだということを心して裁判をしないといけないということを指摘をしています。もう少し具体的に述べましょう。元裁判官の木谷明さんはその著書『刑事裁判の心―事実認定適正化の方策』（法律文化社、二〇〇四年）のなかで、事実認定においては自白に頼ることなく、物証を中心に検討しなければならないが、この物証に捜査官による作為が入り込む余地があるので、とくに注意せよと述べています。元裁判官の発言だけに重みがあります。

取り調べの可視化

笠松　現在の日本の刑事司法では、いったん逮捕されると弁護士の接見交通権なども厳しく制限されます。そうして外界と遮断された状況で、被疑者は連日厳しい取り調べを受けます。このような密室での取り調べが冤罪を生む温床になっているという反省から、いま、取り調べの可視化ということがよくいわれています。たとえば、取り調べの際に、それをビデオに撮るとか録音するという方法ですね。せめて、弁護人の立ち会いを認めるべきだと思いますが、実現はどうでしょうか。

庭山　かなり抵抗されるでしょうね。しかし、少しでも取り調べの透明化を図らなければ、永遠にこういう問題が続くでしょう。そこで日弁連では、取り調べの内容が外から見えるように、取り調べの録画・録音を強力に提唱しています（詳しくは日弁連『取調べの可視化（録画・録音）の実現に向けて』二〇〇四年）。このような取り調べの可視化は、いまや世界的な潮流ですが、現在のところ、日本の警察はこれに応じようとしません。

アメリカなどでは弁護士が同席しないで得た自白は、任意性がないとして、証拠能力を認めません。アメリカの判例によれば、身柄を拘束することそれ自体がプレッシャーだという考え方なんですね。だから、公平を保つためには、少なくとも正式の法律家が取り調べに同席して、被疑者の正当な権利を守らなければならない。弁護士ということになれば、捜査側にとっても圧力になる。日本でも、基本的に身柄拘束しておいて、密室の中で自白を迫るという捜査のあり方を改めないと、いつまでたっても冤罪はなくならない。

浜田　これまで素朴に思っていたことですけども、「強制」捜査下で得られた自白なのに、「任意性」があるという判断は、そもそもおかしいんじゃないかと。しかし、強制捜査の取り調べであっても、たいていは、なお任意性はあると判断されてしまいます。だけど、密室の中でその様子を外から見ることができないのに、被告人側は、どうやって任意性がないと証明できるのか。実際、裁判所が任意性を否定したケースはきわめて少ないですね。つまり、裁判所は、取り調べの密室性に対するチェックをしてこなかったんじゃないかと思うんですね。

庭山　もう十年ほど前になりますけども、NHKの取材で、取り調べに弁護人が付き添い、かつビデオを撮っている国を見に行こうということで、私もそれに同行してスコットランドに行きました。実際に取り調べをしているところも見学させてもらいました。完全に可視化されていました。

浜田　取り調べの可視化というのは、弁護人の立ち会いと少し違った意味があるんです。弁護人の立ち会いは、取り調べのプレッシャーに対して対抗するという力が働きますが、録音テープとかビデオテープは、取り調べの内容をのちにチェックすることができる。

取り調べをする側からすると、取り調べというのは、たんに本人に自白をさせるということだけじゃなくて、謝罪をさせる、更生の一環と位置づけている。ある検察官は、〝懺悔《ざんげ》の場〟だと言っている。だから、証拠が明白にある事件でも自白を求めるんです。自白させて反省させることに意味があると思っているんです。そんな懺悔の場にビデオテープを持ち込むなんて、とんでもない。一対一の人間関係のなかで本当のことが引き出せるんだと。録音テープなんて持ち込んだら、本当のことを言わなくなるじゃないかと。こういう発想なんですね。

アメリカの社会学者が、日本の警察研究で言っているんですが、日本の取り調べの大きな特徴は謝罪追求ということにあると。情報収集ということよりも謝罪をどうやって引き出すかにある。しかし、取り調べは、本来、尋問ではなくインタビューなんです。たんなる情報収集なんです。だから、情報提供したくなければ黙秘するのが、ごく自然なんです。ところが、謝罪ということになりますと、犯罪を犯したということが前提になり、謝罪させるためには自白がどうしても必要になる。

庭山　最近、現役の検察官何人かと会って、自白の問題について議論したことがあるんです。そのなかで、こういうことを言った人がいました。何日もかかって、ようやく自白をさせる。被疑者がポロポロ涙を流して、真実を語りながら悔悟、反省をする。このときこそ検察官としての誇りと喜びを感じるんだと。こうなると麻薬みたいなもので、やめられないと。こんな雰囲気が検察庁全体にあるんじゃないかなあ。

証拠の全面開示を

笠松　取り調べの可視化とともに、捜査の可視化ということがあります。これが証拠開示だと思うんです。

庭山　一九九八年十月に、狭山事件に関する証拠開示を国際人権規約委員会に訴えるためにジュネーブに行ったことがあります。いっしょに行った片岡明幸さん（部落解放同盟中央執行委員）とともに、日本の証拠開示の実務が国際人権規約に違反していること、日本政府はこれに対して何ら措置を取っていないことを訴えました。各国の委員も私たちに賛同する意見を言ってくれましたが、これに対して日本の政府代表団は、「裁判所が決めることだ」とか「検察と弁護側で目下話し合いをしている」「すでに一部開示している」といった回答しかしませんでした。

笠松　証拠開示がされるたびに、弁護側に有利な新証拠が出てきました。

庭山　だから、開示をするのが嫌なんですね。最近では、開示をしなくなりましたね。

浜田　だけど、ほんとうに自信をもって有罪だと思うんなら、ぜんぶ証拠を出せばいいんですよね。

刑事司法システムの問題点

笠松　本来、捜査の行き過ぎや誤りをチェックすべき裁判所が、その機能を果たしているのかという指摘がさきほど出たんですけども、無辜《むこ》の救済という観点から、日本の三審制度（原審・控訴審・上告審）が十分機能しているのかという点で疑問をもっているのですが。

庭山　日本の第一審、第二審までは、事実上、事実審だといわれています。控訴審はたしかに第一審が誤っているかを検討するところですけども、事実誤認という判断もできるわけですから、事実が誤っているかどうかを、控訴審段階の新証拠も入れて判断すべき場合は、裁判所はきちんと判断しないといけない。しかし、その機能は果たされていません。憲法審といわれる上告審も、限定的ですが事実誤認を判断できる。だけどその機能も果たされていない。その点、笠松さんのご指摘のとおりです。私はこれを官僚司法の弊害だと考えています。

浜田　日本の三審制度で問題なのは、一審で被告人が無罪になった場合も、検察官が控訴すれば二審に持ち込まれる。そして、一審無罪、二審逆転有罪というのが、日本の冤罪のひとつの典型的ケースなんですよね。名張毒ぶどう酒事件がそうですよね。無罪判決に対して検察側の上訴を認めているのは、「疑わしきは被告人の利益に」という立場からは許されないことです。

庭山　訴追する側の検察側は強大な権限をもっており、それに反して被告人側の力はその百分の一にもならない。英米法では、一度無罪判決が出れば、それで確定してしまいます。

笠松　どうも日本の刑事司法では、その「疑わしきは被告人の利益に」という意識が弱いように思いますが。

庭山　それは、アメリカと日本とでは、システムが基本的に違うということもありますね。日本の場合はさきほど言いましたように、訴追する側の検察官が国家権力を代表し、強大な権限をもっている。ところが、アメリカでは、州や郡によって違うところもありますが、基本的に検察の長は選挙で選ばれます。そして、その人が検察官を希望する弁護士のなかから検察官補を選びます。こうして、その地方の検察庁ができるわけです。だから、日本のように強大な中央集権的な組織ではないんです。もし、証拠を偽造したり、証拠を隠したりすれば、次の選挙に通らない。法曹一元化といって、弁護士がまずベースにあって、その弁護士が裁判官に選出されたり、検察官に選ばれたりするシステムになっています。だから、それぞれがあまり派閥的な権利主張をすることがないわけです。

浜田　そういう意味では、日本の場合は、最初から検事は検事、弁護士は弁護士ですから、対立関係にある。私のように、自白の研究をしている人間でも、弁護士から呼ばれることはあっても、検察の側から呼ばれることはまずない。そういう党派性がダメなんだと思いますね。

庭山　私は、誤判の起こる大きな原因のひとつは、警察が民主化されていないこと、または国民的な基盤の上に立っていないことだと思うんですね。また、そういう捜査機関や訴追機関に対して、憲法や法律をもとに人権保障の立場からチェックする機能を、本来ならば裁判所がもっているはずなのに、それが機能していない。だいたい九九パーセント以上が有罪だなんて考えられない。なぜ機能しないかというと、裁判官というのが、官僚制度のなかにどっぷりつかっているために、検察官に対する抑制力があまりない。こういう裁判官の官僚制度を根本的に見直さないかぎりは、日本から冤罪というのはなくならないんじゃないですかね。しかし、残念ながら、今回の司法改革でも、そういう裁判官の官僚制を見直すという動きはありませんでしたね。

客観的な鑑定組織を

笠松　もうひとつ問題は、大きな鑑定機関、科警研（警察庁科学警察研究所）みたいな組織が民間にない。そういうところを辞めた人や研究者が細々とやっているという程度でしょ。外国なんかではどうなんでしょう。

庭山　イギリスの科学警察研究所などは、被告人の側から依頼があれば、それに対してもきちんと対応する、日本ではそういうことがない。

浜田　警察の管轄内に科警研のような組織があるというのは、本来おかしいですよね。鑑定なんだから、客観的な判断だろうと思うでしょうが、実際の冤罪事件を見ていると、ぜんぜん違いますよね。たとえば、血液型の鑑定でいいますと、純粋に提示された血液が何型かを判定すればいいんですが、実際には、どういう事件で、どういう状況で、だれの血液か、鑑定をする人間はぜんぶ知っている。つまり、どういう鑑定をすれば、警察側に有利になるか、逆に不利になるか知っている。袴田《はかまだ》事件を見ても、パジャマに付いた血液が非常に微量であったにもかかわらず、鑑定する側は被告人の血液であることを必死になって鑑定する。これは袴田さんが犯人であるということを大前提に行っている。

真相を明らかにするということが前提ならば、あらゆる可能性を考えながら、背景的な事情を抜きにして鑑定すべきであるところを、警察側のつくったストーリーに合うように、いわゆる「証拠固め」をしてしまっている。そういう意味では、第三者機関をきちんと置くべきですね。

笠松　狭山事件でも、被害者の膣《ちつ》内の精液から犯人の血液型はB型であり、石川さんの血液型もB型であることが有罪のひとつの証拠となっていますが、今回の特別抗告審で弁護側から、体内に残された精液から犯人の血液型を確定するためには、被害者の血液型を確定しなければならない。ところが、被害者の血液型鑑定は、おもて試験（赤血球の型を調べる）だけで、うら試験（血清の型を調べる）を行っていない。これは問題があると主張したら、最高裁は、たしかにB型とは言いきれないけれども、大きな状況証拠のひとつだと言い逃れをしています。筆跡もそうですね。いままでは、これらの証拠が石川さんの犯行の決め手のようにいわれていたのが、状況証拠だと格下げをしておきながら、だけど、合理的な疑いを生じるほどではないとしています。

庭山　確定判決の証拠構造が崩れたんだから、合理的な疑いが生ずると、普通なら考えるんですがね。

浜田　証拠構造というのは、ほんとうにコロコロ変えますよね。結局は、有罪か無罪かだけなんですよね。構造も何もないんですね。

庭山　今度の特別抗告の棄却決定の特徴のひとつは、またぞろ「可能性論」がのさばっている点ですね。「こういう可能性もないわけではない」というふうな論法で、弁護団の主張を次々切っていくわけです。これでは真実発見も人権保障も不可能です。

浜田　結論が先にあるから、理由を付けようとすれば「可能性論」しかないんです。そうとしか思えない判決がまかり通っているのが現状じゃないですかね。

このことは警察や検察も同じです。結論がまずある。その結論をどう言い繕うのかということしか出てこない。そういう方法論、発想の仕方が裁判官でも起こっているんじゃないか。証拠を見て、結論を出す。当たり前のことじゃないですか。その当たり前のことが裁判官もできていないんじゃないか。なぜできないかというと、さっきも言ったように、一度、裁判官、検察官になると、ずうっとその仕事をしつづけるから。これがやっぱり問題じゃないかな。

裁判迅速化と被告人防御権

笠松　いま、裁判の迅速化ということが、司法改革のひとつとして取り上げられていますが、被告人の防御権という観点からは問題があると思うのですが。

浜田　事件によって、迅速にできるものは迅速にすればいいと思うんですが、公判廷で自分がやったと認めている場合と、認めていない場合いわゆる否認事件とに制度上分けられていません。だけど、争っている事件と争っていない事件を一律に扱うのは問題だと思います。争っている事件については、当事者に十分意見を出させるというのが基本ですから、ある程度、長期にならざるをえない。もちろん、そのうえで、早くしないといけないというのは当然ですけども。

庭山　そういう事件については、物的証拠にもとづいて慎重に審理をするのは、当然です。ところが、自白があってもなくても、真実発見ができるんだというのが裁判所の理屈です。だから、否認しているかどうかで特別扱いしないんじゃないですかね。弁護士の立場でいえば、もし被告人が否認していれば、それは真っ向勝負で争いますよ。

市民・メディアの側の問題

笠松　今度、二〇〇九年度までに裁判員制度が実施されることになりましたが、裁判員は真っ白な状態でその事件に接するわけじゃないですよね。メディアによってたくさんの情報が与えられる。たしかに、昔のように煽《あお》るような報道は少なくなってきましたが、やはり被疑者が逮捕された時点で、犯人のように扱われる。そういう点で危惧《きぐ》をもっていますが。

浜田　いちばん大事なことは、冤罪というのは現実にあるんだ、人間だから間違うことはありえるんだ、という認識をだれもが共有することだと思うんです。とくに裁判官はそうです。過去、何々事件と名前が付いた冤罪事件だけでも百はあると思うんです。名前がないものを含めればずいぶんあるはずです。起訴されたけれど、または一度有罪になったけれど、最終的に無罪になった事件だけでなく、途中であきらめてしまったもの、痴漢事件などでがんばってもダメだと思って罰金を払ってすませたものなどを数に入れれば——これらすべてを冤罪と呼ぶかどうかは別にして——、私の感触では、たぶん毎年千の単位で起こっているんじゃないかと。

マスコミの態度も問題ですね。冤罪かもしれないという警戒心をもって報道しているとは思えないことが多い。当事者の言い分を聞かずに、警察の発表をそのまま流してしまう。あとで事実誤認だとか、裁判で無実だとわかっても、小さい事件だと記事にならない。どんな記事を出す場合にも、間違うことだってありえるんだという意識をもちながら報道しないと、犯人とされた人にとっては大変なことですよね。

庭山　私は、陪審制度を考える会を二十年もして、長い間、国民の司法参加ということで、裁判所の官僚化を突き崩そうと動いてきたんですけども、今回の裁判員制度は、それが一部実現しつつあるのではないか、と思っているんです。これに対して厳しい批判があることは承知していますが、人はそれぞれの思想信条にしたがって生きるほかありません。

もっとも、裁判員制度がうまく機能するためには、弁護人がもっと努力しないといけない。マスコミの影響というけれど、影響を受けるのは裁判官も同じです。そのときに、人権保障の立場から弁護士がきちんと使命を果たせば、国民の司法参加が、少しでもいい方向に向かうんじゃないかと思います。

笠松　ありがとうございました。

著者紹介

浜田寿美男（はまだ・すみお）

1947年　香川県に生まれる
1976年　京都大学大学院博士課程（心理学）修了
現　在　奈良女子大学文学部教授　法と心理学会前理事長

主　著　『証言台の子どもたち』日本評論社　1986年
『ほんとうは僕、殺したんじゃねえもの』筑摩書房　1991年
『発達心理学再考のための序説』ミネルヴァ書房　1993年
『「私」とは何か』講談社　1999年
『自白の心理学』岩波書店　2001年
『〈うそ〉を見抜く心理学』日本放送出版協会　2002年
『身体から表象へ』ミネルヴァ書房　2002年
『取調室の心理学』平凡社　2004年
『自白の研究（新版）』北大路書房　2005年
『自白が無実を証明する』北大路書房　2006年
『子ども学序説』岩波書店　2009年
『心はなぜ不自由なのか』PHP 研究所　2009年
『私と他者と語りの世界』ミネルヴァ書房　2009年
『障害と子どもたちの生きるかたち』岩波書店　2009年　など

法は言うまでもなく人間の現象である。そして心理学は人間の現象にかかわる科学である。それゆえ法学と心理学はおのずと深く関わりあうはずの領域である。ところがこの二つがたがいに真の意味で近づき，交わりはじめたのはごく最近のことにすぎない。法学は規範学であり，一方で心理学は事実学であるという，学としての性格の違いが両者の交流を妨げていたのかもしれない。しかし規範が生まれ，人々のあいだで共有され，それが種々の人間関係にあてはめられていく過程は，まさに心理学が対象としなければならない重要な領域のひとつであり，その心理学によって見出された事実は，ふたたび法の本体である規範に組みこまれ，その規範の解釈や適用に生かされるものでなければならない。

「法と心理学会」はこうした問題意識のもとに，2000 年の秋に立ち上げられた。時あたかも 20 世紀から 21 世紀へと移る過渡であった。法の世界も心理学の世界もいま大きく変わりつつあり，そこに問題は山積している。二つの世界にともにかかわってくる諸問題を学際的に共有することで，現実世界に深く関与できる学を構築する。そのために裁判官，検察官，弁護士をはじめとする法の実務家を含め，法学と心理学それぞれの研究者が双方から議論を交わし合う。そうした場としてこの学会は出発した。この学会はその性格上，けっして学問の世界で閉じない。つねに現実に開かれて，現実の問題を取りこみ，現実の世界に食いこむことではじめてその意味をまっとうする。

以上の趣旨を実現する一環として，私たちはここに「法と心理学会叢書」を刊行する。これは私たちの学会を内実化するためのツールであると同時に，学会が外の現実世界に向かって開いた窓である。私たちはこの窓から，法の世界をよりよき方向に導き，心理学の世界をより豊かにできる方向が開かれてくることを期待している。

2003 年 5 月 1 日

法と心理学会

http://jslp.jp/

[法と心理学会叢書]

狭山事件 虚偽自白 [新版]

2009年７月20日　初版第１刷印刷　　定価はカバーに表示
2009年７月30日　初版第１刷発行　　してあります。

著　者　浜田寿美男

発行所　㈱北大路書房
〒603-8303　京都市北区紫野十二坊町12-8
電　話　(075) 431-0361㈹
ＦＡＸ　(075) 431-9393
振　替　01050-4-2083

印刷・製本／亜細亜印刷㈱

ISBN978-4-7628-2684-9　　Printed in Japan